2021年湖南省普通高等学校教学改革研究项目
"新时代继续教育学院大学生创新创业能力提升研究与实践"(立项编号HNJG-2021-1147)

新时期大学生就业指导与创新创业教育

黄涛 ◎ 著

湖南师范大学出版社

·长沙·

图书在版编目（CIP）数据

新时期大学生就业指导与创新创业教育 / 黄涛著. —长沙：湖南师范大学出版社，2023.6
ISBN 978-7-5648-4861-3
Ⅰ.①新… Ⅱ.①黄… Ⅲ.①大学生—职业选择 Ⅳ.①G647.38
中国国家版本馆 CIP 数据核字（2023）第 058123 号

新时期大学生就业指导与创新创业教育
Xinshiqi Daxuesheng Jiuye Zhidao yu Chuangxin Chuangye Jiaoyu

黄　涛　著

◇出 版 人：吴真文
◇策划组稿：陈　凯
◇责任编辑：孟　霞
◇责任校对：胡晓军　谢兰梅
◇出版发行：湖南师范大学出版社
　　　　　　地址/长沙市岳麓区　邮编 410081
　　　　　　电话/0731-88873071　88873070
　　　　　　网址/https://press.hunnu.edu.cn
◇经销：湖南省新华书店
◇印刷：长沙印通印刷有限公司
◇开本：710 mm×1000 mm　1/16 开
◇印张：16.75
◇字数：285 千字
◇版次：2023 年 6 月第 1 版
◇印次：2023 年 6 月第 1 次印刷
◇书号：ISBN 978-7-5648-4861-3
◇定价：68.00 元

前　言

自新型冠状病毒疫情暴发以来，世界经济整体下滑，部分行业遭受重大冲击，企业为了生存不得不缩减就业岗位，这导致本就紧张的就业形势显得更为严峻。尽管现在全国疫情已经得到总体控制，但不排除个别地区出现散发病例和聚集性疫情的可能，疫情防疫进入常态化，加上中美贸易摩擦，国际形势紧张，经济下行的压力加大。在疫情与经济下滑的双重打击下，毕业生的就业处境更加艰难。与此同时，为了提高全民的素质教育，高校不断进行扩招，这导致每年毕业生的数量与日俱增。2022 年，高校毕业生首次突破 1000 万，达 1076 万人。高校毕业生的就业问题引起了党和国家的高度重视。从中央到地方、从社会到家庭、从学校到学生都是一个呼声：就业、就业、再就业。作为大学毕业生，及时了解当前就业形势，准确把握就业外部环境的特征，积极采取有效措施，是当代大学生顺利找到理想工作岗位的前提和基础。同时，高校作为育人育才的主体，在就业形势愈发严峻的情况下，如何正确引导学生就业择业也非常重要。在如此紧张的形势下，创新创业潮流带着其不可替代的作用出现在人们眼前，创新创业不但可以提高社会的创新能力与创造性，还可以带动就业、促进社会稳定。因此，创新创业也成为了国家倡导、大学毕业生热衷的选择。在"大众创业，万众创新"的背景下，创新创业教育成为了高校教育改革的突破口。如何在后疫情时代发展大学生创新创业教育，培养适应社会发展新需求的创新创业人才对于高校而言既是机遇又是挑战。

本书以章节布局，共分为十章。第一章主要讲的是就业形势与就业制度，主要介绍了当代大学生就业形势研判、大学生就业制度与政策；第二章对就业信息的采集与运用做了相对详尽的分析，包含了就业信息采集概述、渠道、方法、甄别与运用；第三章介绍了求职操作务实，求职过程中要准备求职材料、笔试和面试技巧；第四章是求职择业的心理调适，针对大学生择业的心理准备、心理问题以及调适的基本途径做了全面分析；第五章介绍了大学生就业程序与途径，分别从就业相关资料的填写说明、大学毕业生就业程序与途径、大学毕业生暂缓就业政策这三方面进行深入研究；第六章是就业权益保障的分析，内容包括大学生的权益保护、就业协议与劳动合同以及就业陷阱警示；第七章介绍了高校创新创业教育与人才需求情况，重点分析了国内外创新创业教育的发展情况，并通过对"双创"人才培养的背景进行研究得出培养创新创业人才是时势所需；第八章介绍了高校创新创业人才培养情况，内容包含了创新创业人才培养规划、模式研究及培养体系建设等；第九章主要是讲述了高校创新创业教育质量监控体系，重点分析了强化高校创新创业教育质量监控体系的迫切性以及如何科学建立质量监控体系；第十章主要介绍继续教育学院大学生创新创业教育情况，从继续教育学院大学生创新创业教育目前存在的问题出发，提出结合大数据完善创新创业教育教学质量监控体制机制以及建立创新创业教育教学质量保障机制来促进教学质量水平的提升，从而帮助继续教育学院把大学生培养成具有发展潜力的创新创业型人才。

  本书在撰写过程中，参考、借鉴了部分学者的理论与作品，在此表示感谢。由于作者精力与水平有限，加之行文仓促，书中难免存在疏漏与不足之处，望专家、学者与广大读者批评、指正，以使本书更加完善。

目 录

第一章 大学生就业择业形势分析 (1)
 第一节 高校毕业生就业择业形势特点 (1)
  一、当前我国大学生就业择业形势 (1)
  二、新时期大学生就业择业的特点 (7)
 第二节 当代大学生就业择业制度及政策 (11)
  一、大学生就业择业制度的由来 (12)
  二、我国促进高校毕业生就业择业相关政策 (14)

第二章 招聘信息及应用 (17)
 第一节 招聘信息 (17)
  一、招聘信息的定义 (17)
  二、招聘信息的内涵 (18)
  三、招聘信息的特征 (19)
  四、招聘信息的意义 (20)
 第二节 招聘信息的应用 (23)
  一、招聘信息的搜集 (24)
  二、善于识别招聘信息 (31)
  三、招聘信息的应用 (34)

第三章 求职操作实务 (36)
 第一节 就业求职材料 (36)

一、就业求职材料的内容 …………………………………………（36）
　　二、如何书写精美求职信 …………………………………………（39）
　　三、如何制作个人简历 ……………………………………………（44）
　　四、大学生求职信示例 ……………………………………………（47）
　　五、个人简历示例 …………………………………………………（48）
第二节　笔试 …………………………………………………………（49）
　　一、笔试的形式 ……………………………………………………（49）
　　二、必备知识 ………………………………………………………（52）
　　三、必备心理素质 …………………………………………………（54）
　　四、必备答题要领 …………………………………………………（56）
第三节　面试 …………………………………………………………（58）
　　一、面试的评估内容 ………………………………………………（59）
　　二、面试的类型 ……………………………………………………（60）
　　三、面试的步骤与标准 ……………………………………………（63）
第四节　求职必备礼仪 ………………………………………………（64）
　　一、提前做好"功课" ……………………………………………（65）
　　二、把握关键环节 …………………………………………………（65）
第五节　如何提高面试成功率 ………………………………………（71）
　　一、面试必备技巧 …………………………………………………（71）
　　二、语言表达技巧 …………………………………………………（73）
　　三、巧用肢体语言 …………………………………………………（78）
　　四、面试注意事项 …………………………………………………（80）

第四章　大学生就业择业的心理调适 …………………………………（83）
　第一节　当代大学生就业择业的心态 ………………………………（83）
　　一、当代大学生就业择业面临的机遇和挑战 ……………………（83）
　　二、当代大学生就业择业的心理准备 ……………………………（85）
　　三、如何培育大学生积极的就业择业心态 ………………………（87）

第二节　当代大学生就业择业面临的心理障碍 …………………… (93)
　　　　一、当代大学生就业择业的疑惑 ……………………………… (94)
　　　　二、当代大学生就业择业心理障碍特点 ……………………… (95)
　　第三节　当代大学生就业择业心理调适要领 …………………… (98)
　　　　一、心理调适的重要性 ………………………………………… (99)
　　　　二、当代大学生就业择业心理调适要领 ……………………… (100)

第五章　就业步骤与缓就业政策 ……………………………………… (104)
　　第一节　大学生就业相关资料的填写要求 ……………………… (104)
　　　　一、就业推荐表填写要求 ……………………………………… (104)
　　　　二、毕业生登记表填写要求 …………………………………… (105)
　　　　三、就业协议书及注意事项 …………………………………… (105)
　　第二节　大学毕业生就业步骤 …………………………………… (107)
　　　　一、高校毕业生就业管理部门的一般程序 …………………… (107)
　　　　二、用人单位招聘环节 ………………………………………… (109)
　　　　三、毕业生就业步骤 …………………………………………… (110)
　　　　四、人事代理制度 ……………………………………………… (111)
　　　　五、毕业生如何就业 …………………………………………… (114)
　　第三节　大学毕业生暂缓就业政策 ……………………………… (117)
　　　　一、大学毕业生暂缓就业相关规定 …………………………… (117)
　　　　二、毕业生申请暂缓就业的条件 ……………………………… (118)
　　　　三、如何申请暂缓就业 ………………………………………… (118)
　　　　四、暂缓就业毕业生的档案管理 ……………………………… (118)
　　　　五、申请暂缓就业的利与弊 …………………………………… (118)

第六章　大学生就业权益 ……………………………………………… (120)
　　第一节　大学生的权益保障 ……………………………………… (120)
　　　　一、普通高校毕业生就业权益包含的主要内容 ……………… (120)
　　　　二、如何防范就业侵权 ………………………………………… (122)

第二节　就业协议与劳动合同 …………………………………… (123)
　　一、就业协议 …………………………………………………… (123)
　　二、劳动合同 …………………………………………………… (124)
　　三、就业协议书与劳动合同的差异 …………………………… (126)
　　四、劳动仲裁 …………………………………………………… (126)
第三节　如何保护大学毕业生就业权益 ………………………… (129)
　　一、不良用人单位的常见手段 ………………………………… (129)
　　二、大学毕业生就业常见陷阱与规避方法 …………………… (130)
　　三、利用劳动合同维护就业权益 ……………………………… (133)

第七章　高校创新创业教育发展与人才需求研究 ………………… (136)

第一节　高校创新创业教育发展研究 …………………………… (136)
　　一、创新创业教育内涵与特征 ………………………………… (136)
　　二、国内外创新创业教育发展过程 …………………………… (139)
　　三、中外高校创新创业教育发展的比较及启示 ……………… (147)
第二节　我国创新创业人才需求研究 …………………………… (156)
　　一、社会经济整体转型带来的就业压力日益加剧 …………… (156)
　　二、释放压力的有效途径——创新创业 ……………………… (158)
　　三、创新创业人才培养之路亟须改革创新 …………………… (159)

第八章　高校创新创业人才培养研究 ……………………………… (161)

第一节　高校创新创业人才培养规划 …………………………… (161)
　　一、高校创新创业人才培养规划的制定原则 ………………… (161)
　　二、高校创新创业人才培养规划的制定方法 ………………… (163)
　　三、高校创新创业人才规划的发展阶段 ……………………… (164)
第二节　创新创业教育的人才培养模式研究 …………………… (167)
　　一、国外创新创业人才培养模式 ……………………………… (167)
　　二、国内创新创业人才培养模式 ……………………………… (171)
　　三、我国高校创新创业教育人才培养模式存在的问题 ……… (174)

第三节 强化创新创业教育人才培养体系建设 …………… (181)
 一、发挥思政教育的价值引领作用 ………………… (181)
 二、营造创新创业氛围 ………………………………… (181)
 三、完善创新创业人才培养模式 ……………………… (182)
 四、保障创新创业人才培养质量的措施 ……………… (221)

第九章　高校创新创业教育教学质量监控体系研究 …………… (224)
第一节 高校创新创业教育教学质量监控体系存在的问题 …… (224)
 一、创新创业教育的教学质量监控以外控为主 …………… (225)
 二、创新创业教育的教学质量的内控体系不够规范 …… (226)
 三、创新创业教育教学质量监控的信息化程度较低 …… (226)
 四、强化高校创新创业教育教学质量监控体系势在必行 … (227)
第二节 科学建立高校创新创业教育教学质量监控体系 …… (229)
 一、高校创新创业教育教学质量监控体系的理论依据 …… (229)
 二、全面质量管理理论及其发展 ……………………… (231)
 三、高校创新创业教育教学质量监控体系的基本元素 …… (232)
 四、高校创新创业教育教学质量监控体系的模式分析 …… (233)
 五、衡量高校创新创业教育教学质量的评价体系 ………… (239)

第十章　继续教育学院大学生创新创业教育研究 ……………… (242)
第一节 继续教育学院创新创业教育存在的主要问题 ……… (242)
 一、高校对继续教育学院大学生的创新创业教育认识存在偏差
  ……………………………………………………… (242)
 二、高校对继续教育学院大学生的创新创业教育资源配置不均
  ……………………………………………………… (243)
 三、创新创业教育的师资力量薄弱 …………………… (243)
 四、创新创业教育的人才培养模式较为落后 ………… (244)
第二节 加强继续教育学院大学生创新创业教育发展的措施 … (245)
 一、提高将创新创业教育融入继续教育体系的重要性认识 … (245)

二、加强对继续教育的支持力度 …………………………（246）
三、打造创新创业高素质师资队伍 …………………………（246）
四、完善创新创业教育的人才培养模式 ……………………（247）
第三节 提高继续教育学院大学生创新创业教育教学质量 ……（251）
一、结合大数据完善继续教育学院大学生创新创业教育质量
监控体制 ……………………………………………………（251）
二、建立继续教育学院大学生创新创业教育质量保障机制
………………………………………………………………（253）

参考文献 ……………………………………………………………（255）

第一章
大学生就业择业形势分析

第一节　高校毕业生就业择业形势特点

当前,我国每年数百万大学毕业生的就业择业问题,冲击着整个社会。从中央到地方、从社会到家庭、从学校到学生都是一个呼声:就业择业、就业择业、再就业择业。作为大学毕业生,及时了解当前就业择业形势,准确把握就业择业外部环境的特征,积极采取有效措施,是当代大学生顺利找到理想工作岗位的前提和基础。

一、当前我国大学生就业择业形势

当前,我国大学毕业生就业择业形势非常严峻,各方面就业压力均呈增加趋势,并且在以后相当一段时间内,就业择业压力并不会下降,而将持续增加。同时,就目前而言,我国大学毕业生就业择业形势具有明显的矛盾性和复杂性。虽然"民工荒"现象屡屡出现,但大学毕业生就业择业却也常常出现阻碍,城镇仍然持续存在失业现象。稍加分析,这种矛盾现象其实很容易理解,不同主体之间具有差异性,不同的就业择业群体所面临的就业择业问题的原因也不同。

同"民工荒"形式相类似的劳动力短缺现象,主要是由劳动力供需不平衡的矛盾造成的。由于我国人口比例变化,适龄劳动力人口的增加量逐年减少。同时,我国经济的快速发展导致对劳动力的需求大幅增加。因此,供需的不平衡导致劳动力短缺。与此同时,结构性就业择业压力依然是一个突出问题。农民工仍为非城镇户籍居民，就业择业缺乏稳定性，并且相关社会保障制度不够完善，周期性失业风险仍是他们所要面临的一大问题，农民工仍是劳动力资源市场上的弱势群体。

而当下大学毕业生正面临的就业择业困难却与市场供求不平衡关系不大，多数大学生的就业择业意向以及技能与劳动力市场提供的机会及社会需求之间不匹配。至于城镇居民失业和就业择业困难，则兼具上述两种原因，既有劳动力市场自身的调节功能不完善问题，也有就业择业观念不符合自身实际和社会需求的问题。这两个就业择业群体面对的劳动力市场风险主要是结构性和摩擦性的自然失业。

对于大学毕业生来说，他们的就业择业状态仍处于"冬季"，形势仍较为严峻。据国家相关数据报道显示，2018年我国普通高校毕业生人数突破800万。2019年全国普通高校毕业生高达834万。2020年在此基础上新增40万，尽管一些毕业生选择出国深造，加上教育部已安排扩招18.9万名研究生和32.2万名大专生，但是考虑到出国留学深造回来就业的毕业生，仍然有705万大学生需要就业。2021年，全国普通高校毕业生高达909万。2022年，全国普通高校毕业生突破1000万。据人社部公布的数据显示，2016—2019年，尽管我国城镇新增就业人数连续保持在1300万人以上，但人社部表示，"十三五"期间，我国每年要在城镇安排就业的人数仍旧维持在2500万，就业择业总量压力巨大。这其中，大约1000万是已登记的失业人员，约1500万人是以大学毕业生为主体的青年就业择业人员。此外，在"十三五"期间，每年有近300万的富余农业劳动力需要转移就业择业。2020年，受疫情的影响，城镇新增就业人数与2019年的1352万人相比，减少了166万人。由这些数据可以明显看出，虽然就业择业形势总体趋于稳定，但随着高校毕业生的增加、因产业结构调整导致的职工分流、劳动力和岗位矛盾的"招工难、就业难"同时存在等问题，我国就业择业形势仍将面临较大压力。

（一）目前高校毕业生就业择业的有利条件

1. 目前我国宏观经济发展整体呈现良好趋势。我国经济的增长率虽然有所降低，但经济发展使得吸纳就业的能力得到提高。相关人士指出，过去GDP每增长1个百分点，能够带动约100万人的就业择业，而现在却可以带动大约150万人的就业择业。相关研究报告指出,今后,中国劳动力市场总体仍将呈现供大于求的特征,但是,劳动力供求的总量矛盾同预计的严重程度相比略有缓和。而大学毕业生素质较好,并且有较为优越的条件。因此,中国整体良好的经济发展态势仍能为高校毕业生提供基本的就业与择业空间。

2. 乡村振兴战略的实施,使农村经济得到了快速的发展。尽管在疫情的影响下,乡村振兴受到了较大的冲击,但同时也给乡村发展带来了新的机遇。比如,互联网新农业不仅打开了农产品的知名度,还拓宽了销售渠道,与互联网零售商建立了长期合作关系。随着战略的进一步推进,乡村现有的人才无论在层次、结构还是规模上都不能满足其在后疫情时代的发展要求。因此,乡村建设对高素质人才的需求变得更为迫切,这给高校毕业生带来了许多就业机会。

3. 非公有制经济单位对高校毕业生的需求量迅速增大。非公有制经济是社会主义市场经济的一个重要组成部分,并且正快速地发展,已经在我国经济领域中占有越来越重要的地位。

4. 高新企业对高新技术人才的需求量巨大。目前知识经济是世界经济的发展潮流趋势。高新技术企业在我国发展迅速,进而对高新企业技术人才需求量大幅增加。因此,我国对与高新技术相关专业的毕业生的需求量非常大。全国各地的各行业目前都在积极吸收高新技术人才,并争相提供各种优惠条件,为人才创造良好的工作、学习和生活环境。这种尊重知识、尊重人才的良好风气日益浓厚,必将为毕业生的就业择业带来更多机会。

5. 当下,大学毕业生就业择业市场逐步完善。全国毕业生就业市场已形成较大规模并逐渐规范化,这种就业环境使得毕业生就业择业逐步走向信息化、网络化的远程服务,同时也推动毕业生就业择业由传统的劳动密集型转向以互联网为基础的现代化模式。伴随着毕业生就业择业市场的不断建立与发展,与之相关的法律法规也接连出台。因此,大学生就业择业便有了相关法律保障。在多年的不断探索与实践后,中国已经建立起较为完善的大学生就业择业市场以及相关指导服务体系,并且也为大批高校毕业生和相关单位提供了优质的服务。我国高校毕业生的就业与择业指导正不断完善,并朝着专业化方向前进,80%的已就业择业的大学毕业生是通过学校来落实的。同时各省市相关部门也已经形成优秀的就业择业帮扶队伍,并且都拥有较为完善的就业择业信息系统以及工作经验。这些都为日后做好高校毕业生就业择业工作提供了重要的保障，同时也打下了不错的工作基础。

6. 为了使高校毕业生的培养质量和社会适应能力进一步提高，许多高等学校正在开展人才培养结构以及专业结构的调整，以此来提高办学教学质量，加强学生素质教育。解决大学毕业生就业择业问题最根本的保证是增强和提升毕业生自身的创新创业能力与就业择业能力。高校毕业生就业择业制度的不断改革，使得毕业生的就业观念与抗压能力也得到了改变与提高。

7. RCEP 协议在后疫情时代为高校毕业生的就业择业提供崭新的舞台。2022 年 1 月 1 日，《区域全面经济伙伴关系协定》（RCEP）开始正式实施。尽管新冠疫情给全球经济带来了巨大的冲击，RCEP 仍将在疫情影响下打造出超级经济圈，推动区域经济加快复苏，助力东亚经济在疫情下进入一体化时代。RCEP 包含了全球约 30% 的人口数量、约 30% 的经济总量和约 30% 的贸易总额量，可以说是全球最大的一体化市场。RCEP 将加强贸易创造效应，提高社会福利水平，并且帮助企业扩大了投资范围，进一步加大市场对高层次人才的需要。这也为高校毕业生提供了有利的就业择业机会。

（二）目前高校毕业生就业择业面临的不利因素

1. 当前，我国正面临着非常复杂的国际政治经济环境，并且吸引了大量的外贸经济，这对我们的就业择业工作影响非常大。我国启动内需，带动国内经济增长的困难仍较大，社会整体的就业择业压力呈增大趋势，在此情况下，我国的就业择业工作前景十分迷茫。

2. 我国高校毕业生在短时期内增加迅速，这种增长是属于非正常的。而社会的有效需求在短期内增速有限，供需的结构性矛盾相较以前会变得更明显。因此，面对这不容乐观的就业择业形势，我国目前的管理机制和用人机制的改革显得较为滞后。

3. 因为各种环境的局限，高校毕业生就业择业制度的改革发展困难。比如：我国人事制度改革较为落后，对于户籍、各种指标和档案的管理等，都未实行根本上的改革。高校毕业生就业的申请报批手续过于复杂，单位缺少真正的用人自主权，仍要按照招收毕业生一人一报批的环节，而非公有制单位甚至连审批进人指标的渠道也没有。此外，这种繁杂的人事管理体制还造成在就业择业工作中找关系、开后门等问题成为一种风气，部分单位当年年度的招人指标甚至是连安抚内部关系都不够。与此同时还存在着诸多问题，比如：毕业生就业的工作部门职责模糊、政策交叉矛盾、政出多门等情况，导致众多就业择业改革方案实施困难。

4. 传统的大学毕业生就业择业主要途径吸收劳动力的能力降低。企业当前仍处在减负增效、转轨改制的改革阶段中，其生产与经营并未全部脱离困境，下岗问题仍旧突出。当下，国有经济相较于以前，在原有的产业结构、经济结构上仍然保持高速增长的空间开始变小，国有经济想为社会提供更多的就业机会就显得较为困难。因此，传统的大学毕业生就业择业主渠道吸收毕业生能力下降，大量吸纳毕业生存在难度。

5. 现今社会对大学毕业生的学历层次需求正逐步提高。目前，我国严重缺乏中高层次的人才，社会迫切需要高层次的复合型、外向型和开拓型人才，人才结构的需求层次总体呈上移趋势。在众多毕业生的就业择业中，研究生变得更加"抢手"，本科生尚能大体平衡，而专科生则显而易见地呈现出供给过剩的状况。高校、大机关、大公司、科研单位已大体上以接纳硕士、博士为主，并且部分中小型单位甚至开始想办法更多地接收研究生。该社会现象导致现在许多单位对毕业生的需求变得不正常，也人为地制造了不必要的就业择业困难。

6. 大学毕业生的供求状况受到地区间经济发展失衡状况的直接影响。通常，发达地区或经济发展较快地区所吸收的毕业生数量较多，其他地区则较少。从各地的需求状况来看，区域差异不断增大。许多地区毕业生就业择业仍较为低迷，中西部地区及东北等省区已接连几年出现毕业生供大于求的现象。

7. 非热门专业毕业生的就业择业直接受到社会对不同专业需求失衡的影响。伴随着高新产业的快速发展以及国家对基础设施建设投资的增加，通信、计算机、电子、医药、机械、自动化、师范、土建等专业的毕业生的社会需求量不断增加，反观社会学、法学、政治学、经济学、艺术学、马克思主义理论、国贸、体育学、新闻、财经、职教、中医、管理、环保、动植物、农林工程、农业推广、轻工食品等专业的大学毕业生的社会需求则显得较少。

8. 部分用人单位的要求与高校毕业生自身能力和素质有不小的差距。现今用人单位对毕业生的敬业精神、思想道德、职业道德和能力素质水平等都慢慢提出更高的要求，他们更看重"人品"和能力，反而对专业不那么重视。许多单位已开始对接收毕业生保持一种"宁缺毋滥"的态度。像学生干部和学生党员及那些综合素质较好、实操能力强以及有特长的高校毕业生变得更加受欢迎。

9. 就业择业的目标值过高，仍是当下高校毕业生在就业择业中存在的最大问题。大多数毕业生们总觉得"找不到自己理想的职位"，但与此同时许多一线的基层单位急需人才却又招不到人才，这体现出多数毕业生既求舒适、又求高薪、还求名气的心态。当下毕业生中将事业发展放在首位的仅占少数，大多数毕业生渴望能去大公司、大机关、大企业等较大的单位工作，希望自己去的单位工作条件好、生活待遇好、名声好，并且有出国的机会，还要交通方便，甚至是离家较近，等等。在大学生中有句话广为流传："全民保险，个体冒险。""然而，当下实际上最需要毕业生的单位却恰好在那些中小城市、边远地区。那些行业艰苦且位于基层一线的中小型单位，它们的共同点是人才奇缺，希望能招聘到高校毕业生。但每年要人却每年都要不到人，极少有毕业生想到这些地方工作。因此，不少毕业生都错过了就业的好时机。

10. 就业择业信息缺少、不畅、失真，导致高校毕业生就业择业工作变得混乱。当下社会对毕业生的需求信息有着较为严重的"失责、失控、失真"状态，并且没有实行系统化的科学人才需求预测工作。同时社会上许多毕业生供需信息交流极少，供需信息渠道堵塞，一些地区、部门和单位全都相互封闭信息，"各自为政"。一些地区和部门甚至对外地（或非本系统）的毕业生直接不予接受，导致单位选才和毕业生求职都很艰难，也使得当下毕业生的就业择业改革变得无序。目前，少部分地区仍在实行统一分配大学毕业生的措施，更是同目前的改革趋势不相适应。

综上所述，高校毕业生目前的就业择业形势极为严峻，即将进入就业择业市场的大学生对此应当做好充分的思想准备。但大学生们也要清楚地认识到，如果认清形势、调整心态、转变观念，并且不断充实、提高自己，定能在这日趋激烈的社会竞争中站稳脚跟，在社会中获得属于自己的位置。

二、新时期大学生就业择业的特点

(一) 报考公务员与研究生持续火热

2018 年中央政府机关及其直属机构的公务员报考约 165.97 万人，2019 年中央政府机关及其直属机构的公务员报考约 137.93 万人，却要竞争 1.45 万人的岗位，录取比例将近 94.88∶1。2020 年已通过审核的报考人数约 143.7 万人，职位平均竞争比例约为 103.8∶1；2021 年已通过审核的报考人数约为 151.2 万人，参考人数 101.7 万，最终录取比例为 61.26∶1；2022 年国考中，通过审核的报考人数为 212.3 万人，最终的招录比为 68∶1。由此可以看出，国考一直是热现象，尤其经历了疫情后，"公务员热"急速升温。2020 年以前，高校扩大招生，而社会给大学生的就业机会并不能满足毕业生的需求，面对激烈的就业竞争，大部分毕业生选择转战公务员考试。2020—2022 年，在疫情的冲击下，经济发展速度下降，企业遭受"破产潮"，在企业上班的人员及个体经营者，缺少稳定的收入，人们的择业观也因此发生了改变，人们越发向往收入稳定的职业，报考公务员的人也越来越多。大学校园中的公务员热已经不再是"局部过热"，反而成为大学生的首选之路。预计在未来几年，我国公务员考试报名人数可能会持续上升，但是幅度不会太大。

在考公务员热的同时，考研也逐渐升温。教育部公布的数字显示，2018 年，研究生报考人数约为 238 万，2019 年研究生报考人数约为 290 万人。2020 年报考人数突破 300 万，约 341 万人报考。2021 年，考研的报名人数约为 377 万，到了 2022 年，考研报名人数高达 457 万。

缺乏工作经验的应届毕业生与社会人士相比，最大的优势在于更能读书学习、更会应对考试，存在就业择业难、考试易现象。并且考试成本不高，报名费和资料费也只有几百块钱，但回报却是十分美好的。

众所周知，公务员工作不仅稳定，而且待遇优厚、社会地位高。在改革开放初，中国大门打开，引入大量外资，市场经济初步发展，沿海一带出现了许多就业择业的机会，较为宽松的市场竞争环境为年轻人自主创新创业提供了便利。相对而言，当时的公务员收入很少，并且还有着体制上的约束，大部分年轻人做公务员很难有所成就。虽然公务员是"铁饭碗"，但对比很少的工资和众多诱人的机会，稳定的好处究竟还有多少呢？加上当时的人才市场供不应求，给了高校毕业生们很大的空间去选择。因此，很多毕业生更想到商界里施展才华。

如今，时过境迁，市场经济的进一步发展使几乎每个领域的竞争都愈演愈烈，人才市场供给过剩的现象使大学生昔日的地位骤降，曾经优厚的待遇只能变为美好的愿望，甚至出现降薪的可能，如果对企业薪资不满，那就必须去另谋他路。而公务员的工资则是稳步上升，管理体制也是日趋完善。同时，政府部门的工作虽不再是"铁饭碗"，但也是相对稳定，还掌握着大量的社会资源。综上，现在的人们对公务员这一职位趋之若鹜也在情理之中。特别是在国内部分知名企业都开始出现裁员、减薪等情况下，公务员这一职业的优势更加明显。

（二）选择新兴工作方式——SOHO族、威客族

自20世纪90年代以来，因特网在全球范围内迅速发展。诸如知识工人、全球经济、学习型组织、虚拟工作场所、小型创新创业型企业、SOHO、威客等都体现出了人们工作方式的变化。

SOHO（自由职业者），是英文Small Office，Home Office的首字母的缩写，意为个体办公、家中办公。自由职业者另一种称呼便是SOHO，它也代表着一种弹性、自由并且新潮的工作方式。他们的工作方式以互联网为基础、能够按照自己的喜好选择所做的工作、不受时间和空间的约束、没有发展空间限制的新式白领。SOHO没有其他特别要求，并且也不单指计算机业内人士，只要是在家工作、个人工作室或是其他非传统办公室的工作方式，都能够称作SOHO族。

SOHO族的生活方式相较于以前传统的生活方式有许多不同，它免除了由于工作途中交通拥堵而丢掉时间，让人不用受办公室内部各种纠纷的烦扰，让人能够从事自己热爱的岗位，还有人因此自己成为了老板。这也是吸引当代大学毕业生选择这种工作方式的一大原因。

SOHO是一种轻松、自由、时尚的生活方式与态度，既能够专注一职，也可以作为兼职。人们还将SOHO称为Super Office and Human Office，意为超级办公室、人性化办公室。

SOHO与传统上班族相比，最大的不同是能够不受时间地点的约束，自

己决定收入的高低,工作与生活的界限变得模糊,办公、居家合为一体。SOHO 族的工作方式大体可以分为四种:自雇 SOHO;创新创业 SOHO;在职 SOHO;兼差 SOHO。

不论是哪种 SOHO,这种工作方式已经成为一种世界性的潮流。现今在美国已经有 20% 左右的工作者是 SOHO 族,并且还正在以每年约 5% 的速度增长。日、韩和香港也正在鼓励个人创立 SOHO 型公司。著名网站"朝日网"在主页上更是增设了 SOHO 专栏,介绍许多成功 SOHO 公司的事例,同时也为 SOHO 同行提供了信息交换的场所和如何自主开办 SOHO 公司的指南。

由于 SOHO 的自由和极具挑战性,所以非常适合 SOHO 的是那些以信息的制造、加工、传播类为基础的工作,例如自由撰稿、软件设计、编辑记者、美术、网站设计、财务、广告、咨询、音乐等,因为他们的大多数工作完全可以待在家里独立完成或借助互联网与他人共同完成。近年,伴随着互联网的广泛运用以及电脑、打印机等各种办公设备在家庭中的普及,SOHO 已经成为更多的人可以尝试的一种新型工作方式,而它的形式与内涵也正悄悄地改变着。

许多优秀的网页设计 SOHO 族都拥有自己的网站,每天在家里更新自己的网页,是他们的主要工作内容。这些富有特点的个人网站慢慢吸引了许多 IT 公司的目光,因此,大网络公司与个人网站合作或将其收购的新闻在 IT 界屡屡出现,使得这些 SOHO 族们又开始从事新的工作。也有许多人利用自己的技能开始从事网上信息和咨询服务,变成了信息服务行业的 SOHO 族。越来越多的中青年人被 SOHO 族这种自由美好的工作方式所吸引,也慢慢加入这个行列,通过 SOHO,他们充分地展露了自己的才华。

一方面,世界上的 SOHO 人数呈现出不断增长的势头,互联网的普及、办公自动化以及分工的进一步细化将会使得更多人选择成为 SOHO 族;另一方面,SOHO 群的存在也客观上缓解了就业择业压力导致的各种社会问题。但是如何将这一特殊人群有意识地收录进社会分工体系中去,并从立法、身份、税收和权益保障等方面给予认定、保护和规范,是一个呈现在社会各个组织机构面前的突出问题。

"威客"是英文 Witkey(wit 智慧、key 钥匙)的音译。通俗来说,"威客族"为了获取薪酬,利用互联网,把多个电脑终端连接在一起,实现信息的传输和共享,从而帮人解决相关难题。威客模式就是以网络为基础,以酬劳为目的,将个人的头脑与智慧联系起来,向别人传送自己的智慧、知识、经验和技能,从事这一工作的人被称作"威客"。

(三) 基层就业择业

基层就业择业就是去基层工作。近些年,我国颁发了诸多优惠政策来吸引大学毕业生主动参与到我国社会主义新农村建设、城市建设。通常,"基层"不仅包括广大农村,而且也包括城市的街道社区。它既涵盖了县级以下的党政机关、事业、企业单位,也涵盖地方社会团体、中小企业和非公有制组织;既包含那些自谋职业、自主创新创业,也包含了那些艰苦的行业和岗位。

一些公务员的招考录用,对有基层工作经验的大学毕业生有优惠政策,对那些在任上的基层大学毕业生,也有相关定向名额,这就为大学毕业生成为公务员打开了一扇大门,为毕业生在基层工作提供了不错的发展途径。

基层就业择业使得毕业生中竞争异常激烈的状况得到有效缓解。在许多经济发达地区,人才供给出现过剩现象,大量人才竞争一个岗位。即使进入了公司,由于工作流程十分规范化同时岗位也相对固定,一般毕业生也很难对业务全面了解。很多情况下,即使工作了两三年,也还只是了解专属自己业务的那部分内容,虽然足够深入,但拓展空间严重不足。而在人才匮乏的中西部地区,基层就业择业有更大的选择空间。基层地区的基础建设相对发达地区有一定差距,在发展过程中,更加需要各方面人才的加入,因而有更多的机会可以选择,可以更好地开始自己的职业之路。在基层工作,由于人力资源的问题,许多工作需要个人独立完成,有利于培养较强的独立思考能力,提升业务能力,全面地锻炼自己的能力,这对于一个刚刚走出校园的毕业生来说,是非常难得的机会。经过基层锻炼的人才,今后在职业发展道路上,或者走向管理岗位时,能够更有针对性地开展工作。

(四) 自我创新创业

"就业择业难"引发了"创新创业潮"。如今决定创新创业的大学生不断增加,他们通过创新创业来完成自身的就业择业。一个具有较强的自主创业能力的高校毕业生,不但不用背负就业择业带来的压力,反而还能借助自主创新创业来给自己提供更多可能性。大学毕业生创新创业的最大好处是能够提高自身能力，增加社会实践经验，学以致用。自我创新创业最大的诱人之处是如果成功创新创业，便能够实现自己的理想，并且证明自己真正的价值。谋求生存乃至自我价值的实现是创新创业最主要的原动力。

创新创业与就业择业最大的区别在于创新创业是寻找资源、创造资源，而就业择业往往是利用现成资源。现今，高校大学生的就业择业观念正在慢慢地变化着，一个保护、鼓励、崇拜创新创业的大环境正慢慢地形成。曾经由政府一手负责的就业择业与创新创业渐渐被市场所取代，由于产业结构调整而带来的许多创业机会和政府出台的"创新创业带动就业择业"政策，使得大学生对创新创业热情大增。

刚出校门的大学生怀着满腔的热情进行创新创业，有的成功，有的失败。大学生是一个非常特别的创业群体，他们的特殊一个是年轻，另一个是他们的创业理念略显稚嫩，又缺少必要的创业相关知识。相关数据表明，成功创新创业的大学生通常不足两成，这同他们自身的局限以及个人性格或者人生阅历有很大关系。从目前大学生创新创业项目的选择来看，技术含量低，未将大学生的技术优势充分体现。虽然，大学生在创新创业的过程中仍存在着诸多难题，但对于大学生而言，自主创新创业始终是一条很好的发展途径，而它的关键就在于要找出问题，正视问题，然后解决问题。即使面对失败，也不能丧失信心，仍要保持一腔热情；即使创新创业失败，也可以谋求其他工作或行业，并在工作中不断地锻炼自己，在日后重新开始创新创业，争取获得另一番成就。

第二节 当代大学生就业择业制度及政策

就业择业制度与政策是我们搞好就业择业工作的指南和依据。大学毕业生如果认真了解国家和各级政府对当前就业择业工作的要求和相关的政策，就会在就业择业过程中更好地找准自己的位置，有效利用相关的条件，使自己顺利就业择业。

一、大学生就业择业制度的由来

从新中国成立至今,我国的高校毕业生就业择业政策一直随着国情的变化而不断变化。以这些政策所实施的背景和特征为基础,在大体上,我们可以把它看作历经了三个不同的发展阶段。

(一) 计划经济体制下的高等学校毕业生就业择业政策

自新中国成立初至20世纪80年代中期,由于我国是计划经济体制,因此,高等教育也相应的是一种高度集中、计划管理的模式,从招生一直到就业择业,全都有着"计划"经济的时代烙印。学校的招生严格按照指令性计划,学生同样按照计划来分配,而用人单位则如同"大箩筐",对于各类学生来者不拒。这种计划经济体制要求下的高校毕业生就业择业政策通常被我们称为"统包统分"模式。该就业择业模式是高校毕业生的就业择业全都由国家包办,按国家计划统一进行分配。它的主要特点是"由国家包下来分配工作并负责到底",并且执行"统筹安排、集中使用、保证重点、照顾一般"的方针。

国家按计划分配高校毕业生的制度,是随着我国曾经实行的计划经济体制所诞生的,该制度同我国曾经的国情相适应,最大程度上体现了社会主义制度所具有的优越性,在当时起到了极为重要的作用。在相当长的一段时间里,该制度保证了人才得以充分运用到国家建设上,并且起到了缓解我国人才供求在空间上分配不平衡的状况,对于国家宏观调控人才流向有重要意义,同时也有利于社会安定。

(二) 教育体制改革下的高等学校毕业生就业择业政策

自改革开放至今,我国经济体制改革日渐深化,社会主义市场经济不断发展,劳动人事制度也不断改革完善。因此,"统包统分"的制度逐渐同新的经济运行机制相矛盾,并且逐渐同形势的发展不相适应,它的弊端也逐渐暴露。这个政策对于国家人才的合理配置、学校办学积极性、学生学习积极性以及用人单位的择优选才都产生了负面影响,急需改革。

1985年5月27日,中共中央颁布《中共中央关于教育体制改革的决定》(以下简称《决定》)是我国开始实行高校毕业生就业择业政策的改革的标志。《决定》的重大决策之一便是改革高校毕业生分配制度,它十分明确地指出，国家招生计划以内的学生"分配工作，施行由国家计划指引，由本人选报志愿、学校推荐、用人单位择优录用的制度"。该决策为大学生的就业择业制度改革奠定了良好基础。国家相关部门开始实行对传统"统招统分"的改革，大体形成了以"供需见面"为主的形式和以"双向选择"为主要特点的就业择业政策。"双向选择"的就业择业政策顺应了由教育体制改革导致的大学毕业生就业择业制度的新要求，该政策适合由计划经济向社会主义市场经济过渡的全程。有人称"双向选择"的就业择业政策创新了一种类似"自由恋爱"的新模式，以此来区分计划经济体制的产物"包办婚姻"模式。

"双向选择"这一毕业生就业择业政策的实行，对于毕业生及用人单位来说都是真正的"双赢"。它适应了我国当时的经济发展，使得人力资源得到合理配置，同时也推动了我国经济的进一步发展；增加了高校自主办学权力，推动了学校自主教学改革，使学校积极主动适应社会需要；增加了用人单位自主选才权，同时也改善了用人单位尊重知识、尊重人才的风气，使在校学生的思想观念得到转变，学生学习的积极性得到提高，竞争意识得到增强；提高了高校毕业生的自主择业权，使学生能够发挥自身的素质优势，有助于学生不断发展成才；满足了基层一线的企业、事业单位的人才需求，提高了毕业生下到基层的比例，使基层教学、生产、科研的一线人才需要得到了充实；打破了以往单一计划分配体制所导致的高校毕业生"包上大学，包当干部"的想法，使在校大学生产生了危机感，即如果自己缺少真才实学，就会面临找不到工作单位的状况，这从根本上推动了高校校风和学风的端正。

（三）中国社会主义市场经济体制趋于完善下的高等学校毕业生就业择业政策

以"双向选择"为主要特点的高校毕业生就业择业政策只是一种用来过渡的就业择业政策，伴随着改革开放的不断深入以及社会主义市场经济体制的建立与完善，建立起以"自主择业"为主的高校毕业生就业择业制度已是大势所趋。

"自主择业"的就业择业模式的政策依据是1993年2月13日，由中共中央、国务院颁布的《中国教育改革和发展纲要》（以下简称《纲要》），它十分明确地指出：在20世纪90年代，由于政治体制、经济体制和科技体制的深化改革，教育体制改革也需要采取综合配套、分步推进的大政方针，加快速度，改革统得过死、包得过多的旧体制，以此来初步建立起同社会主义市场政治体制、经济体制和科技体制改革所适应的教育新体制。

高校毕业生就业择业政策改革目标是以《纲要》为政策依据而确定的：改革高校毕业生"包当干部"和"统包统分"的旧就业择业制度，实行少数高校毕业生由国家统一安排就业择业，多数毕业生"自主择业"的就业择业制度。也就是说，除了少数享有专项奖学金、国家奖学金和单位奖学金的大学生，能够在一定范围内享受国家安排的就业择业外，其他大部分学生是在国家政策、方针指导下通过就业择业市场来"自主择业"。在该就业择业的体制下，大多数毕业生将依据个人能力和条件参与到市场竞争中，而不是由国家用行政手段保证就业择业；相关用人单位只能通过提供的工作条件及各种优惠待遇来吸收毕业生，不能只靠等待国家通过行政手段的办法分配人才；而高校作为毕业生就业择业工作的主要中介，需要为毕业生"自主择业"提供相关服务。

但是，国家虽然提出了"自主择业"的就业择业政策，但目前，我国大学生就业择业的主要模式和基本政策仍然是"双向选择"政策，这是由于"自主择业"的就业择业政策需要一个中间过程。因为在我国，高校毕业生就业择业市场的成功建立需要历经一个由不成熟到较为成熟、由不规范到逐渐规范的市场发育过程，这其中还需不少时间。因此，将"双向选择"的政策用于过渡是十分必要的。

在改革中，国家逐步放松对高校毕业生就业择业的控制与安排，并且在户籍制度方面和劳动人事制度方面，国家也会进一步深化改革；并会建立起一个高效、流通的高校毕业生就业择业信息门户，使得人才的流动更加自由、通畅，为高校毕业生的自主择业创造和提供必要的条件。

二、我国促进高校毕业生就业择业相关政策

2009年3月19日中华人民共和国教育部下发了《国家促进普通高校毕业生就业择业政策公告》，第一次通过公告方式公布了国家推动普通高校毕业生就业择业的政策，体现出党和政府对大学生就业择业的高度重视，想尽办法推动大学生就业择业得到落实。

《国家促进普通高校毕业生就业择业政策公告》全文如下：

一、鼓励高校毕业生到基层、到中西部地区就业：

1. 对到农村基层和城市社区公益性岗位就业的，给予社会保险补贴和公益性岗位补贴；对到农村基层和城市社区其他社会管理和公共服务岗位就业的，给予薪酬或生活补贴；

2. 对到中西部地区和艰苦边远地区县以下农村基层单位就业并履行一定服务期限的，由政府补偿学费，代偿助学贷款；

3. 对有基层工作经历的，在研究生招录和事业单位选聘时优先录取；

4. 对参加"选聘高校毕业生到村任职"、"三支一扶"（支教、支农、支医和扶贫）、"大学生志愿服务西部计划"、"农村义务教育阶段学校教师特设岗位计划"等项目的，给予生活补贴，按规定参加社会保险；项目服务期满并考核合格的，报考硕士研究生初试总分加10分，高职（高专）学生可免试入读成人本科；今后相应的自然减员空岗全部聘用参加项目服务期满的高校毕业生。

二、鼓励高校毕业生应征入伍服义务兵役：

1. 由政府补偿学费，代偿助学贷款；

2. 在选取士官、考军校、安排到技术岗位等方面优先；

3. 退役后参加政法院校为基层公检法定向岗位招生考试时，优先录取；

4. 具有高职（高专）学历的，退役后免试入读成人本科；或经过一定考核，入读普通本科；

5. 退役后报考硕士研究生初试总分加10分；荣立二等功及以上的，退役后免试推荐入读硕士研究生。

三、积极聘用优秀高校毕业生参与国家和地方重大科研项目：

高校毕业生在参与项目研究期间，享受劳务性费用和有关社会保险补助，户口、档案可存放在项目单位所在地或入学前家庭所在地人才交流中心。聘用期满，根据需要可以续聘或到其他岗位就业，就业后工龄与参与项目研究期间的工作时间合并计算，社会保险缴费年限连续计算。

四、鼓励和支持高校毕业生到中小企业就业和自主创业：

1. 对企业招用非本地户籍的普通高校专科以上毕业生，各地城市应取消落户限制（直辖市按有关规定执行）；

2. 为到中小企业就业的高校毕业生提供档案管理、人事代理、社会保险办理和接续等方面的服务；

3. 从事个体经营符合条件的，免收行政事业性收费并享受国家相关扶持政策；

4. 登记失业并自主创业的，如自筹资金不足，可申请 5 万元小额担保贷款；对合伙经营和组织起来就业的，可按规定适当提高贷款额度；

5. 参加创业培训的，按规定给予职业培训补贴；

6. 灵活就业并符合规定的，可享受社会保险补贴政策。

五、强化对困难家庭高校毕业生的就业援助：

1. 就业困难和零就业家庭的高校毕业生，享受公益性岗位安置、社会保险补贴、公益性岗位补贴等就业援助政策；

2. 机关、事业单位免收招聘报名费和体检费；

3. 高校可根据实际情况给予适当的求职补贴；

4. 对离校后未就业回到原籍的高校毕业生，由各地公共就业服务机构免费提供就业服务并组织就业见习和职业技能培训。

第二章 招聘信息及应用

第一节 招聘信息

招聘信息对于高校毕业生就业择业来说十分重要，应聘成功与否不仅取决于一个人的知识、能力、体力、社会和经济的因素，而且也取决于对招聘信息的解读。在招聘择业的过程中，解读招聘信息关系到就业、择业、创新创业的成败。

一、招聘信息的定义

招聘信息，是指在就业择业的准备阶段，经过加工处理，成为招聘者选择自己所从事的职业或工作岗位的有价值的消息、资料、情报等的总和。

招聘信息可分为：可控信息、不可控信息；广义信息、狭义信息；外部信息、内部信息。

大学生在校学习的过程中接收的各种有关职业的信息和所学的知识是广义上的招聘信息；毕业生在毕业前夕获得的大量对招聘、择业有价值的信息是狭义的招聘信息；毕业生通过各种途径获取的关于招聘单位的性质、需求等的信息是外部招聘信息；大学生对自身情况和各项能力、专业、职业兴趣的了解、分析和评估结果是内部招聘信息；在择业期可控，在学习期不可控是外部招聘信息；在学习期可控，在择业期不可控是内部招聘信息。

从信息包含的内容来分，可分为社会需求信息、招聘形势信息、招聘单位信息。

从信息语言的角度来分，可分为书面信息、口头信息、行为信息和媒体信息。书面信息指通过书面材料获取的信息，口头信息指通过与人交谈获取的信息，行为信息指通过信息传递人的面部表情和肢体语言获取的信息，媒体信息指通过各种正式公开发行、发布的媒介载体获取的信息。

从信息的真伪来划分，可分为真实信息和虚假信息。招聘信息的真实性是应聘成功的根本保证，但由于各种原因，经常会出现虚假信息，从而误导应聘者。

从信息的意义划分，可分为无效信息、低效信息和有效信息。真实的信息不一定有效，信息的有效性因人而异。举个例子，一条招聘计算机软件工程师的信息对一个有志于旅游管理的人来说，就是低效或无效的。

二、招聘信息的内涵

招聘信息的内涵十分广泛，主要包括以下两个方面：

（一）招聘政策和相关规定

了解国家招聘方针、政策及相关的招聘法律法规，是高校毕业生应聘顺利的前提。在我国，虽然人才已经市场化，但就业市场的不完全竞争、不完全信息和较高成本一直影响着就业效率。因此，要解决市场本身无法解决的问题，招聘仍需要政府发挥一定的宏观调控作用。政府依据法律和法规对整个社会招聘进行统一的管理，一切组织、个人都必须服从。

自改革开放以来，为了推动国家大学毕业生招聘的市场化以及人才的配置，国家在不断优化高校毕业生招聘政策。根据本地区的实际情况，各省、自治区、直辖市也及时、有效地调整相关的人才政策。那些及时了解相关政策、弄懂政策，并利用政策提供的有利条件，结合自身实际情况，主动出击的大学生应聘更加游刃有余。因此，大学毕业生系统地收集和认真研习政府招聘方面的方针、政策等就显得特别重要了，只有充分掌握了"行情"，才可以在应聘的过程中不走弯路或少走弯路。

大学生在实际应聘过程中，如果不关心、不了解、不掌握政策和法规，甚至做出与之相抵触或相悖的行为，则有害于组织，个人应聘也会进入被动状态。面向社会招聘择业之时的大学毕业生，需要了解自己所在学校及学校所在地区和国家的招聘政策与招聘管理部门的工作程序,把握好进行招聘择业的招聘良机,对自己顺利达到招聘的预期目标有一定的帮助。大学生须知并掌握的法规有《招聘促进法》《中华人民共和国劳动法》《招聘协议书》《劳动合同法》等。

(二) 供求信息

供求信息包括当年毕业生信息和招聘单位信息。高校毕业生只有知己知彼,才能在招聘时游刃有余。

1. 毕业生信息

毕业生信息:包括当年毕业生总体供求形势,即本地区毕业的学生的数量;招聘单位需求的数量:供大于求、供小于求或两者基本平衡;哪些是热门专业、过剩专业等。

2. 招聘单位的信息

招聘单位需求信息收集的数量是毕业生顺利招聘的重要因素。一些高校招聘主管部门千方百计地为毕业生提供招聘单位的需求信息,供毕业生选择的需求信息,在同一专业有 2~5 个相关招聘单位,这极大地提高了毕业生招聘的信心。但获得招聘信息不一定就是找到了工作岗位,对招聘单位需求信息要深入了解,并进行有效的对比,才能避免随意性和盲目性择业。如有些大学生择业时会出现以下情况:只挑选大城市而不问招聘单位的性质、业务范围;只图单位名称好听,而盲目签约,这是存在一定隐患的。那么如何客观地评价招聘单位的用人需求信息呢?系统、全面地了解和分析招聘单位的人才需求信息是关键。

掌握好这些信息,对应聘者参加面试、进行自我推销和招聘攻关都会起到举足轻重的作用。以上信息,可通过学校招聘主管部门、招聘单位需求信息库查询,或网上查询,以及从招聘单位的上级主管部门了解到。当然也可以通过家长、亲朋好友、校友等一些已在该单位就职的人员了解,甚至从中介那里了解该单位更多、更有价值的信息。总之,手中有信息,心中不慌张!

三、招聘信息的特征

招聘信息作为信息资源,具有时效性、真实性、相对性、共享性、变动性等特征。

（一）时效性

招聘信息有极强的时效性，每条信息都有时间的要求，在规定的时间内是有效的，错过规定时间就失去了意义。毕业生在收集招聘信息时，应该要注意有效期限，争取以最快的速度对信息做出反应。

（二）真实性

大量招聘信息中有真有伪，这就要求毕业生要仔细地分析和研究招聘信息，避免被不实的信息所诱导。在当前市场尚不健全的情况下，虚假信息大量存在，且危害极大。

（三）相对性

随着社会分工的细化，招聘单位对人才要求的针对性提高。招聘信息对一部分毕业生是非常有价值的，对另一部分人则没有多大价值。这就要求大学生在得到招聘信息时，要认真分析和研究，与自身的条件进行对比，看自身的情况是否符合招聘单位的要求。这样，可以减少应聘的盲目性，提高应聘的成功率。

因此，毕业生需要注意招聘信息的相对性，不要盲目追求当前大热门的职业，要找到适合自己的信息，果断放弃不适合的信息。

（四）共享性

共享性是指招聘信息可以通过不同的载体进行传播，并为社会各方共同享用。招聘信息的共享性还意味着招聘的竞争性，不仅限于本班同学、本校同学、本地高校，还有外省市高校毕业生。

（五）变动性

变动性指招聘信息不仅受到国际、国家政治和经济形势的影响，也受所在地区、行业形势变化的影响。例如，受疫情的影响，我国各行业的中小型生产企业效益全面下滑，从 2020 年 3 月至 2022 年 3 月，中小型生产企业招聘需求变动极其剧烈，招聘信息体现了很强的变动性。

四、招聘信息的意义

随着毕业生招聘工作市场化的深入，对招聘单位择人与毕业生择业的自主权进行了进一步的强化,毕业生如果没有掌握精准且靠谱的需求信息,就无法把握自主择业的主动权,也无法进行理想的职业选择。可以说,招聘竞争在一定意义上就是获取招聘信息的竞争。谁获得的信息数量多,招聘的选择面就宽;谁获得的信息质量高,招聘的把握性就大;谁获得的信息及时,招聘的主动性就大;谁获得的信息内涵全,要点明确,招聘的盲目性就小,就很容易实现顺利择业,在职场中找到自己的位置,实现自己的职业理想。

对于招聘者来说,招聘信息的意义有以下几个方面:

(一)有助于毕业生招聘择业目标的实现

毕业生在面对社会招聘择业时,如果拥有一定的招聘信息,了解招聘管理机构的工作程序,了解所在学校、学校所在地区和国家的招聘政策,不失时机地利用第一次机会进行招聘择业,就可以在择业过程中不走弯路或少走弯路,顺利实现择业目标;对于许多延迟招聘或招聘后感到不满意的毕业生来说,拥有一定的招聘信息,了解社会、了解自己,还便于今后发展,有助于毕业生自主创新创业、自我发展和职业生涯规划的实现。

(二)有助于达成对个人需求和社会需求相一致

毕业生就自己所掌握的招聘信息,针对社会招聘单位对本专业人才的要求,及时补充知识,提高能力和增强个人的竞争优势,可以使自己在面对众多招聘机遇时,不会因个人的知识、能力影响择业,造成遗憾。同时还可以根据掌握的招聘信息,及时调控择业目标,正确评价自我,避免脱离社会实际。

(三)有利于增强大学生学习的目的性和自觉性

"有志者事竟成。"大量实践证明,明确的目标,可以激发学习的积极性与主动性。考入大学后,不少学生不知道所学专业与未来工作的关系,不懂得各门课程的实践意义与应用价值,目标模糊,学习缺乏动力。通过对职业信息的了解,对人才供求变化情况和社会对从业人员的素质要求的分析与研究,通过对未来可能从事的某些具体职业类型特征、岗位能力标准的思考与预测等,就可以使自己进一步明确学习的目的,认识到学习的重要性。

(四) 有利于毕业生了解外部人才市场状况

由于应届生毕业生大多未踏入过社会，工作经验基本为零，对社会招聘需求不了解，不清楚社会目前欠缺什么样的人才，每家企业设置了什么岗位，哪些岗位急需招人以及各岗位的职责与薪酬待遇。而通过分析招聘信息，可以帮助毕业生进一步了解人才市场的情况。这些招聘信息可以包括哪些公司招聘的什么岗位需要本专业的毕业生，薪资待遇如何，相关专业工作岗位多不多，自己是否满足期待的岗位的要求，有没有得到这个工作的机会，还有哪些岗位缺人，适不适合自己。在了解这些招聘信息后，毕业生就可以采取相关的措施，使自己更加符合外部人才市场所需要的特性，从而帮助自己减少求职路上因不了解人才市场而带来的阻力，帮助自己更加顺利地求职。可见，招聘信息对高校学生求职有着极其重要的意义。

(五) 有助于毕业生进行招聘、创新创业决策的思考

毕业之际，有人要考虑毕业后到什么地方去工作，如何找一份比较满意的工作；有人要考虑毕业后如何创新创业，为社会做出贡献。如果仅凭个人主观想象，盲目判断，往往不能做出符合实际的决策。在市场经济体制下，人才市场和劳动力市场竞争日趋激烈，要做到"知己知彼"，取得择业、创新创业的主动权，必须有及时、准确、丰富的职业信息作保证。例如，创新创业决策前，无论分析创新创业形势、确定创新创业方向，还是选择创新创业地区，都必须拥有创新创业的各种信息。不仅要有宏观方面的信息，如政策法规信息、社会经济状况信息等，而且要有微观方面的信息，如地方发展前景、创新创业具体办法及规定等；既要注意收集有利于自己创新创业的直接信息，又要留意对创新创业有参考价值的间接信息。创新创业决策中，应把自己掌握的职业信息进行整理、筛选、分析，拟定出创新创业的初步方案，逐一进行可行性分析，判断拟订的方案是否妥当、是否合理、是否必要、是否符合实际，然后选择出最佳方案。在创新创业过程中，要根据职业信息反馈，来检验、调整、评价各个阶段的结果是否符合决策要求，以便及时调整创新创业方向。

(六) 有利于毕业生准确把握住市场机遇

如今，信息技术高度发达，在这种环境中，机遇对于每个求职择业的人来说都是平等的，各种人才招聘信息，每天都在各种渠道发布、传递，

在人生的发展长河中，人就好比河中的小舟，而信息就是助推的桨，毕业生只有利用好桨的助力，才能在发展长河中划好第一桨，从而帮助自己在人生的重要关头行得更远。因此，对市场各种需求信息进行有效筛选及管理，在众多信息中抓住对自己招聘、创新创业发展有利的信息非常重要，这可以使自己"知己知彼，百战不殆"，获取最新、最快、最有价值的信息，从而及时做出反应，从而准确地把握住市场机遇。

（七）有利于毕业生不断调整职业目标

职业目标确定后，并不能高枕无忧，一成不变。在不断变化的市场环境下，用人单位对人员的选拔和晋升也会不断出现新的标准，而且，在这个过程中，用人单位的标准会越来越高，对人才提出的要求自然也越来越多，比如，大数据时代的来临，使得用人单位对财会人员的要求就不再满足于传统的会计职能，只会记账、只会做表的财会人员已经不再适应用人单位的发展要求。为了适应大数据时代，用人单位需要会大数据的财会求职者。用人单位需要的财会人员除了要会基础的记录与核算工作，还需要有能基于相关数据集帮助企业做出明智的财务决策的能力，可见，人才需求市场是不断变化的。因此，企业等用人单位在招聘方面的需求也是"随市而动、随市而变"，招聘信息处于不断变化与流动的状态。如果原来确定的职业目标的生存与发展条件发生了变化，职业目标就必须随之变化，就必须进行相应的调整和修正，而不能盲目固守原有的目标和运作方式。只有对信息进行管理，依靠信息反馈，掌握实践过程中的具体情况，才能根据客观形势的变化和自身条件，权衡利弊，重新设定职业目标。

第二节 招聘信息的应用

搜集招聘信息全部工作的核心是对招聘信息的整理，毕业生需要在广泛收集招聘信息的基础上，结合自己的实际情况，依据国家、地区的政策和法规，对获取的原始信息进行有针对性的归纳、整理、分析和选择。在全面、客观、公正地了解自己和了解招聘单位的前提下，识别出适合自己需求的有用信息，更好地为自己招聘择业服务。

一、招聘信息的搜集

做到"广""早""实""准"是搜集招聘信息一大要求。所谓"广"，就是信息面要宽，要广泛收集各个方面、不同层次的招聘信息。有的同学因为只注意根据自己预先设定的目标搜集有关地区、行业和单位的招聘信息，所以使自己放弃或忽视了有关"后备"信息，在应聘遇挫时感到无所适从，造成被动，这种情况是应该避免的。所谓"早"，就是收集信息需要及时，要早做准备，不能事到临头再去抱佛脚。所谓"实"，就是收集的信息需要具体，招聘单位的地点、环境、人员构成、生活待遇、发展前景、对新进人员的基本要求、联系电话等各方面信息掌握得越具体越好。所谓"准"，就是搜集信息要做到准确无误。一方面，要对招聘单位需要的是什么层次、什么专业的人才知根知底，以及其在生源、性别、相貌、外语水平等方面有什么特殊要求；另一方面，用人信息也和商品信息一样，具有很强的时效性，你所了解的信息是不是过期的信息？招聘者是否已经物色到合适人选？这些情况也都要搞清楚，绝不能貌同实异。

大学应届毕业生搜集招聘信息的途径和技巧多种多样，由于个人情况、社会背景、家庭状况等原因，获取招聘信息的途径和技巧存在着差异。

（一）搜集途径

1. 各高校毕业生招聘指导中心

为毕业生服务的常设机构是学校的招聘指导中心（或办公室），通常有专门的负责人和工作人员。学校与各类招聘指导机构、社会的方方面面有着密切的联系，通过多年来的工作实践，与有关部门长期合作，已形成了人才供需网。各高校毕业生招聘指导中心与中央有关部委和各省市的毕业生招聘主管部门以及有关招聘单位形成了一张紧密的关系网，学校的主管部门一般都能够及时掌握国家有关招聘政策、地方的有关政策、各地举办"双选"活动的信息、有关招聘单位简介材料及需求信息等。提供的这些信息无论是数量还是质量，都有明显的优势。另外，招聘单位通常也会把各种招聘信息直接传递给学校招聘指导中心，要求学校协助推荐所需人才。因此，毕业生同学校招聘指导机构建立联系，是毕业生收集招聘信息的主要来源，是搜集招聘信息的重要途径。

2. 各级毕业生招聘主管部门和招聘指导机构

教育部在每一年都要制定毕业生招聘的相关方针、政策，各省、自治区、直辖市主管部门也要制定相应的实施意见。开展信息交流和咨询服务的活动也需要各地的毕业生招聘指导机构举办，这些相称级别的主管部门一般会发布一些指导性的文件，或举办大型的招聘活动。因此，不可忽视从这些主管部门搜集招聘信息这一重要的途径。要获得招聘信息可以查看国家的有关决议、决定、规划、规定等文件，也要全面了解各地区发布的有关决定和各种人才流动政策，这类信息具有较强的宏观指导意义。

3. 亲朋好友及其他社会关系

亲朋好友不但了解毕业生的个性、兴趣、能力，而且也对他们的未来单位和岗位的期望知根知底，所以在他们帮助推荐的时候，一般能够兼顾招聘者与岗位这两方面的需求。另一方面，来自于亲朋好友的信息，相对来说，其真实性和有效性更高一些。

除了亲朋好友这一途径，毕业生还可以通过其他的社会关系搜集招聘信息。比如说本专业的教师，他们对学生都比较了解，同时有科研协作、社会兼职等经验，会与专业对口的工作单位有着广泛的接触，所以也是重要的信息来源；又如校友，他们大多在对口单位工作，不管是对所在单位的情况，还是对本专业招聘行情，一般都很熟悉，通过他们可以获得许多具体、准确的信息。

家长和亲友对毕业生的招聘更为关心，他们与社会方方面面有联系，常常是帮大家找到工作最有力的后盾。事实上，几乎任何一个人都有可能给毕业生提供工作机会，因为不管他们从事何种工作，他们都能够认识各种各样的人，从而帮助毕业生找工作。毕业生要做的就是通过适当的途径和方式告诉他们你在找工作，你理想的工作是哪一方面的。同时，认真地对待他们给你介绍或推荐的工作，正确地处理你认为其中不适合你的工作。不能直接拒绝或有诸多不满和抱怨，否则，下次即使有适合你的工作，他们也不敢再贸然推荐给你，使你白白丧失好的招聘信息和机会，有的甚至造成终身遗憾。毕业在即，可以充分利用这条招聘途径，但不要过分依赖这条途径。

4. 各地的人才市场和人才交流会

各地通常都有固定的人才市场，毕业生可以由此了解到招聘形势、薪资行情等。但这类人才市场提供的岗位一般要招聘有工作经验的，或有一定社会经验的人才，因而它所提供的岗位并非适合所有应届毕业生。

应届毕业生应积极参与由各地政府和人事部门举办的毕业生双向选择供需见面会。有全国性的，也有地方性的，还有由一个或几个学校联合举办的面向毕业生的供需见面会。这种供需见面会的好处显而易见：一是招聘单位数量较多，可以提供更多的工作岗位；二是这些单位和岗位都不排斥没有工作经验的应届毕业生；三是这些单位大多具备一定资质，提供的岗位信息比较真实、有效。在参加此类招聘会时，需要注意的是：充分准备好有关推荐材料，届时与招聘单位直接见面，这样不仅可以直接获取更多的招聘信息，有时还可以当场签订协议，简捷有效。

5. 传统媒体

各种传统媒体，如广播、电视、报纸、杂志等，介绍招聘单位现状、发展前景和人才需求等，不仅传播速度快，而且涉及面广、信息及时，是搜集招聘信息的一条有效途径。

大学生招聘问题作为社会普遍关注的热点问题，近些年引起了新闻界的普遍重视，不少地方的电视、广播纷纷安排频道提供发布招聘信息的服务，不少招聘单位也会通过电视广播等手段介绍自己的经营现状、发展前景和人才需求等，毕业生不妨根据这些线索进行招聘尝试。报纸尤其是周末的报纸或招聘类报纸杂志，比如教育部主管的《中国大学生招聘》杂志以及各地人才市场报等。这些都是比较重要的招聘信息来源，应聘者从中了解有关招聘政策、招聘信息。毕业生可以通过电话了解招聘单位的基本情况，表达自己的应聘意向。不过要注意的是，对这类招聘信息，应聘者需要多了解一下相关的背景资料，以免浪费时间和精力，甚至上当受骗。如果被选用，还应做进一步的了解。毕业生也可以通过在媒体发布自己的应聘信息从而反向搜集招聘信息。

在通过这种途径搜集信息时，尤其要留意报纸上的工商注册公告。进行注册公告的公司一般是刚刚开始创新创业，还没有来得及发布招聘信息，而这个时候却是公司最缺人手的时间段。此时前去自荐或寄去招聘材料，非常有效。

6. 现代媒体——互联网

通过网络，毕业生可以在几秒钟内查询到数万条信息，方便快捷地了解招聘单位的背景资料、营运状况等，可以发布个人招聘信息在各种人力资源网站上，也可以用电子邮件的方式直接将自荐信、履历表等个人资料寄给对方，方便、快捷、高效。订阅电子邮件也可以获取网上招聘信息，很多网站都开始提供招聘信息邮件服务，会定期或不定期向注册用户发布有关招聘信息。另外，毕业生将大学期间的任职状况、获奖情况、自荐信、推荐书等都放到自己建立的个人主页，让有关单位全面了解你的情况，这也是一种不错的方法。

当然，互联网中有着丰富的信息资源，也存在着数不清的垃圾信息甚至有害信息，这些应引起广大毕业生的注意，在利用网络资源的时候，要小心谨慎，不要掉进虚假信息的陷阱。

7. 社会实践活动

毕业实习就是社会实践活动的常见形式。实习单位一般比较对口，通过实习的方式可以直接掌握招聘信息。从这些途径中获得的信息准确迅速，且有效性较高。通过社会实践、毕业实习或业余兼职，可以增加对社会、对职位的感性认识，加强与有关单位的联系，增进彼此间的了解，便于直接掌握招聘信息。事实上，很多毕业生就是在某个单位进行毕业实习时，被招聘单位经过一段时间的考察后加以录用的。

需要注意的是在实习和实践时，不能有经济利益至上的念头，找实习单位或实践单位，一定要与自己的专业、未来的职业目标挂钩，最好能与自己的职业生涯规划的阶段目标统一起来，这是一个不付学费的学习过程，切不可有短视行为——先挣些钱，找工作以后再说。

8. 直接与招聘单位联系

毕业生可通过发招聘信函、打电话、登门拜访、刊登广告等方式进行自荐。确定重要目标后，通过电话预约，然后亲自登门拜访。那种"普遍撒网"式的招聘方式主动性强，但盲目性较大，在招聘信息通道不畅的情况下，这种"毛遂自荐"的方式不失为获取招聘信息的途径之一。

高校毕业生在采取"自荐"方式时，应注意以下三点：第一，打电话或写自荐信时，不要锋芒毕露，要实事求是地推荐自己；第二，登门拜访时一定要预约，不可贸然造访；第三，最重要的，一定要对招聘单位摸底后再自我推荐。

9. 人物访谈

我们通过与一定数量的职场人士（通常是自己感兴趣的职业从业者）访谈，可以获取关于一个行业、职业和单位"内部"的信息，这些信息是通过大众传媒和一般出版物得不到的。所以，职业生涯人物访谈也是学生了解信息、拓展人脉的一种有效途径。

（二）搜集技巧

由于招聘信息传播的途径多元化，想要科学有效地获取所需要的信息不是一件容易的事。所以，高校毕业生不仅要熟悉获取招聘信息的途径，而且要掌握获取招聘信息的技巧，从各方面获取完备的招聘信息，以保证信息对毕业生择业发挥最大的效能。

下面介绍几种获取招聘信息的技巧以供参考：

1. "一网打尽"法

充分保证所获信息的全面性可以采用"一网打尽"获取信息的技巧。采用这种技巧获取信息时，是将各种信息尽可能多地搜集起来，按照一定的标准进行筛选，并不用先考虑行业、地域和个人的志趣。

2. "行业优先"法

搜集招聘信息注重行业特征。以倾向选择的行业为主，以选定的行业为中心，获取相关的企业信息、行业现状及发展前景等。

3. "地域优先"法

搜集信息的方向注重地域特性。以自己所倾向招聘的地域为主，然后进行信息的搜集，重点搜集个别地方的招聘信息。

经中国人才热线针对大学生、研究生的招聘调查显示，有近七成大学生和研究生选择在深、沪、京、穗这四座大城市工作。

专家们指出，大学毕业生以大城市为目标单位的思路，可能有些循规蹈矩的意味。优先考虑自己与企业或单位的适应性以及自己所在企业或单位的就业岗位才是比较理性的择业态度。有些大企业、效益好的企业不一定在这些大城市，成长性良好的企业很多都不在这些大城市。到一个有发展潜力的单位去工作、学习，跟它共同成长是最重要的。以发展前途为目标的招聘思路比那种以大城市为目标的招聘思路更踏实，更积极。

4."志趣优先"法

毕业生以自己的特长和爱好等主观意志、关注自我感受为重点来获取信息。

毕业生在获取招聘信息时，应充分考虑自己的志趣，不以行业或地域为重。比如说，有的毕业生希望自己将来能够创新创业经商，还有的毕业生希望自己将来能够从事管理工作，那么他们在获取招聘信息时，就会更加关注企业管理和市场营销等方面。

5."需求优先"法

毕业生不管搜集什么样的信息，都必须优先考虑收集到的信息能否满足自己招聘、择业的需要。

以上介绍的这五种搜集招聘信息的技巧各有利弊，采用前三种技巧搜集信息时，针对性比较强，有可能利用有限的精力和时间获取到对自己有用的信息，但是存在着信息面窄的缺点，难免失之偏颇。而采用后两种技巧获取的信息广泛，但由于涉及面太广，分拣和识别有用信息会浪费时间和精力。若能将这五种技巧有机地结合起来，互为补充，效果会更好，毕业生可根据自己的实际情况加以选用。在搜集信息的过程中，要注意投入和产出的关系，面对不同类型和不同层次的招聘，应当尽量选择适合自己的途径和方式，降低招聘成本。

（三）搜集纲要

大学毕业生通过各种途径和技巧所收集到的原始招聘信息一般是杂乱无章的，还需要做以下工作：

1. 应根据自己的实际情况和需求，对信息进行比较分析；
2. 去粗取精，去伪存真；
3. 有目的、有针对性地加以筛选处理。

获得的信息准确、全面、有效，从而更好地为自己的招聘服务。信息处理得好，就能起到事半功倍的效果。在处理这些信息时应把握以下纲要：

（1）适合自己

毕业生首先要对自己有一个全面的了解，然后根据自己的特长、专业、性格、能力等方面的因素收集信息，避免范围过大。每个人的情况不一样，毕业生应选择适合自己的信息，认真考虑自己是否适合和愿意从事这个职业，并做出取舍。一旦确定目标之后，就要根据信息的要求认真制定自己参与竞聘的具体方案。

（2）有利自身发展

判断招聘信息是否适合，不能只看表面和眼前，还要放眼未来。虽然现在你所应聘的单位只是个鲜见的小单位，但未来可能会发展得很成功；你如果现在慧眼识珠，将来可能前途无限。

（3）掌握重点

第一，对搜集来的信息进行必要的调查了解，然后逐条分析其优势和不足，选出有使用价值的重点信息，标明并注意留存，一般信息则仅作参考。第二，将自己选出来的重点信息再分别进行较为详细的调查分析，包括招聘单位环境、条件、发展前景及对人员需求的情况、录用条件等。最后，要善于开拓信息，许多信息的价值往往不是直观的，要善于通过有限的招聘文字，了解其背后深层次的背景、文化和精神。

（4）注意信息的时效一致性

人才市场瞬息万变，招聘单位发布需求信息后，会收到大量毕业生的招聘信息，及时与招聘单位联系能体现出你积极的态度，能增加招聘成功的几率。因此，收集到招聘信息后，应适时使用，以免过期。否则，不光浪费时间精力和金钱，还可能错过好的招聘机会。

当然，毕业生找工作时，也可以进行逆向思维，而不盲目从众。很多人认为几个月以前的招聘信息是过时的，往往不去关注，可实际上，关注"过时"的信息有时会有意想不到的收获。一般单位在一次招聘中可能同时招聘几十人，一次招聘会后，这些职位不一定都招满，可能会剩余一两个空缺，而单位不会为这少数的空缺再发布一次招聘信息。

这种"职位剩余"对正在找工作的毕业生来说是个富矿。如果你耐心十足，能够从"过时"的招聘信息中找到这样的机会，那么你几乎没有竞争对手，将成为企业剩余岗位的唯一人选，应聘成功率将会大大提高。

（四）搜集招聘信息过程中的注意事项

1. 开始搜集信息时，要目的明确，力求简化

信息整理力求简化，这是最好的技巧。刚开始，应先考虑"什么样的信息比较适合自己"等因素，然后定出收集的标准，还要腾出宝贵的时间

去完成它。

2. 搜集招聘信息以"完成目的"为出发点

在收集各类信息时,要用严谨认真的态度去达到自己的目的。信息收集也要讲究"轻重缓急",如果没有目的性,收集的信息就不具有任何意义。

3. 搜集招聘信息的标准

"宁多毋缺"的收集方式,能使搜集招聘信息者获得一大堆资料。但是,这是很不明智的方法。因为这样没有目标地搜集信息,以后仅整理就得花费很多时间,更不用说使用了。搜集信息时,确定"取舍标准"是一件十分困难的事。因此,搜集招聘信息者最好不要实行"取舍标准",而要实行"采用标准"。一般来说,人都有"获得容易丢弃难"的心理,实行"采用标准",就更符合大多数人的心理状态。不过,"采用标准"的重点,并非一开始就使用,而是搜集招聘信息到某一程度后,再根据"为何这样做"而实行"采用标准",这时,搜集招聘信息就具有实用性了。

搜集招聘信息和整理,都以"自我服务"为前提。每过一段时间,就得做基于这种目的的分类,然后再以"采用标准"整理所需的资料。如果你这样做了,你就绝不会产生资料取舍的困扰。

二、善于识别招聘信息

1. 充分了解招聘单位

在高校毕业生招聘过程中,有这样一种现象:他们看重择业,很费力地到处搜寻招聘信息,却很少认真分析自己通过招聘信息选定的将去应聘单位的情况,对应聘单位的了解肤浅,这反映出毕业生择业时"盲目""浮躁""急功近利"的心态。

如果对应聘单位不了解,不仅影响择业的成功,而且对未来的工作可能带来负面效应。把自己"交付"给一家自己并不了解的单位,与它同舟共济,是太"草率"的行为。提前搜集招聘单位信息,模拟自己未来的工作,可以增添你应聘的信心,同时建立起与招聘单位沟通的桥梁,准确地将对方需要的信息传递给对方。

每个招聘单位都和人一样,有自己的个性,有着不同的理念和用人标准。例如,在硅谷中很多小公司,它们没有固定的上下班时间,员工衣着可以随意穿搭，在看似杂乱无章的办公室里到处溜达。在这里，所有的传统都被唾弃，昨天的发明是明天的垃圾；在这里，能最大限度地发挥创造力。而世界上一些著名大公司的员工，他们崇尚的是职业素养、团队精神和努力程度，与之相伴的是穿着讲究、优雅舒适的生活方式。

因此，毕业生提前了解招聘单位的个性，可以使择业的目标更清晰，更准确，更能把握主动权。再者，了解招聘单位的文化与个性，也对你充分展示与这一单位择才标准吻合的优势和特长起到作用，做到扬长避短。最后，你如果能自如地谈及对该单位的了解，则很容易引起对方的亲切感和认同感，同时也向对方展示了你应聘该单位的诚意，成功的概率就会大大增加。

对一个招聘单位一无所知就去应聘，是不可能有高的成功率的。因为任何一个毕业生都不可能适合所有的招聘单位，所以毕业生应该提前确定自己的择业范围，然后尽一切可能去全面地收集上述招聘单位的有关信息。等你在以后面试中取得成功后，你会发现花点时间了解一下招聘单位是很有价值的。

作为招聘单位，在人才交流活动中一般都是宣扬自身的优势，少讲或不讲自身的缺点，这就需要毕业生事先对招聘单位的情况进行全方位的调查和了解，做到心中有数。否则，事后违约，不仅给招聘单位造成损失，也会给自己带来时间、名誉、精力和财力等方面的损失，甚至耽误招聘时间。

总之，毕业生要学会全面了解招聘信息的内涵，通过能利用的信息途径、社会关系尽可能多地了解与招聘择业相关的各种信息，合理使用有价值的招聘信息。

2. 招聘信息的识别

在信息处理过程中，要特别注重对信息真实性、可信性进行辨别和判断，要当心招聘单位发布的虚假信息，要警惕花样翻新的"招聘骗局"。在招聘实践中，经常碰到一些大学生兴高采烈地去面试，事后上当的情况，轻者招聘未成，重者人财两空，错过招聘黄金时段。

（1）善于比较，发挥特长

以多种途径获取的招聘信息可能会杂乱无序，科学地排序是很有必要的。第一，需要核实信息的可靠性和实效性。剔除那些内涵相同、重复的信息，剔除过时的、虚假的信息。一般情况下，从学校、主管部门和亲友处获取的信息一般都准确可靠，应多予重视。对收集到的信息，可进一步通过电话、电子邮件向信息发布者直接咨询，或向其主管部门、协作单位查询，对不真实或严重夸大其词的招聘信息坚决排除。第二，将与自己的专业与兴趣相关的信息提取出来，将与专业、兴趣无关或关系不大的放到一边。选出有用的招聘信息，以减少其他环节的无效劳动。

（2）分清主次，了解重点

把与自己应聘相关的信息按重要程度降序排列，标明并注意留存，一般的信息则仅供参考；对同类信息选择发展空间大、知名度高、培训机会多的优先考虑，对刚注册的小公司、管理运作一般的企业、产品占领市场份额不足的企业后考虑；对重要的信息要按图索骥、寻根究底，真正了解透彻，全面掌握情况，以便决策。

（3）对照衡量，人职匹配

避免盲目从众，并非所有信息都适合于自己。在信息选择时，要把握"因地制宜"纲要，结合自己的兴趣和能力等条件，了解自己能够适应和胜任的职业。不要好高骛远地去挑选不适合自己的工作岗位，更不要不切实际地对号入座，或与自己的职业目标相差太远，或招聘条件太高，那样会走很多弯路。毕业生如果不顾自己的专长，以待遇、地点作为首选标准，即使侥幸在招聘中获得成功，那么在未来的发展中也会逐渐暴露出自己的弱点，且发展后劲也不足。还要注意那些大批招聘同一专业人员的企业是否存在欠缺发展后劲或恶性竞争、压榨劳动力的问题。

（4）果断选择，及时输出

信息有很强的时效性，过期则报废。因为较好的职业总会吸引许多招聘择业者，而岗位的录用指标是有限的。如果你延迟抉择，不按时反馈信息，就会错失良机。谁赢得时间，谁就可能抢占主动，首先成功。同时在筛选信息时发现有些信息对自己不一定有用，可能对他人十分有用。此时主动输出对他人有用的信息，不仅是对他人的帮助，也充分利用了那些可靠的信息，达到了千方百计搜集和筛选信息的目的，还可能从别人手中获得对自己十分有益的信息。

三、招聘信息的应用

信息的特征在于它的流动性、堆积性。往往旧的信息没处理完，新的信息又收集了许多。为了更好地使用招聘信息，在经过分类处理、筛选招聘信息以后还要做一件事，就是对有用信息进行登记、归类，这样既方便查找又有利于及时更新。可以建立个人招聘信息管理库或专门信息库，如表2-1、表2-2所示。

表2-1 个人信息管理库

序号	单位名称	性质	地址	联系人	联系方式	专业及人数	要求	收集时间	备注

表2-2 供需见面会信息管理库

序号	名称	主办单位	地址	联系人	联系方式	要求	举行时间	备注

在应用招聘信息时，需要做到理想与现实的结合。不能图虚荣、好高骛远、爱面子，要量力而行，量"能"择业。即把所有的招聘信息与自己对照，看是否适合，尤其要选择适合自己性格、气质以及有利于发挥优势的单位和工作岗位。及时应用有价值的信息去选择适合自己的工作，这是收集和筛选招聘信息的最终目的。

（一）在政策范围内择业

使用招聘信息时，把个人意愿和国家需要结合起来是很有必要的，并根据社会需要和自己的能力、愿望做出职业选择。每一个招聘信息的应用都是经过个人理解并加工招聘信息后的一个转换过程，即依据信息进行择业的过程。毕业生要学会合理、充分地利用这些有效信息。

（二）发现不足，加强能力培养

根据筛选出来的招聘信息，对照个人的情况，发现自身存在的不足，并据此及时调整个人的知识结构，加强个人能力的培养。如果发现自己哪方面的知识比较欠缺，基础不牢，应主动地加强学习，尽量较早、较快地弥补原来知识的不足。

(三) 主动出击，及时准备材料

招聘信息有很强的时效性，一旦选定了自己的需求信息，就要及时主动与招聘单位主管人员联系，不要优柔寡断，更不能守株待兔，否则"时不再来"、"时不我待"。应主动询问相关考试的时间、地点、方式和要求，并做出一套自己完整的招聘材料，使需求信息尽早变成供需双方进一步沟通的重要桥梁。根据筛选出的需求信息的要求，对照检查自己，及时调整出自己的招聘期望值。即使时间仓促，也应尽量做好各项工作。

(四) 应用招聘信息时应注意的问题

一是轻信行为。即一味盲从，认为亲友告诉的信息就一定可靠，报刊上的信息就是百分之百的准确，因而不做筛选就做选择。二是模棱两可，举棋不定。即陷入大量信息的旋涡中不能自拔，在眼花缭乱的信息面前，左思右想，犹犹豫豫，拿不定主意，其结果是落得个"竹篮打水一场空"。三是急于求成。有的毕业生缺乏社会经验，真正到了人才市场就心慌意乱；有的自感择业条件不如人，怕找不到单位，因而一旦抓住信息，不经深思熟虑，就匆忙做决定；有的不够慎重，在没有进行广泛收集信息时便做决定，而当获取新的信息后，便又推翻已做的决定。四是从众行为。即缺乏主见，人云亦云。别人说哪里好，就往哪里跑；别人往哪里走，就往哪里凑热闹。

第三章 求职操作实务

第一节 就业求职材料

求职材料是找好工作的前提和基础,一套理想的求职材料,能够多方面反映一个人的专业水平、能力结构和综合素质。因此,要想找到理想工作,必须打造精美的求职材料。求职材料包括很多,主要包括:求职信、推荐表、个人简历(履历表)、成果、各类证件、健康状况证明材料、毕业生就业协议书、材料索引等。编写时可根据自己和招聘单位的具体情况有针对性地进行增减。

一、就业求职材料的内容

(一)求职信(自荐信)

求职信是毕业生向用人单位所做的自我介绍,带有非常明显的自我推销色彩,目的是让用人单位了解自己、相信自己、录用自己。求职信的格式有一定的要求,内容要求简练、明确,切忌模糊、笼统、面面俱到。用书信的形式向用人单位求职,不受时间、空间等诸多因素的影响,是求职者的首选。因为,求职信是经过毕业生本人深思熟虑从容撰写的,它可以简洁、完整地介绍毕业生的情况,表达毕业生的意愿。求职信应反映自己的自然情况,突出知识水平和能力结构,表达毕业生的求职愿望。一封好的求职信,可以向招聘者说明自己的才干,招聘者也可以通过里面的信息来判断求职者是否是自己需要的人才,所以求职信就好比是招聘者与求职者的媒介,在求职者与招聘者未正式见面之前,这封信很大程度上决定着该次求职与招聘工作是否还有必要进入到下一环节。我们必须明白,求职信的用处是为求职者争取面试机会,并不能够替求职者立马找到工作。因此,我们要明白其重要性的同时又要进一步加深对求职信的理解,我们不能完全将找工作依赖在求职信上,求职信于找工作而言只是你获得面试的一个机会。

(二) 推荐表

推荐表是证实求职者身份、学历、成绩、能力及现实表现的综合性书面材料。此表虽说缺乏深度,但可以概括地反映毕业生的基本情况。与求职信不同的是,推荐表一般为学校毕业生就业管理部门统一印制,除多数内容由毕业生本人填写外,毕业生所在院系的领导还要写出综合评语和推荐意见,并由校(院)系两级组织审查、签字盖章(向用人单位推荐时,最好是用盖有"红印"的推荐表,可以让用人单位觉得该毕业生对自己"情有独钟",从而增加就业机会。若用复印件,则会让人觉得有"普遍撒网"之嫌疑,就业概率可能也会降低)。因此,拥有推荐表,可信度就会比较高,用人单位也都比较相信和重视。

(三) 个人简历(履历表)

个人简历是标注个人学习、工作和生活经历的基本履历。是求职者对自己的能力、经历和技能等方面的介绍,是求职极为重要的材料,通常放在求职信后面,是求职者素质和能力表现的缩影。它存在的意义是让企业注意到求职者,给予求职者面试的机会。简历就相当于产品的广告与说明书,要利用简短的介绍将自己和其他竞争者区分开,还要突出自己的优势,让用人单位认可自己的价值。简历就是敲门砖,撰写简历就是为了去告诉用人单位自己可以做什么,自己的优势在哪里,自己是否符合用人单位的需求,以此实现求职者与用人单位的双赢。在撰写简历时,要遵守两个准则:一是中心目标准则,求职者要清楚地知道用人单位不一定要录用一个优秀者,但一定会录用一个合用的人,招聘者在看简历时,首先就会迫切地想知道求职者能为本单位做什么。二是营销原则,简历不是要体现真实全面的自己,而是要扬长避短,做一个简短而富有感召力的广告。

(四) 成果

成果是反映毕业生综合能力的主要材料。包括在报纸和杂志上公开发表的文章、图片资料、社会实践调查报告、小制作小发明的成果或实物，及专家的评价、参与从事科研项目的情况（可以请负责此项科研的导师写评价）、实习成绩、实习单位的鉴定等。

(五) 各类证件

各类证件是反映学生德智体美劳全面发展的依据之一。包含有学位证书、毕业证书、各类学历证书和结业证书复印件；还有三好学生、优秀学生干部、优秀团员、优秀（模范）团干等荣誉证书复印件；英语、计算机等考级证书复印件；参加征文比赛、社团活动、文艺演出、运动会、社会实践等各类活动的获奖证书复印件；会计专业的要有初级、中级会计师证等，法律专业的要有司法资格证书，体育专业的要有运动员证、裁判员证等。证书比较多的学生，要选择更为关键和重要的证书进行展现，也可以针对不同的单位进行不同的选择来展现各类证件。

(六) 健康状况证明材料

健康状况证明材料一般为县级以上人民医院体检表，它反映了毕业生的身体状况。用人单位需要求职人员提供健康状况证明材料，主要是为了确认入职员工的身体状况是否适合从事该专业工作，会不会因其个人身体原因影响他人。加之，近年来，用人单位越来越重视员工的健康管理，而入职时提供的健康状况证明材料正是用人单位进行员工健康管理的第一步。可见，用人单位对求职者健康状况的重视度越来越高，这也从侧面告诉毕业生，在进行求职之前一定要关注用人单位的体检要求与体检标准，必要时可以提前去医院体检，如有不合格的项目，看是否还能在近期进行休养及时调整过来，或者在平时就注意着自己的健康状况，改正自己的不良的生活习惯，从而为自己的顺利求职打下坚实的体质基础。

(七) 毕业生就业协议书

《全国普通高等学校毕业生就业协议书》，简称就业协议、三方协议，是用人单位和毕业生之间的一份意向性协议，其不仅可以保障毕业生在寻找工作阶段的权利与义务，也可以帮助用人单位能够从不同高校寻得优秀的毕业生求职者。就业协议不论是网上签约还是现场签约，都是毕业生与用人单位在经过供需见面和双向选择后，由毕业生、用人单位、高等学校三方共同签订的就业协议书。毕业生、用人单位、高等学校三方均应严格履行协议条约，若有一方要变更协议，须征得另两方同意。等毕业生在用人单位正式报到后，用人单位则会与毕业生签订一份正式的劳动合同，这也意味着三方协议的终止。

(八) 材料索引

材料索引应置于整个求职材料的最前面，可以反映出一个人办事的条理性，同时也为用人单位的考核人员提供了最简洁的阅读途径。全部材料整理好后，还需要设计一个封面，封面的设计虽说是丰富多样的，但其基本原则是一样的：美观、整洁、大方、醒目。封面要有一个标题，这样可吸引用人单位的眼球，促使用人单位进一步了解自荐材料的详细内容，从而更有利于获取面试的机会。

二、如何书写精美求职信

求职信是一种介绍性的、自我推荐的信件，它可以表现出求职者的求职意向，也是求职者对自身能力的认识和概述。一封好的求职信，可以充分向阅读者展现你的才干。通常而言，阅读者打开自荐材料，第一眼看到的便是求职信。正是有了求职信的存在，阅读者才会对你的简历上所写的经历与业绩感兴趣。因此，求职信无论是在文体上还是内容上都必须给阅读者留下一个好的印象。

(一) 求职信的格式

由于求职信是寄给求职单位的，事关重大。因此，它既与书信有相同之处，又有不同之处。通常而言，求职信属于书信的范畴，所以其基本格式也应当符合书信的一般要求。主要包括称呼、正文、结尾、署名、日期、附件这六个方面的内容。

(二) 求职信的内容

1. 说明本人的基本情况和求职信息的来源

写求职信的具体内容之前，首先应该要用"您好"之类的问候语开头。如果知道信件最终将会送到谁的手里，则信的开头可直接尊称，也可视对方的身份而定，如"尊敬的先生（或女士）"。在进行简单的问候之后，你可以简单地阐述一下你写求职信的理由，比如可以简明扼要地说明一下你是如何得知该招聘信息的，又是何时注意到了该公司的，等等。如果该公司曾经有人为你推荐过某个职位，你也可巧妙地将此事写入求职信中，从而增强你在对方脑海中的印象，但需要注意的是，千万不要让对方觉得你是在炫耀自己。

2. 说明应聘岗位和能胜任本岗位工作的各种能力

接下来，你可以阐述一下为什么要应聘这个岗位，以及你认为你有哪些能力能支撑你胜任这个岗位，或者有哪些有价值的经历和满足该岗位招聘所要求的能力。这一部分是核心内容，通常要用一段或两段才能表达清楚。首先，这些内容要能够说服阅读者，要说明你为什么觉得自己适合这个岗位，最重要的是要表明"你能给公司带来什么，如果公司录用了你，你又能为公司做出什么贡献"。其次，这部分的内容与个人简历的内容是相辅相成的：既要体现出你的个人能力，又不能把简历的内容复制粘贴全写进去。你只需将最能体现自己能力、长处和业绩的项目写进去，同时也要注意不是单纯地只写自己的优点和长处，而是要着重地说明你拥有的这些优点和长处将会给该公司带来什么好处。

3. 表示希望得到答复或希望得到面试的机会

最后，还要写出你对该单位的期望，委婉地提出希望获得答复或面试机会的要求。因此，在最后这一段里最好还要向阅读者说明可以在"何时""何地""如何"与你取得联系，当然，留下的联系方式越简单越好。

最后的祝福语通常是有标准式的，虽然不能一味地阿谀奉承，但也可以写得稍微灵活一点，比如采用"此致敬礼"，也可写"致以友好的问候"。需要注意的是，最后的署名是要亲自手写签名的，也不要忘记写上日期。

（三）求职信的写作技巧

1. 态度真诚，摆正位置

写求职信时，首先应该仔细思考公司要我做些什么。也就是说，不应该写获得该职位能给自己带来什么好处，而是写自己能为公司做什么，又能给公司带来什么好处或贡献。有了这样的态度，我们才能摆正自己的位置。另外，在写求职信时，我们的语言一定要真诚且有礼貌，决不能自吹自擂、炫耀夸大；同时，语言怯懦、畏畏缩缩、缺乏自信的求职信也是绝对不可能收到自己所期待的答复的。

2. 整体美观，言简意赅

当求职信呈现在用人单位的招聘者面前时，其页面布局便是给招聘者的第一印象。现在绝大多数毕业生的求职信都是用电脑打印出来，但如果你擅长毛笔字或钢笔字，那么就可以使用手写版的求职信。将求职信工整地书写出来，不仅能给人以亲切之感，并且能增加招聘者对此份求职信的关注度，同时还能向招聘者展示你的特长。若整个页面整洁、美观、大方，就很容易引起招聘者对求职者的好感；相反，若字迹潦草，堪比群魔乱舞，则会让招聘者对你印象不太好。

不管是手写版还是打印版的求职信，都应该言简意赅，删繁就简。通常来说，求职信内容为 A4 纸一页时最合适，写得太长不仅会浪费阅读者的时间，也会令人觉得反感。如果确实都是重要内容，A4 纸一页写不够，也不宜超过两页，当然也可以作为附件或面谈时再详细说明。写得太短又会显得没诚意，说不清问题，比较难吸引阅读者的眼球，从而引起他们的注意。因此，求职信的书写也要打草稿，反复仔细推敲，一份完美的求职信不是一蹴而就的，要考虑表达的意思是否清楚，用词是否恰当，内容是否精炼等。

3. 富有个性，有的放矢

书写求职信的目的就是吸引招聘者，引起招聘者的兴趣，从而为自己赢得面试的机会或谋得理想的职位。求职信在开头应尽量避免冗长枯燥的客套话和空话，可以以一句简单质朴的"您好"直接步入主题，如"从《光明日报》得知贵单位正在招聘人才"，这不仅能使招聘者觉得自己单位有不错的名声，广告费没有白花，也能于无形中增加对求职者的好感。当然，如果要富有个性，也可以运用几句极具新意的句子在其中来吸引招聘者。比如有一位在外地求学的学生毕业后在给家乡所在单位写求职信时，用"请接受一名家乡籍在外求学的学子对您的问候"，瞬间让招聘者感觉到了浓浓的亲切感，从而拉近了求职者与用人单位之间的距离。

求职信的核心内容是自己能够胜任此工作所具备的能力，需要注意的是，这并非是要把自己的能力一一罗列出来，而是要具有针对性，有的放矢。因此，在写求职信之前，求职者应该要着眼于现实，提前查找资料，了解应聘单位的情况，以事实与成绩恰如其分、有针对性地介绍和突出自己的特长与能力。同时，求职者必须要注意，求职信的内容与应聘的单位要能够一一对应。现如今，许多的毕业生在求职时都是"一稿多投"，本来是想着"普遍撒网，重点打捞"，结果却不尽如人意，投出去的求职信无一不是石沉大海，杳无音信。所以，通常建议，如果是用打印版的求职信，那么可以多准备几份，根据不同的单位来选择不同的内容。假如去应聘科研人员，你却介绍说自己活泼好动，那么很明显，介绍这些与应聘岗位无关的特长能力并不能起到好的作用，可能还会适得其反；假如是向三资企业求职，那么求职信可以准备双份（一份中文，一份英文），这样既可以自荐，又可以体现出你的外语水平；假如想从事营销或管理类工作，就尽量要突出自己的在校实践活动，突出自己的组织能力、协调能力，突出自己的自信心。这样才能做到察其所需，供其所求，使自己的求职信富有个性，将求职信的作用发挥到最大，为自己赢得先机。

4. 以"情"动人，以"诚"感人

众所周知，要想达到交流思想，传递信息，感动对方的效果，就得要语言有情，写求职信时达到这些效果才是成功的。求职信要想真正做到以"情"动人，就必须要摸清、摸透对方的心理，然后再采取相应的对策，如可以根据你与对方的关系等。假如你是向自己家乡所在地的单位求职，那么你就可以在求职信中充分表达出自己想要为家乡建设而贡献自己的力量或聪明才智的伟大志向；假如你想要求职的单位是在贫困山区，那么你就可以在信中充分表达出自己想要改变贫困地区贫穷面貌的决心；假如你是向教学单位求职，那么你就可以充分表达出想要将自己献身于教育事业、不断为祖国培养人才的伟大理想……总之，要寻找方法、对策，努力引起对方的共鸣，或者得到对方的认可。如果成功做到这点，就很有可能会收获到我们意想不到的效果。写求职信时不仅要注重以"情"动人，还要注重以"诚"感人、以"诚"取信。这要求我们真正做到态度端正、真诚，写出自己的肺腑之言；内容真实，本着实事求是的原则，优点要突出，缺点不隐瞒，尽量做到言而可信；姿态摆正，不卑不亢，做到语气恭敬而不谄媚，为人自信而不自大。我们要时刻谨记，只有真正做到"诚"，才能诚至金开、取信于人，才能引起用人单位的注意，得到用人单位的重视。

（四）写求职信应注意的问题

1. 求职目标、目的明确

要写明请求担任什么职务，为什么请求担任这个职务，切莫含糊其辞、模棱两可，给人以学无所长、平庸无能的感觉；要不卑不亢、落落大方，决不能低三下四地乞求。

2. 实事求是

针对用人单位需要某方面人才的信息，实事求是地介绍自己所具备的求职条件及其他优点，尽量把自己的优势量化，从而避免做大而空或做过而多的定性描述。并且，求职信中所表现出来的语气，应该要做到这八个字：诚恳、自信、谦逊、礼貌。求职者只要做到了这四点，就会让用人单位对此人的人品和素质留下美好的印象。

3. 语言简洁精练，篇幅适中适当

求职信的篇幅一般都是 500 字左右或者一页 A4 纸大小。写得太多，一挥笔就是几页甚至几十页，招聘者没耐心也没时间多看，就算勉强看完，也是过眼就忘，很难记住其中的关键信息；写得太少，既很难介绍好自己，又显得敷衍、没有诚意。

4. 重点突出，针对性强

求职信形式虽说各式各样，但一般都可将它们分为两种：其中一种的特点是具有特殊性，具有高度指向性（针对性），它就是以某一具体单位或岗位为主体而写的。另一种则具有普遍性，亦可称之为"广普信"。它的优点便是能够适用于不同的应聘单位或岗位，可以大量地复制进行多处投递，从而节省出更多的时间和精力来提升自己；但同时也有缺点，比如在内容上就缺乏了第一种的针对性，这可能会导致求职效果不尽如人意。

因此，一定要围绕所求职的条件和要求来组织材料，写明自己凭着什么求职。其中最重要的便是要突出重点，突出那些能够引起阅读者注意、有利于获得面试机会或工作机会的内容，这主要包括个人的专业知识水平、工作经验、品德素养、自身特长和个性特点等。

5. 称谓得当

切不可用"叔叔""阿姨"之类的称谓，那会显得过于亲热，容易让人反感。

三、如何制作个人简历

个人简历是标注个人学习、工作、生活经历及成绩的基本履历。个人简历的真正目的是让招聘单位能够全面了解自己，发现自己身上于公司有益的地方，从而为自己赢得面试或获得理想工作的机会；其最终目的便是就业，从而实现自己的个人价值。个人简历一般都是自荐信的附件，附其后呈送到用人单位面前。

（一）个人简历的形式

个人简历有三种形式，即表格式、时间顺序式和工作经历式。表格式就是以一个表格的形式展示出我们自己的基本发展情况和学习、工作的经历，使人一目了然；时间顺序式是按年月顺序，列出学生自己的学习、工作生活经历，条理清楚；工作经历式是根据企业需要有选择地列出自己的学习、工作实践经历，充分发挥表现出自己的技能、品德。对于即将毕业的大学生来说，表格式和时间顺序式是最适合的。

（二）个人简历（履历）的基本构架

在你着手写履历前，是不是已经有了初步的规划？如果你还不知道简历是什么，不知道该如何动手，那么这里有一些建议：

1. 基本资料栏

把基本资料放在最前面。这是招聘经理一眼就能看到你简历的最好方法。

2. 学历栏

在个人基本资料写好之后，一般来说就是写学历，但若你的学历不怎么好，那么就建议你将学历写在自己工作生活经验栏之后。你不需要把从幼儿园开始的所有学历都写进去，只需要写上几个高些的学历就行了。当然，也得从最高学历开始写起，并写上修得此学历的日期。

3. 工作经验栏

这部分是履历中最具有重要价值的部分，也是企业人事管理主管进行审核履历中最注重的一栏。因此，值得你多花一点时间和心血来计划。很多人在这块内容上花太多的笔墨去阐述过去的工作内容，但在工作成果方面却没花墨水。就像下面的例子：杂志编辑，撰写杂志内容，负责定期出版每本杂志。要注意，这只是你的工作内容介绍，没有展示出你的成果。可以修改如下：作为一名杂志编辑，我出版了许多畅销书杂志，并参与了计划和写作。相信修改成这样会比原先的内容更吸引人。

如果你是新人没有任何工作经验，那么就可以写上在校的社团经验或组织经验，包括俱乐部经验。写出的社团活动必须是自己曾参与过的，如果我们不是亲身经历的就不要列出，以免在招聘者询问时自曝其短。

4. 履历照片

最好把你的照片贴在简历上，一般用 2 英寸的黑白照片作为简历上的照片。如果是彩色照片我们就必须注意自己穿着，例如：男生要穿西装打领带，将头发梳理整洁；女生最好化淡妆，穿正式一点的服装。

（三）撰写个人简历应注意的问题

简历是获得面试机会的门票。要想制作出一份令人印象深刻的简历，这里有一些要点：

1. 选择合适的照片。简历通常是求职者与招聘人员的第一次沟通，但是由于有数百份或更多的简历，招聘人员不可能仔细阅读所有的简历，一张看起来个性化、能干的照片很可能会吸引招聘人员的眼球，从而更多地关注你的简历来增加你获得面试的机会。

2. 内容要全面，材料要真实。简历的内容要全面，要使对方看完你的的简历便可认识你的全貌，了解到你干过什么，你具有哪方面的能力，你所拥有的品质是否是他们所需要的。材料要真实可靠，不要虚报日期、职位、工作经验和成绩；不要夸大，也不要掩盖；不要故意漏掉某一时期的工作经验，使简历不连贯，这是简历最重要和最基本的要求。要记住"正直抵得上千金"，在简历中做点什么无异于把赌注押在你的人格和未来上。当然，对于求职者的弱项，可以通过其他方式加以弥补。比如说，一般刚毕业的学生都比较缺乏管理工作的经历和经验，那么你就可以相对强调一下自己与应聘单位工作以及岗位直接相关的课程或活动，也可以在简历中强调自己"勤奋苦干"的态度和"能够迅速掌握新技能"的能力。

3. 层次分明，文字简洁，用词准确无误。写简历时应尽量避免使用大段文字，适当运用编辑技巧，如多种字体、粗体、斜体、下画线、段落缩进等，使重点突出，层次清晰。

文字应该简明易懂。尽可能多地使用动作短语来保持语言的生动性和强度，少用文学修饰语；列出清晰易懂的作品或学习时间顺序；使用精确的词汇和短语，不要使用难懂的句子或晦涩的词汇；避免引用不相关的信息和可能导致排除的不利信息。

简历在送出之前，必须进行反复检查和推敲，保证其版面不含其他任何一个打印错误、语法错误及标点符号错误。在这些方面犯错往往会让候选人成为第一个被淘汰的人。因为，简历是求职者的第二张面孔，要知道，招聘者的最初目的就是从简历上了解求职者的性格、做事的态度、认真学习程度和个人文化知识素养。

简历要简短简洁，让人一眼就看懂，不浪费时间。简历一般不要超过一页，更不要超过两页。如果它太长，阅读者将没有耐心去细读它，这可能是令人讨厌的。一般来说，只有那些对自己要应聘的岗位发展有着非常丰富且有着直接相关工作经验和经历的人才比较适合采用长简历。那种长篇大论、不知所云、满纸错字的简历是最不受欢迎的。而那种夸张、离谱的简历，不仅浪费纸张，还浪费用人单位的时间，容易给人留下不踏实、为人圆滑的印象。

4. 充分展示自己的特长。首先我们要将那些与应聘单位工作、职务相应的教育研究背景、工作生活经历、技术发展水平、外语教学水平、计算机水平等专业能力特长填写清楚；其次将自己的一般特长，诸如善于通过组织文化宣传、曾任学生会干部、擅长于书法、擅长某一社会运动项目、会唱歌跳舞、善于交际等，根据公司用人单位的需要和性质有选择地填写。

5. 版面设计合理、新颖、美观，制作精良。现在，求职者写简历主要是电脑打印，所以，写简历时，必须调整格式，符合书写规范，标识清晰、明显；页面布局不要太压缩，段落、句子和陈述要正确密集，使布局整洁、美观、易读。最终版本应由高质量的纸制成，通常为白色、灰色或米色纸。为使简历整体看起来更加专业化，对与工作环境有关的信函，可用同一颜色、同一型号的纸张打印。因此，可多买一些纸张，以备后用。

6. 附件附后。应该在简历后附上所有证明你的资历、能力和工作经验的材料或复印件，如学位证书、学术论文、获奖情况、教授或大学的推荐信等。

7. 简历与自荐信不同，简历是叙述求职者的客观实际情况，而自荐信则可以反映求职者主观发展的情况和求职的意向。从某种意义上说，自荐信是对个人简历的必要说明和补充。

8. 简历是一个材料，重点在于证明个人身份信息、学习经验、生活经验、学习成绩和工作经验，其目的是用来支持推荐信，这样能使招聘者更加全面地了解自己，并能证明自己可以担当这份工作。

9. 求职简历不同于工作简历。一般工作履历只是个人工作的历史记录，只反映你所做的事情。而求职简历，不仅要反映自己能做什么，做过什么，还要反映工作做得如何，具备了哪些素质和能力，从而给用人单位留下一个深刻的印象。

10. 个人简历的真正作用就是让招聘者充分了解自己，从而提供可能的工作机会。因此，简历应该简明扼要，不要拖泥带水。简历的格式要便于阅读，有吸引力，从而使用人企业对自己有良好的印象。

四、大学生求职信示例

例：

尊敬的领导：

您好！

我是一名××大学的本科应届毕业生，将于20××年7月毕业参加工作。四年的大学生活对我来说，殊为不易，在平淡和幸福中，我将顺利毕业了。我知道，不去竞争就会面临淘汰，我相信随着自己不断地努力，我能够做得更好。现实本就是这样，我能够做好自己，我相信自己的能力！

在临近毕业时，我一直关注贵单位的招聘信息，终于在6月从学校招聘专栏中得知贵单位今年的招聘计划。贵公司是我向往已久的在业内具有很高知名度的公司，贵公司的良好声誉和适宜的工作环境是我选择贵公司的主要原因。我非常愿意到贵单位工作学习，为其兴盛繁荣尽微薄之力。现附寄一份本人简历请您审阅，恳切希望得到您的指导并收到回复。

一分耕耘，一分收获，数年寒窗虽不敢说硕果累累，但我也自信掌握了一定的专业知识和组织管理知识，并且主动与实践相结合，积累实际经验。我知道贵单位一直有着团结协作的精神，有着朝气蓬勃的生机，我愿意化作一块闪亮的煤炭，投入这个蒸蒸日上的集体大熔炉中，贡献自己的力量！

若贵单位愿意接收我，我将愿意服从单位安排和调动，不求安逸的环境，只求能继续发扬自己吃苦耐劳和勤奋踏实的优良作风，努力工作，积极进取，以良好的团队精神在贵单位的大家庭中实现我的个人价值和社会价值完美的统一！我将深切地感谢和珍惜您和您的同事们给予我的这个机会！

我期望着能接到贵单位的回复，期待着能有一次与您面谈的机会，顺祝您身体健康，工作顺利！

诚祝贵单位蒸蒸日上，一切顺意，万事亨通！

此致

敬礼

愿成为您部下的×××
××××年××月××日

五、个人简历示例

个人简历一般包含以下几方面：

姓名：

性别：

籍贯或政治面貌：

学历：

专业名称：

毕业学校：

联系方式：

求职意向或应聘职位：

学习经历：

实习或工作经历：

技能或荣誉证书：

自我评价：你应该强调自己是否有团队合作意识、创新精神和抗压能力等。

第二节　笔试

每年 4 月到 7 月之间，大学毕业生的生活通常被视为一场改变命运改变未来的竞赛。在决定是否录用你之前，用人单位通常会给你最后一次真正的测试——笔试。因为当你以得体的举止、机智而富有才气的言谈打动了一些主考官们的时候，你的求职才成功了一半。而对于部门领导来说，仅凭面试的第一印象来断定和深入了解应聘者是不可能的，因为人力资源经理可能遵循了组织部门的一个传统，倾向于将外表印象与虚假情况联系在一起。他们认为只有在考场上才能见真功夫。

对于一家认真、负责任、有进取心的大公司，他们在做录取决定时，一定会要求你用自己的笔给出一个完整的答案。下面主要介绍在申请工作时的大学毕业生如何应对笔试。

一、笔试的形式

（一）笔试是用人单位测试求职者的重要砝码

所谓笔试，是用人单位用书面的形式对应聘人所掌握的基本知识、专业知识和文化修养等综合素质进行考核和评价的一种方式。笔试是用人单位对应聘者语文学习知识、数学基础知识、专业理论知识以及文字表达能力和书写态度等综合发展能力的一次有据可查的测试。它可以防止企业任人唯亲等不正之风，也可以作为一个应聘者工作能力的留档记录。笔试的结果是基于一定的标准而决定的，弥补了面试中因个人偏好和情感评分的不足。书面测试的分数往往是可靠的，并且容易排名，对应聘者来说是一次公平的竞争，对招聘者来说是一个检查和核实应聘者真才实学的办法。笔试是决定应聘者是否被录用的最科学的法律文本。因此，笔试是招聘者测试求职者的重要砝码。

（二）笔试的形式之一：测试法

测试法是一些问题具体表现形式的总称。比起作文法和论文法，它被运用得最多，在一些国家，甚至是唯一的考试形式。如美国的托福考试、GRE 考试等。

测试方法的实现形式有很多，常见的有：

1. 填充法——也称填空法。主要是往缺少词语的句子里填充词语。有简单的方法，也有复杂的方法。

2. 是非法——也称订正法或正误判断法，是要求判断内容正误的形式。

3. 选择法——对某一词句或问题提出若干容易混淆的解释，要求我们选择其中正确的解释作为答案。一般要求用"O""√"做标记，肯定一种答案。

4. 问答法——要求学生对提出的问题做出回答。大多数要求用简单的语言回答简单的问题。

以上这些测试形式，常常是相互交叉的，比如选择法同时也是考验应聘者辨别是非的一种形式，所列举的也大都是简单的答案。招聘者可能会要求只用一个词，甚至是一个符号来回答，从而尽量避免需要死记硬背的东西。

以上四种形式通常被认为是最科学、最客观的笔试形式。持这种看法的人可能认为，这些测试形式比传统的形式更接近社会生活。因为生活中我们经常遇到判断正与误、是与非的问题，而生活环境中和今后的工作中的难题常常是用这类活动形式进行解决的。同时，这种形式可以减少在笔试中书写的时间，并且题目小而多，覆盖面大，测试范围宽，没有表达能力的限制，它可以测试出每个人的真实才能和学问；简单且唯一的答案，可使评分差异缩小，不同的评分方式也可以给出相同或相近的分数，并能防止评分偏袒；易于阅读，可减轻阅读者的负担等。

但测试法的缺陷也很明显。例如：追求简单唯一正确的答案，只能训练求同思维和聚合思维，但不利于寻求不同思维和发散思维的训练，难以用简单的形式反映一切心理现象，对一些复杂心理现象的检验远远超出这些形式的帮助。因此，用人单位在用测试法的时候，题目特点往往是：①问题明确、简练；②问题涉及面广；③出题量大；④多项选择中的选择项比较多；⑤问题的难度适当。应聘者要根据不同题型的特点去复习，以免出现失误。

(三) 笔试的形式之二：论文法

论文法，是为了测试应聘者分析、综合、比较、归纳、推理等形式的思维能力。它的形式是一篇论文，也可以说是自由答题式的试题。论文写作这种考试形式在我国已有较长的历史，如今，在用人单位选拔优秀人才的笔试中已被普遍地使用。这种形式的测试与给受试者有限的选择范围的测试有很大的不同，因为它允许受试者自己做出答案。如果测试方法是封闭测试或识别测试，则论文测试是开放测试或表达测试。

论文测验的内容，主要是让应聘者对职业选择的具体实际问题研究做出评价，对某种社会现象做出相关分析或写出感想。事故分析、对公司或经理的评价，以及阅读的感受都是随笔。

论文测试的形式是让考生描述和评价事实，或比较异同，或澄清因果关系，或分析本质，或在专业水平上评论，或描述他们的理解和感受，等等。

论文测试最大的优势是测试应聘者的思维能力，以检查思维理解的严谨性和深度。这种测验往往会使得这些问题产生许多不同的答案，便于企业发现人才，促进智力教育发展，远比简单的测验题更能判断一个人的水平。其缺点往往是难以制定出实用的标准答案，容易涉及主观因素。同时，论文测验题多属于理解性的，对促进企业实际工作技能的训练无更多的助益。

(四) 笔试的形式之三：作文法

作文是经过人的思想考虑和语言组织，通过文字来表达一个主题意义的记叙方法。我国古代的科举考试采用的就是作文法形式，也叫八股文法。这种笔试通常只有一个作文题目，往往容易出很偏、很怪的题，分数、等级都是主观评定，不仅考试内容陈旧，形式也落后。它具有两个显而易见的缺点：一是助长了押题卖题的不良风气，形成千年不变的八股文章。这不仅使社会更加腐败，也禁锢了大家的思想；二是评分不规范。作文测试使得现代书面作文演变成了两种新的形式：①供给条件，实行限制作文；②分项给分，综合评定。

供给条件，实行限制作文。就是让考生根据考题提供的一定条件，在一定范围内写作。例如，考生被要求阅读一封他们在考试前可能没有猜到的信，然后回答信中提出的问题。这样，既可避免押题，又利于考生考出真实的成绩，也有利于被测试者思想迅速集中，循着一定的思路来作文。

分项给分，综合评定。就是按作文的构成影响因素，区分不同项目，分别给分，然后给予考生综合性的评定。例如，把内容和形式划分为两方面，再把内容分为立意和取材；形式变成段落结构、文字、词句、书写、标点符号等。通过这种方式，进行分项评分，然后合并进行总体评价。这虽然不是很科学的形式，却比凭主观印象比较笼统地评定学生要好得多。这里需要注意的是，由于作文和遣词造句的对错，具体且明显，往往容易形成印象，引起阅卷者注意，所以容易使分数具有主观性。

所以应聘者在进行作文考试的时候，一定要在主题思想表达清楚的同时，认真对待每一个字、词、句及标点符号，才能取得企业用人单位的好印象，并取得高分。

二、必备知识

（一）学以致用，化知识为能力

如今，人们越来越重视应用所学知识解决实际问题的能力，这是非常实用的。从考试准备的角度来看，知识可以分为两类：一类是以记忆为主的知识准备，另一类是以运用为主的实践准备。实际上，现在企业招聘考试主要是考应聘者对知识的运用管理能力。因此，在准备考试的过程中必须始终突出一个"使用"的思想，坚持各种实践，培养自己将知识运用到实际工作中解决各种具体问题的能力。

（二）系统复习，使知识成体系

在知识与能力这两者中，知识无疑是一个基础，没有扎实的理论基础知识，也就无从谈起工作能力的培养和提高。将离散、散乱的知识转化为系统知识是获取坚实知识的一种有效形式。但是在应聘笔试中，往往涉及的范围大，内容广，使考生在进行复习时无从着手，存在着一定的随意性和盲目性。因此，在应聘者着手复习之时，首先要打破各学科的界限，认真梳理各分支点，将其安排成一个系统的、具体的知识总体规划方案，然后根据这个总体规划方案，有步骤地进行评审。一般来说，凡是与求职有关的一些相关知识如文史专业知识、科技文化知识、经济发展知识、法律基础知识和一般的电脑操作知识，均要系统地复习一遍。复习的形式可用"单元复习法"。所谓"单元复习法"就是把教材中某些方面具有非常相似点的知识内容放在一起，共同组成一个单元，然后通过研究分析、比较、归纳，寻其共性，求其特性，使自己能对这一单元的知识有个较完整、具体的了解，以逐渐达到提高工作分析、鉴赏和写作各类文章的能力。一位著名的外国教育家曾经说过："获得的知识如果没有完满的结构把它联在一起，那是一种多半会被遗忘的知识。"从控制论的观点来看，实现控制的一个重要条件是被控对象的系统化。然而考生复习和掌握相关专业理论知识的目的也不单只为了企业应聘考试，所以在进行系统复习时绝不是照搬参考文献资料，也不是机械地记忆，而是要把所学专业知识作为社会实践的例子，精心组织设计，深入研究分析，积极发展思考，举一反三，使自己在学习中有所悟，有所得。要做到这一点，我们必须学会扩展和转移知识。扩展，是指把知识的范围从一个点、一个面扩展到另一个地方；转移，是指把知识从一个地方应用到另一个地方，分析和处理一些相关或类似的问题。

（三）坚持训练，提高阅读水平

提高阅读理解能力，对自己知识面的扩展，对解答应聘考试中的各类问题均有好处。要提高阅读能力，首先要坚持阅读练习。知识的获取，主要靠教学；而能力的提高，一定要通过实践，因为很多知识学到了，但不一定能运用，还必须经过一定的实践，才能真正理解消化。复习时，若经常做一些阅读训练，这有助于提高我们的阅读能力。在做阅读训练时，一定要做到"眼到"和"心到"，特别是"心到"。即对每个问题都仔细揣摩，认真思考，分析比较，总结归纳，多问几个为什么，这样才不至于白练。不能只求阅读量，赶进度，也不能只追求最终答案，不问为什么。只要肯动脑筋，你就会有所得、有所悟，也才能提高自己的阅读能力。否则，无论练习多少，你都无法提高你的阅读能力。平时多读一些企业宣传的优美语段，多背一些教育名家诗文，有助于自己形成一个良好的语感。"读过唐诗三百首，不会写诗也能背"，这句话也适用于现代的阅读理解。应该说，阅读不是简单地运用语文基础知识，而是一个非常复杂的认知和思维过程。在这个过程中，读者需要在不同的层次上重复思维活动，从句子到章节的衔接，从而使阅读理解准确而深刻。

（四）加强语言转换能力的训练

笔试过程中有一个极其重要的考试，就是将你阅读理解了的东西用自己的话把它们表达出来，这在阅读考题中被叫作"语言的转化"。把考题的意思转化成我们自己的语言，这种技术转化有三种不同形式：①对考题中比较抽象、概括的话做出一个具体的解释；②把考题中分析具体的阐述进行恰当的概括；③把考题中比较含蓄的语言加以直率的阐述。显然，要把作品的真正意义转换成自己的语言并不容易。它将包含更多的思维和处理技巧，这是检测阅读水平的一个重要方面。

（五）培养快速阅读、思考和答题的能力

培养你快速阅读、快速思考和快速回答的能力，以适应招聘考试中的问题数量。因为现代的阅读观念不仅注重信息的获取，而且特别重视信息获取的速度。因此，当你准备笔试时，你必须提高答题速度，也许问题的数量会淘汰一些阅读速度慢的考生。

在学习了以上几个答题技巧之后，现代求职者还应注重语言基础知识水平的提高。

语文基础知识是笔试前的必修课。因为语文基础理论知识是从语文教学中抽象出来的理性认识，语文基础知识成绩的好坏标志着语文阅读能力的水平、文化素质的高低，从而可以了解应试者的智力发展实际情况。

语文基础知识获得的源泉便是书本。掌握它的方式一般有：讲解法；比较法；讨论法；练习法。

三、必备心理素质

当求职者在求职工作时，他们想到的第一件事会是如何战胜更多对手，并在考试中向招聘者提交完美的答案文件。在这个时候，良好的心理素质，对考试的结果是非常重要的。不少人虽然经纶满腹，却不能从容自如地向众人表述；有不少运动员平时刻苦训练，看似技术娴熟，却在一个关键时刻发挥失常；有不少应试者，平时工作成绩优秀，一旦面临大考就失利。这些人平时卧薪尝胆，关键时刻却不能及时抓住机会一显身手，悔恨不已。

一些美国社会心理教育学家曾对800名男性做了30多年追踪研究结果

表明，成就最大者与最小者之间最明显的差别不在于他们的智力发展水平，而在于心理健康素质能力方面的某些特点。事实上，从某种角度来看，影响一个人能否成功的重要因素，不仅在于他的常识和一些能力，还决定于他的心理素质水平。超然、乐观、开朗、冷静、大方、神色镇定、心平气和，或者紧张、恐慌、怯场、不知所措、手忙脚乱、胆怯等，都从不同的方面反映了人的心理素质状况。

（一）树立自信心

在笔试中，自信心对任何一个人来讲都是不可多得的财富，对考试成功和心理素质健康的发展，都起着重要而不可估量的作用，因为自信心是心理教育素质各方面中具决定性的因素。当你将自信心持于心中时，就会感到对每一次考试没有那么害怕紧张，并且信心十足。这种自信情绪会使你迸发出某种力量，使你的潜力得以充分挖掘。

但对于笔试来说，自信主要来自于你自己的准备。如果你已经为书面测试做好了充分的准备，那么你就可以轻松地应对测试。如果你对你所要进行担任的工作情况了如指掌，也可以更加自信地拿起你的笔，交上一份比较满意的答卷。

在为报名、面试和了解用人单位工作性质做了一系列准备之后，考生才会进入笔试。考生的心理状态会对考试结果、身心健康甚至未来产生一定的影响，这就需要考生了解自己属于哪种心理问题类型的人。一般来说，在笔试过程中，有两种心理类型。第一种心理类型是正常的。这类人的心理特征是考试时处于积极有效的心理状态。具体表现为考生注意力主要集中在笔试的题目上，思维活跃，分析问题能力与综合管理能力能较充分地调动起来，并且能在自己理解功课的基础上，采取科学有效的记忆形式。这类考生的情绪更饱满，虽然有些紧张，但都能让心情保持比较镇静的状态，能采取有效措施解决考试中遇到的难题。这种正常发挥的考生约占总考生的95%。第二种心理类型是异常的。这类人的心理特点是考试会引起他们的高度紧张，从而使他们的智力活动效果下降。这种心理类型产生的原因是因为应聘者本人对自己的录取缺乏信心，致使大脑对信息的接收、加工、储存和提取能力大大降低。心理学研究表明：绝望的情绪会使人的体力和智力大大降低，甚至处于发呆状态。这种心理类型的考生约占总考生的5%。当你在求职笔试之前发现自己有上述第二种心理因素时,你应该积极做好预防准备。方法是:①树立对考试的正确理解,选择适合自己能力的公司或单位申请就业,不从事"命运之战"。②科学合理安排记忆时间和复习顺序。③保持轻松的心理环境,学习一两个小时要有短暂的休息。④保证充足的睡眠。

(二) 克服怯场心理

在参加笔试的过程中,由于考场中紧张情绪和严肃气氛的强烈刺激,部分考生表现出高度紧张和胆怯,干扰了他们正常的答题和思考。这种心理问题现象可以称为考试的怯场现象。怯场轻者表现为答卷时紧张而心跳加快、汗流浃背,对平时自己熟悉的知识回忆不起来;重者表现为平时很容易的题答不出来,思路出现障碍,特别是思维的深度与敏捷性受到影响,答题没有逻辑性。更严重的,还会引起眩晕甚至晕倒。

怯场心理的产生是有其生理发展基础的。考生在考场中,各种心理影响因素可能引起过于紧张的情绪,在大脑皮层达到一定兴奋强度时,会在皮层的一个重要区域形成具有优势的兴奋中心,按照高级神经活动的负诱导规律,使保持知识的记忆中枢处于一种抑制状态,故熟悉的知识也记不起来了。可以看出,预防怯场主要是消除过于紧张情绪引起的大脑皮层兴奋状态。在答题时,先易后难,这样逐渐增加快乐和信心,有助于防止和避免怯场的发生。当出现怯场时,不要太当真,并且在阅读和回答问题的过程中遇到困难时,一定要保持冷静的头脑,不要去想象考试的结果。你也可以想象一下自己的英雄形象,面对危险时的无所畏惧,鼓励自己与考试中遇到的困难作斗争。

四、必备答题要领

笔试成绩的高低,不仅与自己的实际水平和考前复习工作有关,还与我们自己的答题方法技巧有关。要提高回答问题的技巧,需要有一个好的考试心理状态,了解考试的特点,了解各种各样的试题的特点及答题形式,从而充分反映已经掌握了的知识,充分发挥自己的真实水平。

对待考试的正确心理状态要做到适度紧张和适度放松两种方式的结合。中度压力是由测试评价情境引起的一种特定的情绪状态。没有一点紧张,或者抱着漠不关心的态度，是考不出最好结果的；过于紧张，情绪慌乱，也是考不出一个最佳学习成绩的；只有适度紧张，情绪稳定，认真检查题目，尽量回想所学的知识，先易、后难、快答，才能考出最好的成绩。

有了良好的考试心理状态，还要熟悉各类题型，掌握以下答题技巧：

（一）先易后难，先简后繁

笔试时不仅题型多，内容也很多，必须要合理安排时间，坚持先易后难、先简后繁的原则。

（二）认真审题，字迹清楚

在具体答题时，必须认真审题，切实弄清题目设计要求，逐字逐句分析题意，按要求进行系统回答；写作时，力求做到字迹清晰，卷面整洁，格式正确，标点符号正确，不写错字；答卷全都做好后，不要急于交卷，在时间还比较充裕的情况下，要逐题进行检查或修改，确保答题准确无误，符合自己答题能力要求。

（三）积极思考，回忆联想

有些试题的设计，从理论和实践能力这两方面来考查答题者的基础教育知识水平和技能，并以综合运用为主，检验答题者的实际水平及知识是否可以灵活。因此，一些测试题有一定的难度。在考试中，我们要积极思考，试着回忆起我们所学到的相关知识，并把它联系起来，积极思考，找出正确的答案。

（四）掌握题型，答题精密

要了解各科考题的特点，熟悉每种题型的答题形式，防止出现一些不必要的差错。常见的题型有填空题、简答题、选择题、判断题、应用题、论文题等，分别介绍如下：

填空题是普通试卷中不可缺少的一种基本题型，用来考查考生对相关知识的掌握程度。答题时必须看清题目设计要求，是填词还是填句，是填词语还是填符号，是填写一个词、短语或句子还是需要填写几个词、短语或句子。

简答题要求考生回答试题提出的问题，大多要求考生用简洁语言回答简单的问题。答题时要围绕一个中心，抓重点，开门见山，简明清晰扼要，且注意根据顺序回答。

选择题是由几个备选答案给出的问题，选择唯一正确、适当的答案。要答好这种题型，可用经验法，凭借所掌握的知识作经验性的选择；可用假设法，假设某一个答案正确，代入数据验证，以获取正确的答案；可用排斥法，将题目中的选择项，采取逐一排除的方式，最后确定正确的答案；也可用计算法，通过计算来确定正确的答案。

判断题要求你对所给的陈述给出明确的"是"或"否"的回答。判断题答题技巧有：（1）程度副词判断法。对概念释义型、概念混淆型、关系区分型判断题，当命题中出现"都""很""只有""凡是""就是""一定"等程度副词时，要引起足够注意；（2）关键词识别法。对概念释义型判断题，通读全句，抓住题干中的关键词，从关键词切入进行思考判断命题是否正确；（3）联系实际法。对主观臆断型判断题，联系生活实际或教育实践，将理论知识与实际经验相对照，从而做出快速判断。

应用题要求考生运用所学的知识解决实际性问题。应根据题目设计的要求，选择适当的方法，予以有效的解决。在解决问题时，首先找出关键词，理解问题的含义，然后仔细地去做，以确保它是正确的。

论文题目要求在规定的时间和空间内写出。审题要果断迅速，并快速地扣住作文题目或者关键词，以确定写作中心；写作提纲应简略，不要太费时间，只要能反映文章的基本发展思路、段落层次分析即可。在写作时，时间应该合理分配。对于需要修改的单词和短语，可以先跳过，然后再解决。写好后应注意检查，理顺句序，检查标点符号使用是否正确、有无错别字等。

第三节　面试

面试是用人单位进行人才选拔时最传统、最重要，也最常用的一种形式。以特定场景为背景，以面对面的交谈和观察为主要手段，由外向内评估候选人的工作能力与综合素质及其与拟设职位的匹配程度。通过面试可以初步判断应聘者是否可以融入自己的团队。

一、面试的评估内容

面试是一个综合评价的过程。一般来说，面试的评估内容主要分为三个方面：知识水平、个人能力和职业心理。

知识水平主要包括专业知识和实践经验。专业知识的考查可以通过笔试进行，但通过面试这一方法还可以获得候选人的专业知识的深度和广度等相关信息，还可以对其专业知识是否符合岗位要求做出有效判断。因此，面试可以作为对专业理论知识考试的一种必要的有效补充。例如面试官会根据不同岗位管理工作中可能遇到的技术难题，或该项信息技术的应用经济发展水平方向，请应试者谈谈自己的看法。而对于一些跨专业选择的工作，考官往往围绕你的专业和岗位的相关性，挖掘你的学习能力，以及胜任岗位的潜在能力。另外，面试官需要根据应聘者个人简历上的实习生活等实践经历进行提问，了解应聘者知识的应用研究情况，同时还可以考查其工作活跃度、责任感、主动性和思维创新能力等。参与更多社会互动的学生往往有较强的实践能力、广阔的视野、更多的想象力及创新感，对生活和工作态度拥有积极的看法。

个人能力表现为学习能力、抗压能力与自我控制能力、应变能力、口头表达能力和人际交往能力，等等。这些能力是否与你申请的职位相匹配，也决定了参加工作后的困难程度。外表主要是指应聘者的姿势、着装、行为和心理状态等外在表现，不同的职业发展对于仪表、仪态的要求是不同的。抗压能力与自我控制能力是工作能力的必要条件。现代社会工作环境压力普遍较大，要求工作者具备一定的韧性和耐力。对于一些特定的岗位，如客服岗位和技术研发岗位，工作量大。在面试过程中，可以通过对被应聘者施加一定的压力或心理刺激来测试其抗压能力与自我控制能力。应变能力主要目的是探讨应聘者对突发事件的敏感程度、处理突发事件的能力、应变的速度和准确性，以及处理突发事件的能力。面试是一个口头交流的过程，在面试中可以最直接地反映应聘者的语言技能。语言表达能力主要考查的是应试者是否能够将自己的思想、观点、建议和意见等内容更加清晰而明确地用语言表达出来。考试的具体内容包括语言流利性、逻辑性、准确性和感染力。人际交往能力不仅可以包括与本单位工作人员的和谐共处，还包括与外单位人员的沟通交流。

职业心理是人们在职业发展活动中表现出的认识、情感、意志等相对比较稳定的心理问题倾向或个性特征。不同的个性和心理特征的个体适合不同的职业，不同的职业对人有不同的要求。职业心理包括工作态度、自我激励、进取精神、求职动机和期望待遇等。

二、面试的类型

不同类型的组织有不同的面试部门。从不同的角度来看，面试可以划分为不同的类型。

（一）根据面试的规范化程度，划分为非结构化面试、结构化面试与半结构化面试

非结构化面试是指面试过程就是一个没有固定框架，也不对应试者使用有确定答案的固定问题的一种面试。在非结构化面试中，面试的组织非常随意。关于面试过程的设想、面试提出的问题、面试评分的角度和面试结果的处理方法，考官事先都没有精心设计。

结构化面试是针对一个特定工作的面试，面试过程始终如一地使用事先确定了答案的一组与工作相关的问题。目前所使用的正规的面试一般为结构化面试。所谓结构化，主要包括三个方面：第一是面试过程的结构化。即在面试的开始阶段、核心阶段和结束阶段，考官要做什么，要注意什么，要达到什么；第二是面试问题的结构化。即在面试过程中考官要调查哪些方面的要素，围绕这些因素提出哪些问题，什么时候提，怎么提，都是在面试前设计好；第三是面试评估结果的结构化。也就是说，从哪些角度来评估应聘者在面试中的种种表现，如何划分评价等级，甚至如何得分，在面试前都会有相应的规定，以及学科之间的统一尺度。

半结构化面试是指介于结构化和非结构化面试之间的一种面试方式。

相较而言，结构化面试比非结构化面试能更有效地检验面试者。根据这一问题的分析研究，结构化面试的效度是非结构化面试的两倍。当然，结构化面试也比非结构化面试需要更多的人力、物力和财力，通常由外部专家来完成。

（二）根据面试实施的方式，可以分为单独面试与集体面试

单独面试，指的是主考官和面试者单独谈话，在一个面试者面试之后，

再面试下一位，因此，又叫序列化面试。单独面试的优点是能够提供这样一个面对面的机会，使面试双方能比较深入地探讨交流。单独面试有两种类型。一种是只有一名考官负责整个面试过程，这种方法多用于小公司的初级职位；另一种是多学科考官面对一名应聘者，在国家公务员考试面试和一些大型企业的招聘面试中被广泛使用。

集体面试，是指多个应聘者同时面对多个考官的情况，也称同时面试。有时，在小组面试中，要求面试者们形成研究小组合作讨论或集体解决一个重要问题，或者让小组成员轮流担任领导主持工作会议、发表演讲等。集体面试主要用于测试应聘者的人际沟通能力、掌握环境的能力和领导能力。这种形式的优点是，当一个人需要从同一职位的应聘者中胜出时，它提供了一个比较的机会；缺点是在这种面试中，一个应聘者的表现可能会受到其他应聘者行为的影响。

无领导小组合作讨论学习就是最常见的集体面试法，它是可以采用不同情景模拟的方式对应聘者进行集体面试，在不给应聘者指定特别重要角色或只给每个应聘者指定一个彼此平等角色的情况下，给一组应聘者（一般是5~7人）一个与工作相关的问题，让他们进行一场有一定时间的讨论，来检测他们的组织协调能力、口头语言表达能力、辩论能力、说服能力、情绪稳定性、处理人际交往关系的技巧、非言语沟通能力等各个领域方面的能力和素质，综合评价应聘者之间的优劣。

（三）根据面试的进程，可以分为一次性面试与分阶段面试

一次性面试，即用人单位对应聘者进行集中面试。在一次性面试中，主考官一般是用人单位的人事部门主管、业务部门主管和人事评估专家。在一次性面试的情况下，能否通过面试就取决于你这次的表现。

分阶段面试是指进行多次面试。一般先由人事部门面试应聘者，主要调查一些一般性的问题，淘汰那些显然不适合该岗位的应聘者。然后再由用人管理部门的主管人员进行面试，这次面试主要考察的是应试者的专业理论知识和业务发展技能，衡量应聘者对拟聘的工作岗位是否适合，将应聘者置于现有的组织生活之中是否合适。接下来，人事顾问将对应聘者进行面试，本次面试的主要目的是测试与所提议的工作职位相关的心理特征，如情绪稳定性、进取精神和成就动机、灵活性和独立性、自信心等。

（四）根据面试的目的，可以分为压力性面试和评估性面试

压力性面试是指将应聘者置于人为制造的紧张气氛中，并受到诸如挑衅性、令人反感和困难的刺激下的面试，以检验其应变能力、承压能力、情绪稳定性等。典型的压力性面试，是一些主考官以穷追不舍的方式进行连续的就某事向应聘者一个接一个发问，且问题非常刁钻棘手，甚至逼得应聘者穷于应付，无法回答。考官用这种"压问"的方式，迫使考生充分表现出机智、灵活、处理问题的灵活性，以及其思维判断、气质、性格和修养等素质。

非压力性面试是在没有工作压力的情景下考查应聘者进行有关管理方面的素质。

（五）根据面试题目的内容，可以分为情境性面试和经验性面试

情境性面试，是指在面试中主要通过向应聘者提出一些情境性的问题，测试他的各种实际操作能力。给被测试者一个情境，看看他在这个情境下会有什么反应。例如，给出一个正担任经理职位的情境给应聘者，然后可以直接问他："如果你的一个下属连续三天上班迟到，你将会怎样做？"

经验性面试，主要是提出一些与应聘者过去的工作生活经验有关的问题，以了解他各方面的素质特征。通常被称为行为面试，实际上是一种基于行为的连贯性原理而发展起来的。

情景面试要求应聘者描述他在当前或未来的情况下可能会做什么，而行为面试则侧重于应试者过去实际做了什么，具体措施是什么，以及结果如何，以此来判断应聘者是否能够胜任将来的工作。

（六）根据面试结果的使用方式，可以分为目标参照性面试和常模参照性面试

目标参照性面试，就是面试结果须明确应聘者的素质教育水平是否能够达到某一既定的目标管理水平，通常分为合格与不合格两种。

常模参照性面试，是根据面试结果对应聘者的素质水平高低进行排序，从而进行优胜劣汰决策的面试。成绩通常分为几个等级。

（七）根据面试的功能，可以分为鉴别性面试、评价性面试和预测性面试

鉴别性面试，就是依据面试结果，把应聘者按相关素质水平进行区分

的面试。

评价性面试，是对应聘者的素质做出一个客观评价的面试。

预见性面试（Predictive interview），是预测应聘者的发展潜力和未来成就等方面的面试。

（八）根据面试实施模式，可分为口头面试和模拟操作面试

口头面试是通过口语来考查应聘者基本素质的面试。口头表达面试还可以分为下面几种：交谈模式，即主考官与应聘者以谈话的方式进行；问答模式，即主考官逐个提出要解决的问题，让应聘者逐一回答；辩论模式，即主考官与应聘者或应聘者之间就某个论题持相互对立的论点而进行辩论；答辩模式，即应聘者就考官的提问进行合理解释；演讲模式，即应聘者就某个论题向主考官发表演讲；讨论模式，即应聘者就某个问题与考官们进行交流讨论，如会议纪要讨论、案例数据分析等。

模拟操作面试，是指应聘者发挥一定的作用，完成一定的实际工作，表现出一定的技能的面试。在这种方式中，首先选择相关职位的关键任务，然后让应聘者完成任务，由考官监控他们的表现并记录任务完成的表现情况。最后，由主考官对被考核人员的工作表现和完成情况进行评价。

（九）根据面试的形式，可分为传统面试和视频面试

传统面试，就是用人单位招聘工作负责人与应聘者在同一场合面对面进行的面试。

视频面试，是利用特定的计算机软件系统，通过网络传输视频、声音、文字等媒体进行的实时采访。近两年受疫情影响，各地随时出现意料之外的情况，多数企业选择视频面试。视频面试只需使用普通的个人电脑、手机、摄像头、耳机和麦克风，接入互联网，即可进行实时互动视频、语音通话、文件共享等。

三、面试的步骤与标准

（一）基本阶段

在本阶段，应聘者要尽力适应面试环境，礼貌地面对主考官，努力创造出一种轻松自然和谐的面试气氛，解除自身的紧张和顾虑。常用的形式

是取悦、问候、微笑、放松的姿势。试着做一个简短的自我介绍，试着在短时间内让考官给自己留下好印象。

（二）主考官为主阶段

在本阶段，主考官从不同侧面了解应聘者的心理需求特点、工作学习动机、能力、素质等。应聘者应该正确而有效地倾听，冷静而客观地回答问题，礼貌而恰当地提问，适当而合理地展现出自己的信心。主考官为了更深入、彻底地了解应聘者，可能会提一些更尖锐、更敏感的问题，但要注意尊重应聘者的人格和隐私权。然后会有自由提问的时间，谈话很可能会很随意，就像聊天一样。在整个面试过程中，主考官收到的信息量非常大，大部分信息可能不会引起他的注意，也很难给他留下深刻印象。所以，作为应聘者应该努力抓住时机，重申自己的任职资格，使主考官相信你是一位优秀的人选，重申自己的求职意愿以突出自己的求职动机。

（三）应聘者为主阶段

在这个阶段，主要是为应聘者向主考官进行礼貌而恰当的提问，了解公司业务与战略的未来发展、企业文化团队、公司现在面临的最大挑战、对本人的期望以及薪资等。

（四）结束阶段

在本阶段，由于企业面试的主要研究问题已经分析完毕，配合主考官自然地结束面试，并礼貌地向考官告辞、向现场管理工作人员表示感谢。

第四节　求职必备礼仪

在求职过程中，面试是一个获得理想工作的非常重要的机会。能否取得面试的成功，除了取决于你的学业成绩、基本思想素质和工作能力以外，得体的言谈举止及仪表也是十分重要的因素。因此，在应聘工作时，你必须注意基本的礼仪。

一、提前做好"功课"

（一）提早出门，不要迟到

最好是提前 5~10 分钟到达面试地点，以示自己求职的诚意，给对方以信任感。同时也利于调整自己的心态，做一些比较简单的准备工作，避免仓促上阵，手忙脚乱。面试前，有必要去用人单位考察一下，记住面试的准备时间和地点。如果因为某种原因迟到了，要真诚地道歉并解释原因，以获得对方的理解。但最好不要出现这种情况。

（二）要修饰仪表

头发要梳整齐，领带要系正，皮鞋要擦亮，着装要整洁、大方、得体，忌穿太怪的衣服；女生可以化妆，但不要太浓，忌穿金戴银、满身珠光宝气，以免让人感到你轻浮随便，不像一个大学毕业生的样子。还要记得不要在面试前吃很难闻的食物。

（三）到了应试地点，忌直接推门而入

到了应试地点门外，你应该安静地敲门，得到允许，然后进去，主动向在场的所有面试官打招呼，然后进行自我介绍，并说明你的来意。

二、把握关键环节

在现代社会生活中，由于中国文明发展程度的提高，仪表礼仪在求职中发挥着越来越重要的作用。注重外表和举止并不一定意味着你会得到一份工作，但邋遢和不雅的举止将不可避免地影响你的求职。你的仪表、举止决定了你是否能给招聘者留下一个良好的印象。在双向选择中，当求职者与招聘人员第一次见面时，个人的衣着、姿态、举止、风度、气质，都能给对方留下一种最初的印象。这里主要谈着装、礼仪。

（一）面试中的服饰礼仪

应聘者面试装束总的要求应该是：配合自己所应聘的职位，着装合体，讲究色彩搭配；化妆可以适当，展现出正统而不呆板、活泼而不轻浮的气质。具体来说，男性和女性的着装要求是不同的。

1. 在服装方面，男士应选深色或柔和色调的西装，风格稳重，穿着整

齐，系上领带。注意不要把领带和西装对比得太强烈，合适的领带能使一般的服装看上去更好。假如天气较热，只能穿衬衫，衬衫一般以色调明朗、柔和漂亮为宜，面料以棉、麻精纺或适当混纺为宜。鞋子应穿得比较稳健，穿西装最好配皮鞋。若是其他服装，则皮鞋、旅游鞋均可，忌穿拖鞋。

2. 从梳妆打扮上看，男士应保持头发干净整洁，但不要给人有光泽、潮湿的感觉。发型要简单朴素，鬓角要短，胡子最好刮干净。根据中国人的习惯，男性一般不使用化妆品，以免给人留下不正经的印象。另外，头屑、指甲、袖口等小的方面我们也要时常注意。

3. 从佩戴饰品上看，男性身上要相对简单，最多就是手上佩戴个手表，西装上配个胸针，手指上戴个戒指，除此之外，尽量不要有其他的装饰。女性要表现出自己的个性，如简约、优雅、大方，可以选择手表，或用围巾、披肩等装饰；如果之前有工作，并且经济条件允许，也可以佩戴一些精致的手镯、项链、耳环。但如果使用项链、腰带、帽子、围巾等大而醒目的装饰品，应本着避免佩戴其他装饰品的原则，这样才会显得优雅得体。手提袋大小适中，刚好能够放好材料最适宜，款式颜色与其他装饰品相协调。在室外佩戴的变色镜、太阳镜，面试时我们最好摘下，否则可能会使人感到自己有点趾高气扬、目中无人的味道。

能做到以上所述，就会使企业招聘者感到，你是一个勤劳、会生活、有条理的人。如果你衣着不整洁、头发脏乱、往往会被认为是一个生活自理能力差、懒惰、工作拖拉的人，那么你的应聘还有什么希望。要知道"一屋不扫何以扫天下？"

（二）面试时的礼仪

1. 牢记面试时间

面试迟到自然是大忌，会留下不好的第一印象。因此，牢记面试时间，提前 10～15 分钟到达面试现场是非常必要的。这样既有利于调整自己的情绪，也表示你求职的诚意，给考官产生信任感。如果你因为不可避免的原因而迟到，要打电话给考官，解释你迟到的原因，并询问你是否可以晚点到达或重新安排时间。

2. 必要的自我介绍

到了面试地点，忌直接推门而入。应先轻声敲门，得到许可再进去，用手轻轻将门合上,并向在场的各位面试官主动打招呼、问好,然后通过自我介绍,说明来意。

3. 见面握手

有不少企业会通过握手判断应聘者是否专业、自信,所以当面试官的手朝你伸过来时,要自信稳重地伸手回应,双眼一定要直视对方,自然地微笑,友好地说声"您好"。

4. 递交名片

自我介绍、握手之后,如果准备了自己的名片,要双手递给对方,再加上一句"请多多关照"。一张漂亮的名片也是一种很好的表达方式。如果这时主考官也拿出一张自己的名片以示交换,你应双手接过名片,并认真看一看,然后,放在自己的名片夹里以示尊重。不要往裤袋里塞,这会直接显示你的粗俗无礼和不尊重对方。

5. 入座

当考官没有要求你坐下时,不要坐下,否则会被认为是傲慢的表现。当考官让你坐下的时候,要道声"谢谢"。坐在考官指定的位置上,保持轻松自如的姿势,避免与考官坐得太近、太远或太高。坐椅子时,最好坐满三分之二,上身挺直,身体略向前倾,这样显得精神抖擞,有利于面试的进行。

(三)面试中的谈吐礼仪

面试时,说话、行动一定要一致,无论你外表多么端庄,举止多么礼貌,行为多么规范,如果没有优雅的言语配合,其印象就会大打折扣。面试不仅可以看到一个人的品德和修养,还可以看到他的基本素质和专业水平,面试官由此可以决定是否聘用应聘者。因此,应聘者适度地掌握企业面试的交谈沟通技巧,对于求职的成功是颇有益处的。

1. 仔细聆听

面试,不仅是考验、考核,也是双方的一个对话。只有听懂了主考官的讲话意思,才能有针对性地回答问题。如果谈话时你心不在焉,听而不闻,问而不答,答非所问,那么,面试的结果是可想而知的。许多首次应聘的人面试时经常忽略这一点,太多的关注放在想给考官留下一个好印象而去过多关注自己的外表、态度和行为,没有注意听主考官说话,导致不是漏听，就是没听不清，以致不能把握主题，显得非常被动。有的求职者还不时地要求主考官重复前面的话，这样肯定会引起主考官极大的反感。

当然，听考官讲话不是一定要严肃、一直盯着对方看，而是要通过态度、表情和姿势的结合，使对方相信你在认真地听他说话。一般可以采取边听主考官讲话，边微微点头的方式，并不时地说上几句"噢""吗""对""啊""不错"等口头语，以示你正在认真倾听。同时，仔细琢磨主考官的话意，以便可以随时做出相应的回答。简而言之，要让主考官觉得你在恭敬地听他/她讲话。

2. 措辞要谦逊文雅

回答问题时，要表现冷静、从容、温文尔雅。当被考官提问时，不声不响地坐着是非常不礼貌的。虽然有时你不可避免地会遇到暂时无法回答的问题，但你永远不要什么也不说。可以用几个词来缓冲："这是一个我以前从未考虑过的问题。从刚才的情况看，我认为……"这时我们脑子里就要迅速归纳出几条"我想"了，要是还找不出问题答案，就先说你所了解的，然后坦率地承认，有一些东西你还没有经过认真的分析考虑。如果你能平静地说出自己的想法，那也是能够让考官刮目相看的。考官考的可能不是问题本身，而是你所体现出来的能力。虽然你回答的可能不完整，不成熟，但也不会对整体产生太大影响，考官也是能理解的。

3. 善于思考

当考官向你提问，在你回答这个问题之前，应在脑海中将自己的思路梳理一下，对自己即将要讲的话稍加分析，想好什么是可以说的，什么是不可以说的，还没有想清楚的就不说，或少说，切勿信口开河、夸夸其谈。文不对题、词不达意，都会给人一种素质低的感觉。其次，语言要朴实文雅。这是一种传统美德，也是一个人知识渊博的自然流露。有些人喜欢装腔作势，故意卖弄，这样往往弄巧成拙。只要答案是准确、清晰、流畅的就足够了。

4. 善于提问

求职面试不同于演讲，而是更接近于一般的交谈。交谈中，应随时注意听者的反应。比如，听者心不在焉，表示他对自己的这段话没有兴趣，你得设法转移话题，适当提问不失为一种有效方法。实际上，很多专业的人力资源管理者在招聘时更看重应聘者能提出什么样的问题和要求。只会回答，不会发问的求职者正在被淘汰。

5. 突出重点

回答考官的问题主要是突出重点，考官感兴趣的地方就多讲点，不感兴趣的地方少讲点或不说，尽量做到面对简单的问题快速回答，面对复杂的问题边思考边回答，让人觉得你思维敏捷，确实是一个人才。

（四）面试结束时的礼仪

1. 适时告辞

面试当然没有明确规定进行时间，但是作为应聘者应该知道：面试是个有限定的谈话，此地不可久留。面试从某种意义上讲，是陌生人之间的沟通。心理学家认为人与人之间的交流只需要 4 分钟。当然，4 分钟并不是绝对时间，一位平均数专家补充说："当申请一份工作时，面试后几分钟，不管对方是谁，应聘者都会本能地认为已经被录用或拒绝了。"

据说社交生活中有这样一条秘诀：长谈一次不如换成增加见面次数。也就是说，人与人之间的沟通就像网络，交织越紧密，网络的密度越大，关系就越可靠。人们失去了联系，那也就失去了联络的感情。人世间许多事是由情感来维系的，这一道理用在面试中同样能够有效。如果面试官对你很感兴趣，又拿不定主意，那就想办法再和他见面。在其他可能的场合下，加深考官对你的了解，将来没准儿会重新开始步入该公司的大门。

一般人可能会认为，面试时间谈短了不太行，谈长了就更不行，所以要先想好话题，当察觉到此次会谈的高潮已过后，便可以准备结束。先说完你想说的话，然后再站起来，向面试官们微笑，伸出你的手向他们表示感谢，再离开，力求给面试官留下一个积极的、有素养的印象。

面试中有些话是可有可无的，也有些话是必须说出来的。那些必须说的话就是一个高热话题，而应聘者要做的就是必须了解高潮话题的整个过程，并主动做出告辞的姿态。

高潮话题通常可以分为两类：介绍自己和工作动机。

应聘者自我介绍后，面试官会相应地问一些问题。一方面是考官介绍工作性质和工作主要内容，另一方面是应聘者自己讲述自己的工作情况、打算以及对未来工作的设想。这些都是高潮话题。在话题达到高潮后，不要盲目拖延，这会给考官造成要当场做出决定的心理压力（这可能并不是你的本意）。如果你还想知道什么，你应该说："我不想浪费您的时间去谈论工作上的细节，但我想知道一点关于工作环境、福利和各种各样的事情。"从而巧妙地把琐碎的问题转变成了一个高潮问题，也不至于让面试考官认为你是有意拖延时间或有其他的动机。

因此，成功的面试时间应该是适度的。时间过长对应试者有害无利，因为没有人能够一直保持完美，很难长时间的将自己完美的一面展现给面试官。随着时间越来越长，失误的概率就越大。适时告辞，留下一段美好的回忆，让面试过程中的考官仔细品味，比拖延工作时间的疲劳战术要高明得多。

结束面试的权力似乎是在考官的手中，但有时他很难使用，也不愿意使用。因为考官一般也不愿意将结束面试作为一个拒绝别人的暗示，如果应试者能想到他的难处，那他的内疚会减轻很多。一个知道如何开始和如何结束的合格应聘者是温文尔雅的。既然如此，应聘者最好把结束面试的权力接到自己手上，这样做的话，于己于人都有利，面试考官也会对你留下好印象。

2. 强化印象

当双方达成共识时，你可以主动离开。在结束面试的告别过程中，为了使面试圆满成功，并能给考官留下良好而深刻的印象，你必须注意：

第一，要再次强调你对这份工作的热情，感谢对方花时间和你谈话，并表示今后将努力为单位的发展服务，做出自己的贡献。若考官没有当场对你进行定位，说明另一方应该还想要进一步考查，则不要急于让对方对你进行评价定位和作出决定。

第二，在告辞时，你可以对考官们表现出从此次谈话中受益匪浅，希望将来有机会从考官那里得到进一步的指导，如果可能，就预约下次见面的时间。

3. 握手告别

牢牢记住查询面试结果的方法途径和时间，告别时可主动与考官们握手，但要注意握手的基本礼节。

一般来说，告别时要注意握手的顺序，根据社会地位、身份、性别和握手双方的条件来确定的基本原则是：上级先，长辈先，女士先。如果你想和很多人握手，最礼貌的顺序应该是：先上级，后下级；先长辈，后年轻一代；先夫人，后先生。握手通常以 3 秒或 5 秒为宜，并应注意握紧力度。如男女握手时间短，力度应轻，若长时间用力握住异性的手则是不礼貌的行为。握手时也要注意，要双目注视对方，面带笑容，不可环顾四方、心不在焉，同时可以加以适当的敬语，如"再见""谢谢"等。不要戴手套握手。对于妇女和地位较高的人来说，不站起来或戴着手套握手是可以接受的；不要用左手握手。如果你右手不方便与他人的握手，请向对方解释原因，并请对方原谅；当很多人同时握手时，你应该注意对方握手后伸出的手，一定不要交叉握手。此外，握手时若手掌朝下，会显得傲慢，因此，求职者切不可使用此种方法握手。双手去握对方的手被称为"手套式"握手，以表示出更多的善意、感激和尊重，有时也可以表达出寻求帮助的意思；如果握手时轻轻触一下对方的指尖，这被称为"抓指尖式"握手，易使人产生清高的感觉。

由此可见，不同的握手方式有着不同的含义和不同的礼仪。求职者在付诸行动时一定要注意选择适当的方式，这些问题看似微不足道，其实，关系到一个人的修养问题，也影响着考官的决定。

第五节　如何提高面试成功率

参加面试，必然会遇到各式各样的问题，问题常常涉及面很宽，应答是毕业生大量知识和智慧的浓缩表现，掌握学习一些面试技巧，将帮助毕业生成功实现就业。

一、面试必备技巧

（一）设计好简历

要简明扼要。要突出自身经历。用人单位关心应聘者经历，从经历中能发现应聘者能力、经验和发展潜力，因此，在写简历时，要重点写你学过的东西和做过的事情，即学习经历和工作经历，学习经历包括主要学校经历和培训经历；工作经历要标明你经历过的单位和从事的主要工作。要突出所应聘的职位信息。招聘单位关心主要经历的目的是为了考察应聘者是否胜任拟聘职位。因此，一定要紧紧扣住应聘职位要求来写简历，了解他们的想法。

（二）心理准备

参加面试关键是要摆正心态。应届毕业生第一次面试难免会出现紧张和怯场，如果把考官看得相对过高，慑于考官的声威，自己的锐气就会不挫自短，在没有进入考场时，就已经注定了你失败的命运。其实考官也是在选拔人才，肯定是希望应聘者答得好的。因此，只要我们在心理上处于与考官平等的地位，便能发挥出正常水平，甚至显露出自己都难以预料的高水平。

（三）细节准备

准备好面试可能用到的材料，最好列出清单，避免遗漏。带好各种证书、证件，不仅能体现出应聘者的诚意又便于招聘方的审查。再次，求职材料递交后，抱着积极的心态耐心等待，随时准备接受面试，接到不熟悉的电话时，热情的问候，因为这可能是通知你面试的电话。尽量避免在教室、图书馆等嘈杂的地方接听电话，以免造成沟通不畅，影响信息的获取。另外，时间观念是一定要强，最好提前 15 分钟到场，这样可以有时间整理思路，做充分的准备。

（四）了解公司及招聘职位

通常考官提问的出发点，往往与工作单位有关。因此，在面试前应尽可能多地了解一些应聘单位的情况，以达到思路清晰、目标明确。如用人单位的性质、规模、主要产品、生产能力、历史情况、发展前景；主要竞争对手的名称；单位负责人等。如果求职者对这些情况进行了详细的了解，那么在面试过程中就容易与对方沟通。虽不是很内行，但也不至于说完全的外行话，至少让主考官感到你是一位对其单位很有兴趣的人，是真心实意想到本单位求职的人。

（五）注意语言表达能力的锻炼

对应聘者自身来说，流利自如、文雅幽默、机智有风趣的谈吐是面试成功的必备条件。大学生平时就要有意识地加强语言表达能力的训练，从互相寒暄开始，并逐渐养成与陌生人交谈自如的习惯。此外，更多地参与小组活动、课堂讨论、演讲比赛，也有助于训练口语表达能力。

（六）注重礼仪增好感

面试是一种重要而有意义的人际交流。能否取得面试的成功，除了取决于你的学业成绩、基本思想素质和工作能力以外，得体的言谈举止及仪表也是非常重要、不可或缺的。因此，在面试时应注意基本的礼仪。

二、语言表达技巧

语言是人们交流的基本工具，现代社会的交际越来越复杂，语言技能在求职和未来生活中都具有重要意义。面试与其他社会交际没有什么不同，都是用语言来表达自己的思维，进行互相沟通的一种交流方式。想要拥有良好的语言表达能力，必然需要经过漫长的日积月累，才能逐步形成，但掌握一定的技巧，也可增加你的语言表达效果。

（一）面试中的自我推销技巧

求职首先就要推销自己。在求职的过程中，求职者可以使用适当的语言来对自己进行一下宣传，让对方了解自己，发现自己更多的才能和优势。求职时适当的自我表白是非常有必要的，要善于表现自己，才能让对方发现自己的优势，有助于双方建立起信任和合作的关系。求职者如果不懂得怎么推销自己，自然很难受到用人单位的重视和欢迎；如果不敢大胆地介绍自己的长处，人家就不会知道你的长处，更别提录用你了。自我推销技巧主要包括：单刀直入法；自信幽默法；稳重沉着法；有的放矢法；绵里藏针法；见微知著法；避虚就实法；毛遂自荐法；创新求异法；折中思维法；角色互换法；随机应变法。

（二）面试中的答问技巧

面试通常都是以问答的方式来进行。求职者一般可以预测到面试官会问什么问题，并对此做出相应的回答。以下是一些面试答问技巧，可供参考一下：

1. 答问要准确

在求职面试中，用人单位主要是考查求职者的知识和能力，准确可靠是求职者回答问题的第一点。答非所问、含糊其辞、支支吾吾、牵强附会，都会给招聘者留下不好的印象,很可能导致成功的机会与你失之交臂。

只有对问题进行了准确的判断,才能作出恰当的回答。主考官提出问题时,你要认真听清楚,多加揣摩,仔细推敲,不要急于作答。当你准确把握了考官问的问题之后,就应该快速思考如何准确地回答,这主要包括回答的程序和所运用到的知识。如果一个问题能够用多方面的知识来作答,那么最好是运用自己最熟悉的知识来回答。一般来说,面试考查的重点还是求职者的专业知识。因此,在面试官提出涉及专业知识的问题时,你应该正确地使用专业术语来表达你的意思,以展示你的专业水平。

2. 答问应适度

答问要以适时、适度、恰当为原则。面试时,对于不同的招聘场合、不同的情况下,对不一样的主考官要选择说得体的话。

了解面试官的身份是正确回答问题的先决条件。同样的一句话,对一个有身份的人来说和对一个普通的人来说所产生的效果是不一样的。求职者最好做到对不同身份的人说不同的话,这样才能使自己的回答更加得体。一般而言,领导都喜欢听别人赞扬他的平易近人,而普通的工作人员喜欢听别人恭维他的工作能力,经理则喜欢听别人赞赏他的管理才能……当然,恭维别人不能太过夸张,一定要掌握好分寸,不能完全不着边际乱吹捧别人,否则可能会适得其反。

3. 答问须诚实

每个人都不是万能的。在面试中如果遇到自己实在不会回答的问题,那么可以坦诚地对面试官说:"非常抱歉,这个问题我还没有思考好。"不会就是不会,不要搪塞面试官或支支吾吾的说不出话,否则如果面试官更进一步追问,情况就会变得越来越糟。知之为知之,不知为不知,是知也。要相信,只要我们坦然作答,就一定能给面试官留下一个坦率、实诚的好印象。

4. 答问善应变

面试就像是一场十分紧张的攻防战,招聘者总是采取攻势,而求职者只能采取守势,尽量做到随机应变。有道是:"智者千虑,必有一失。"遇到准备过的题目,尚能从容应答。一旦招聘人员避实就虚,提出一些让人措手不及的问题,许多人就会惊慌失措,连之前准备好的也都忘了。其实,只要我们保持镇定,厘清思路,快速应答,同样也是可以顺利过关的。

5. 答问讲策略

求职不同的工作，因具体情况不同，所面临的面试情况也就不同，没有固定的谈话方式，也很难找到套路。面试时，应聘者的回答和提问都应该要从实际情况出发，要讲究方法，讲究策略性。一般情况下，应聘者在答问时应该要做到该简略的地方就简略，该直言的地方就直言，该委婉的地方就委婉，该明确的地方就明确，该模糊的地方就模糊，该先说的就先说，该后说的就后说。这些原则在答问的过程中都应充分体现出来，还要体现得当，且要合理地规划。

对于那些很难理解但也不是完全答不出的问题，你可以想办法拖延下时间，尝试一边思考、一边回答。拖延战术常用的词有："嗯，我必须仔细考虑一下这个问题。""这个问题真的很有趣。""这个问题非常大，用几句话很难说清楚。"然后我们就可以尽量在这几秒钟的时间里思考出自己将要说些什么、应该怎么表达出来。当你表达第一点时可以先在脑海里想到第二点，表达第二点时先想第三点，这样的表现可以使面试官对你留下思维敏捷、思路清晰的好印象。

6. 答问讲技巧

面试是双方的博弈，因此要清楚什么该说，什么不该说，更不要不懂装懂。但是不懂的时候要有技巧的说，比如：我对这个不是很了解，但我谈一下我的看法吧。讲完之后，面试官可能会觉得不错，这样就既回答了问题，又让人觉得自己谦虚。有些求职者在某些方面可能不太了解，但为了给面试官留下深刻印象，对面试官提的一些问题明明一知半解还要滔滔不绝，这样反而适得其反，俗话说，"说得多，破绽也越多"，最后求职失败的可能性更大。

（三）面试中的应对技巧

面试是通过许多的提问来进行的，若能预先准备好怎样回答，则通常可以回答得比较顺利。有人认为面试问题具有不可知性，怎样才能预先准备呢？其实只要认真思考分析，面试内容既有不确定性又有确定性，万变不离其宗，只要我们掌握一些应对的技巧，就能以不变应万变。

1. 充分准备，慎重应战

"良好的开头是成功的一半。""不打无准备之仗。"这些话都告诉我们一个普通而又深刻的道理：凡事做好充分准备，打好第一枪，争取给人留下一个美好的印象，拥有一个好的开始。

第一印象又称"首因效应"，它是指人在第一次见面所留给对方的印象。在面试过程中，第一印象往往会对面试官的心理产生较大影响。很多经验丰富的面试官，往往也会形成直觉思维，通常在面试的前几秒钟就能基本上确定此位应试者是否能够留下。因此，求职者一定不能忽略第一枪，不要以为第一印象没什么，反正后面还有机会。要知道，如果面试官对你的第一印象不好，即使后面你表现得不错，有能力和技能去弥补，也很难改变面试官内心的想法，这就是心理学规律。

面试不仅过程很复杂，内容也很多。面试的第一步就是初次面试，可以从准备初次面试的问题着手。除了上文提到的第一次面试要尽可能多地了解用人单位的基本情况及其主管的性格，做好面试前的心理和内容准备；一定要注意语言表达能力的锻炼和体现，整理出自己需要提取并表达的信息，还要注意一些必要的技能准备；注意打理自己的形象，给面试官留下一个良好的第一印象，整洁优雅、精力充沛、彬彬有礼、诚实大方、聪明能干的人永远会受到人们的喜爱。好的形象设计，既要符合个性气质的特点，又要符合招聘岗位的特点。如果一个人能让考官第一眼看到就觉得：此人可能就是我们要找的人！那就表明你的形象设计是非常成功的。自我形象设计本身就很重要，在面试中更加重要。中国人一般都具有谦逊、含蓄和内敛的性格特点，会经常忽视自我形象的设计，甚至有的人会觉得设计自我形象就是摆花架子，认为这完全没有必要。当然，摆花架子工程肯定要不得，但聪明、自然、得体地显示自己的气质与才华，让考官可以真正地了解你，这也是面试的技巧。面试时若毫无形象，邋里邋遢，给面试官的第一印象就直接把你判定为不合格了。

2. 注意倾听，专心交流

注意倾听是面试过程中一个非常重要的环节。面试的实质就是主考官与求职者进行信息交流从而获得一个关于求职者的全面评价的过程，在形式上充分体现为"说"和"听"。认真倾听面试官的提问，可以体现出你对他们的尊重。而且，你不仅得听，还得知道你将回答什么，甚至还要听清细节的问题。只有以静制动，通过我们耐心、专心、细心地倾听，才能紧紧抓住问题的实质。否则，就可能出现不得问题要领，答非所问的情况。

3. 挑战自我，沉着应对

面试的竞争是非常紧张、激烈，充满挑战性的。在面试中要面对强大的竞争对手，面对眼光苛刻严谨的主考官，求职者感到有巨大的压力，这都是正常的。就像罗曼·罗兰所说的那样："真正的英雄并非没有胆怯的时刻，只是他能设法不让怯懦征服自己。"为了控制求职者紧张的情绪，美国心理学家尤里斯对他们提出了三个有趣的建议："低声、慢语、挺胸。"只有当求职者内心拥有适度的紧张感和压力感的时候，才可以激发他们的斗志和勇气。但如果压力过大，就会成为压在身上的包袱使人越来越紧张，甚至产生自卑的心理，不知所措，最后走向失败。因此，在面试过程中，一定要沉着冷静、坚定自信，没有良好的心理素质是不能坦然面对主考官和以后的工作的。

4. 掌握时间，适时提问

一般面试的平均时间约为 20 分钟，但根据面试的类型、面试官对应聘者的兴趣以及应聘者人数的多少，会产生不同的变化。就面试而言，由于它是一种招聘者与求职者之间进行信息交流、沟通了解的机会，且面试时间有限。因此，要有效地把握和利用这段时间来推销自己，让面试官充分了解自己。那么如何才能在短短 20 分钟时间内充分地展示出自己的才华和优势呢？充分利用这段有限的时间使双方在互不认识基础上，通过自我介绍、你问我答等方式，实现使面试官对应聘者从完全陌生到感兴趣的转变。因此，应聘者准确把握时间非常重要，争取在短而有限的时间内将自己的优势完全展示出来。

一般来说，面试是由主试官提问来进行的，应聘者是被动的，但准确把握回答问题的时间很重要，要想好哪些问题只需占用较少的时间，哪些问题需要占用较多的时间。对于具有发挥性的问题，要注意时间，不要说得太少，但也不要滔滔不绝。应聘者可以巧妙地看看时间，但最好不要看得太频繁或太明显。

5. 谨慎应对，推己及人

很多应聘者在面试时，总是一直谈论"我"："我"的才能，"我"的特长，"我"的要求，"我"的抱负，"我"的想法……"我"什么都谈到了，然而就是没谈到对方招聘单位，更没谈坐在自己面前聆听自己讲话的主考官。这是个很大的错误。在面试中，要多听少说，要树立对方意识，换位思考，推己及人，体现对主考官的尊重。

（四）面试中的转移话题技巧

在面试中有时候可以根据发生的一些事情来改变话题，从而达到更好的谈话效果。话题转移有两种类型，一种是随机转移，即随着说话人意兴所至而产生的话题自然转移；另一种是有意转移，即说话人为了控制谈话的方向，以某种形式主动转移话题。

在任何一种情况下，话题的转移都得要遵循自然、邻近和及时的原则。所谓"自然"，就是借助一点点外力，来分散对方的注意力，让对方的注意力巧妙、自然地离开原来的话题，转移到一个新的话题上。所谓"邻近"，就是在开始话题的邻近范围内选择一个新的话题，转移角度不宜太大。所谓"及时"，是指抓住转移话题的机会。一般是在一个问题提出来还未展开时就机敏地把话题岔开。也有专家研究认为，只要在面试过程中不影响求职的效果，尽管对方谈得离题太远，也不必转移话题。

有以下几种技巧可以转移话题：巧妙地岔开话题，巧妙地将不方便或无法回答的问题放在一边，回答与其有关的其他问题；借助反问转移话题，面试中，如果发现企业招聘者提问中含有明显的刁难成分，就可以举出类似这种错误的问题，反问对方，让其陷入不能自圆其说的陷阱；用假言回答不好回答的问题，面试中还有一些问题无论你怎么回答都不是很恰当，这时可以用假言回答来过关；诙谐地回避有关问题。

三、巧用肢体语言

了解人唯一可靠的外部依据便是人的动作、表情及身体姿态。通过对人的动作、表情及身体姿态的识别，可以达到"知人、知面而知心"的目的。所谓肢体语言，即是用动作表情或体姿等来表情达意、传递信息的语言形式，它属于一种非词语传播或非言语交际，一般伴随口头语言而存在。肢体语言主要包括表情语、手势语和体态语。肢体语言可以帮助人们消除人际隔阂，从而达到改善人际关系的目的。求职者在面试过程中，如果能够巧妙运用肢体语言，那么就能给人留下受过良好教育、举止优雅的良好印象，这也有利于相互交谈、沟通。

（一）表情语的运用技巧

表情语是通过面部器官的变化来传达情感和信息，如眼睛、眉毛、鼻子、嘴巴、肌肉收缩和面部表情。在求职面试中，人们最常用、最富有表现力的表情语是眼神和脸部表情。

1. 眼神的运用

求职者在面试中，与考官的关系有两种情况：一种是只有一个考官，这被称为"一对一"的关系；另一种是超过两个考官，这叫做"一对多"的关系。在这两种情况下，求职者视觉语言的使用是不一样的。"一对一"的情况下，求职者注视对方，目光要自然、柔和、亲切、真诚；"一对多"的情况下，求职者的眼神运用除了要符合"一对一"的要求外，还要注意使用环视法。即要注视在座的所有考官，让每个人都感觉到你在注视他。

2. 脸部表情的运用

在人际关系中，表情也是交际的手段之一，同时还是少数能够超越文化的交际手段之一。

在面试中，面部表情的基调可以用两句话来概括：谦虚的微笑和严肃的温柔。微笑能使人脸上呈现出相对较多的轻度曲线，能使对方产生快慰、亲切、友爱、满意的情绪体验；同时，也能为双方营造出一个良好的谈话氛围。一般来说，面部表情应该与口语表达的情感同步，不要让所讲的内容与面部表情脱节。无论面部表情是提前了还是落后了，都会使对方感到虚伪和别扭，贻笑大方。所以，面部表情应当做到迅速、敏捷地反映出内心的情感。

（二）手势语的运用技巧

手势语是指通过手和动作把自己的心声、感情表现出来的一种体态语。它是一种典型的动作语言。在大多数情况下，手语是作为口语的伴舞出现的，是对口语的行为化或强调重点，或帮助口语的表达。

手势具有描绘事物、传递心声、表露情感、增强口语力量和组织指挥的功能。手势具有形象、清晰、醒目、动作大等特点。因此，我们应该多多利用手势的特点，最大限度地发挥手势在工作面试中的作用。

手势语的构成很复杂，为了更好地发挥手势在面试中表达情意的独特效果，应聘者可以通过简单手势加强与面试者的沟通，从而达到表达效果。

（三）体态语的运用技巧

体态语是指通过身体的姿势、动作来表达思想情感、传递信息的身体语言。主要包括坐姿、站姿和行走姿，其中以站姿和坐姿所表现的姿势最为常见，即有排斥与无排斥，有相对与平行，有一致与不一致。

1. 站姿

站姿作为外部形象和礼貌修养的反映，在求职面试中不容忽视。面试中站姿的要求是身体正直。方法是挺胸、收腹、略微收臀、平肩、直颈、两眼平视、精神更加饱满、面带微笑，这样可以给人带来一种自信的感觉。站立时，双手自然地垂放在身体两侧。不要两手叉腰，也不要把手插在口袋里或放在背后。还要注意站向，交谈时站立的方向应该是正面对着对方，以表示尊重。

2. 坐姿

在面试中，坐姿很重要。因为招聘面试大都在房间里进行，有不少时间是坐着的。一个人良好的坐姿不仅能反映出这个人的体态美，也能反映这个人的行为美。

四、面试注意事项

大学毕业生在求职时，不可避免地要接受用人单位的面试。大学毕业生在面试时要特别注意面试中的一些问题，以免给人留下不好的印象而导致求职失败。

（一）避免心不在焉

面试交谈时四处张望，注意力分散，问题听不清，说话听不懂，答非所问，心不在焉，这会使人怀疑你求职的诚意。

（二）避免过于固执

对话要简洁明了，同时，要将言下之意充分表达清楚，无论多么重要的事，都不要反复向主考官提出。如与主考官意见相左，可保持沉默，决不可为争一时之胜，而弄得面红耳赤，固执地坚持自己的观点。

（三）避免中途打岔

主考官一句话尚未说完，就中途打断；主试人语意未表达完整，就以下意识的动作使主考官中止讲话，这是非常不礼貌的行为。即使你认为有此必要，也应先征得对方同意。应该冷静地等待对方说话告一段落，然后再平静地说出自己的观点，尽量让主考官保持对你的好印象。

（四）避免喋喋不休

不管你口才多么好，如果不顾对方感受，打开话匣子后，口若悬河，担心遗漏每一个细节，生怕主考官不清楚，不注意主考官的各种微妙反应和不满情绪，是最要不得的。

（五）避免阿谀奉承

虽然很多人都愿意听奉承话，但面试毕竟不是做生意，考核的是你的技能，一味违反本意对主考官阿谀奉承会让人生厌，使对方鄙视你的品格。所以，除了礼貌上的客套话外，奉承话最好少说。

（六）避免答非所问

问什么就答什么，与话题无关的话不说，与话题有关但不是非常重要的话也要少说。决不可随心所欲，偏离主题，自说自话，使听者不知所云。

（七）避免自我吹嘘

应聘者为了使自己能够被录用，面试时往往喜欢自我吹嘘，说："我有什么什么特长""我到公司后立刻带来什么什么变化""我保证怎么样怎么样"等，似乎自己是天才、奇才，如果单位不录用你就是天大的损失。一旦主考官较其懂得更多，反而会贻笑大方，令人反感。

（八）避免装模作样

面试时，要将自己原原本本地呈现在主考官的面前，无须装模作样，模仿他人的行为和动作会使人感到厌恶；更不要故作高雅，时不时地吐出几句外文或时髦用语，让对方产生此人不踏实的感觉。

（九）避免拐弯抹角

回答问题应直截了当，不要铺垫过多，绕圈子过大，使主考官听了半天还不知所云；也不要吞吞吐吐，欲言又止，使主考官感到别扭，认为此人城府太深或过于谨小慎微。

（十）避免言辞不当

面试时，声音太小或太快，别人听不清楚；声音太大或太慢，使人感到精神紧张；说话带上"啊""噢""嘛""呢"等尾音，会给人留下爱打官腔的印象；说话夹杂着不文明用语，则是非常过分的表现了。另外，讲话最好用普通话。

（十一）避免抨击以前的单位

有的应聘者在回答离职原因时，对原来的单位、上司进行抨击，说原来的单位人际关系如何复杂、企业文化如何恶劣、上司如何糟糕、收入如何不公、压力如何大等，这都是不可取的，应当从积极的方面予以解答。

（十二）避免要求过高

对面试以外的问题别提太高的要求，尤其是涉及"票子、房子、妻子"这"三子"的要求。盲目地要求工作单位收入高、待遇好、有休假、有舒适的工作环境和良好的住房条件，实际上是一种好逸恶劳、不切实际的空想，任何招聘单位都难以马上答应，反而还会给人留下好高骛远、只知享受的印象。

（十三）避免丧失自信

面试之前要对招聘的各种职位和工种做必要的了解，做到胸中有数；面试之时要充满信心，回答主考官的问题要坚决果断，切不可怕这怕那，关键时刻犹豫不决、举棋不定。

（十四）避免不拘小节

面试应严肃认真，不要做无用的小动作，如嚼口香糖、啃指甲、抓头发等；也不要和主考官耍贫嘴、开玩笑、套近乎，令人哭笑不得，这样不仅于事无补，而且可能获得相反的效果。

（十五）避免过于谦虚

面试既要避免自我吹嘘，也要避免谦虚过度，尤其是谈到自己的业务专长时，可以做详细的介绍，尽量让主考官相信你是某某方面难得的人才。而不要说自己这也不够，那也还要学习，使人听后认为你能力有限，难当大任。所以还是实实在在地表现自己最好。

（十六）避免回答问题过于空洞、抽象

一般来说，主考官都是想要仔细了解求职者的具体情况的，所以求职者在介绍自己或回答问题时切不可以几句空洞、抽象、说了相当于没说的话来搪塞主考官。举个显而易见的例子，当被问到"你的英语水平如何？"你回答"还可以""一般""不错""马马虎虎"等就显得过于简单。应具体回答："曾在某大学外语培训中心强化学习一年""已通过大学英语四级考试""已通过托福考试"等，以使对方有一个直观的判断。

第四章
大学生就业择业的心理调适

第一节 当代大学生就业择业的心态

选择职业,是大学生走出校园,步入社会的前奏,也是实现人生角色从学生到工作者的重要转折。为了更好地适应工作者的身份,在就业岗位上创造佳绩,在校大学生应该提前做好就业择业的心理准备:正视社会现实,客观分析自我,善于抓住机遇,勇于迎接挑战。

大学生应该培养良好的心理素质,以便在就业择业期间保持最佳的心理状态。积极乐观地面对就业过程中的难题和压力,树立正确的信念,规范自身的行为,促进成功就业。

一、当代大学生就业择业面临的机遇和挑战

改革在为人们提供一个展现自我才能的舞台的同时,也对人才提出了更多的要求。所以,在就业择业时,机遇和挑战同时存在。我国当前的就业情况:越是竞争压力大的行业越有人愿意去,而一些人才短缺的行业却没人愿意去。对大多数毕业生而言,找到一份工作并不难,难的是找到一份心满意足的工作。曾经有位上海某高校的毕业生说:"民工都能找到工作,我肯定能找到工作。"这位高校毕业生虽不会去做民工的工作,但是他说的话也表明了一种就业择业心态:只要定了合适的标准,就能找到合适的位置。

(一)心理定位与就业择业

就业择业是一个双向选择,用人单位想要高端人才,毕业生想找好单位。一些场面火爆的供需见面会之所以签约率不高,是因为供需双方没有确定合适的目标。大学生要清醒地认识到"伯乐"大有人在,但自己是"千里马"吗?凡事都先从自己身上找问题,合理调整心理定位。

心理定位,是指对就业择业的目标要求和对自己的认知评价。而就业择业的第一步是心理定位,第一步走好了后面的事情便水到渠成了。所以说,心理定位在就业择业中起着至关重要的作用。心理定位有两层含义:一层是指对于就业择业目标的具体要求,比如个人发展前途、应聘单位的规模、效益、发展前景、地理位置等等;另一层是指对自身的个性心理特征的认识评价,特别是对自身能力水平的评价。这两层含义相互促进、相互制约、互相依存,缺一不可。前者是后者的体现,自身评价是否正确决定了制定的就业择业目标是否合适;后者是前者的基础,客观地认识评价能使就业择业方向变得清晰,尽可能地减少职业选择的失误。

毕业生在就业择业时要结合社会实际情况,客观分析自己并制定目标。目标制定得太低,找工作会容易一点,但是工作任务和自己的工作能力差距太大,无法很好地展现和提高工作能力,久而久之自己可能会对工作产生抱怨感。这种就业择业失误虽然可以通过更换工作单位来解决,但是不稳定性的工作不利于成就一番事业。目标定得太高,找工作会困难很多。有的毕业生把自己标价几百万到处推销自己,风头倒是出尽了,工作却不见得好找。所以说,大学生在就业择业时一定要对自己有一个清晰的定位。

(二)就业择业中的机遇

机遇在每一个人的人生中都是常有的,但不是每个人都能抓住机遇。就业择业时也会有很多机遇,如学校举办"双向选择会"时,会有很多用人单位到大学里和毕业生当面交谈,是否能签约成功全看个人的表现。这对每一位毕业生来说都是一次宝贵的机遇。又比如,毕业生分配管理部门会不定期地公布需求信息,这也是一次宝贵的机遇。一部分毕业生虽然知道学校公布的就业择业信息,但是没有做好准备或者没有勇气去参加面试,最后只能眼睁睁地错失机遇。而有一部分毕业生能经常关注学校关于就业择业的相关布告或通知,并及时了解就业择业的信息,就能抓住机遇。

机遇随处都在，但是仍然有很多大学生看不见，有的大学生虽然看见了，却抓不住。那么什么样的大学生更容易抓住机遇呢？在就业择业时，机遇时常出现，但是只有做好准备的人才能抓住机遇。这里的"准备"，既包括身体素质和心理素质的准备，也包括学习能力的准备。

（三）就业择业中的挑战

在就业择业中机遇与挑战并存，有机遇就会有挑战。面对当前日益严峻的就业形势，大学生的心理素质急需提高，就业择业时的挑战也就更需要关注。对毕业生而言，主要的挑战是就业择业中会遇到的难题和由此产生的心理失衡，尤其是挫败感。

就业受挫主要是大学生在就业择业时因主客观因素产生的心理冲突所造成的。那么毕业生如何对待和解决，以求最大限度地满足自身的需求呢？只有认真分析挫折原因，正确地对待挫折，才有可能成功就业。

1. 因主观因素造成的挫折

（1）自信心不强；（2）独立性不够；（3）自荐方法不当；（4）面试技巧欠缺。

2. 因客观因素造成的挫折

（1）性别歧视；（2）深造选择；（3）恋爱困扰；（4）竞争不公。

正如一帆风顺并不一定总是件好事一样，挫折本身并不一定是件坏事，挫折一样可以激发人的无限潜能。面对挫折，如果勇敢接受挑战就可能"柳暗花明又一村"，如果退缩逃避就只能听天由命。所以，面对挫折，不要退缩，要认真分析就业择业失败的原因，要从原因本身出发，要有不怕失败的勇气和全力以赴的决心。

二、当代大学生就业择业的心理准备

面临毕业的大学生，需要做好各方面的准备，尤其是保持良好的就业择业心态。只有做好充分的心理准备，才能在就业择业过程中合理选择适合自己的工作。但在当前严峻的就业形势下，许多大学毕业生并没有做好充分的心理准备。对大多数人来说，大学阶段的生活是有保障且单纯的，学习、交际、生活、娱乐都是有规律的。在这种环境中，容易产生美好的理想和浪漫的情调。但是这样的生活和现实社会之间存在一定的距离，这种距离经常会使大学生没有做好充分的心理准备，具体表现为：

（一）自我认知不完整

自我认知是指对自身气质、性格、能力、兴趣等个性心理特征的全面把握和认识。由于自身成长条件的不足，部分大学生的自我认知不完整，表现为对个性倾向、自身气质类型等了解不深入，特别是对符合自身个性心理特征的职业取向认知比较缺乏。

（二）角色转换不充分

角色转换，主要是指一个出类拔萃的大学生转换成一个现实社会的求职者。这是需要抛开幻想、抛开浪漫，充分认识到自身所处的社会现实和真实地位，踏踏实实地面对就业现实。大学生必须转变角色以便正确地选择职业。如果把亲友、同学、家庭、学校的关心、尊重、呵护当做社会的最终认可，则不能正确地认识社会和了解社会，不能准确地进行自我定位，不能冷静、客观地找到求职状态，肯定会在择业就业时产生较大的心理压力。具体表现为：

1. 没有良好的心理素质

大学生在择业就业时，如果缺乏积极的心理准备，就有可能会产生紧张、苦恼的情绪，更严重的会产生不知所措、焦虑的情绪。表现为情绪易波动、易焦虑、易担心，显得心神不宁，情绪低落，忧愁烦闷。

2. 缺乏较强的应变能力

无可厚非，当代大学生具备一定的知识素养，并且青春活泼、精力充沛，有积极进取的精神，有独立思考、自己动手的优良品质，能够积极乐观地面对现实。但是，大学生缺乏社会经历，初入职场，面对愈加激烈的就业竞争，就会显露出不成熟的应变能力。特别是在就业择业中受到挫折、遇到困难的时候，由于不善于冷静分析、沉着应对，而感到手忙脚乱、不知所措，显得情绪低沉、急躁不安，更有甚者会自暴自弃。

3. 强烈追求自我价值的实现，但往往不能正视现实

大学生对就业择业的高期望主要表现在：在工作单位的选择上，毕业生看中发展前景好并且收入高的合资或外资企业、党政机关公务人员，甚至工作稳定条件好的教师行业或部队；毕业生一部分把大城市以及东部沿海经济发达地区或中心城市选定为工作地点；众多毕业生也把工资福利待

遇作为关注的重点，几乎没有毕业生会喜欢月薪低于千元以下的单位。大学生在追求自我价值实现的同时，渴望找到一份工资福利高、发展前景好的工作是理所应当的。关键在于，如果超越客观现实，只是盲目追求较高的就业择业期望，不能准确地自我定位，就会在就业择业的过程中四处碰壁。屡战屡败，结局只会令自己吃亏。

4. 职业选择的多变性和不稳定性，处在各种矛盾之中艰难选择

大学生在就业择业过程中的多变性和不稳定性，具体表现在：一些主要面向基层就业的林、农或工科毕业生，虽然明白艰苦行业和基层需要人，也很能锻炼人，但是不愿意吃苦，害怕面对复杂的人际关系，害怕无出人头地之日；一些专业不热门、学业层次低的毕业生想通过升学、考研来改变命运，奈何决心不大，不能坚持到底，下不了苦功夫，优柔寡断；一些抢手的热门专业毕业生，面对大量需求单位的邀请函犹豫不决，举棋不定；一些毕业生在就业择业中有太多选择，看到一家公司条件不错就想去，觉得不满意了又想跳槽，等等。像这种就业择业的多变性和不稳定性，很有可能会在鱼和熊掌不可兼得时无法做到当机立断。

5. 就业择业有商品化的趋向，缺乏把握自我的能力

大学生就业择业主导思想的商品意识，伴随着利益观念的逐渐加强而不断加强，功利性日益强化。一部分大学生衡量个人价值的标准只有物质利益，并且会看中一些能迅速把自己的知识转化为金钱的单位。所以，会有很多大学生支持"成才不如发财，有理想不如有钱"的观点。当代大学生正在被商品化选择趋向所影响。在心理上特别是在认知和人格上陷入一些不能自拔的境地，产生一些心理上的误区。

三、如何培育大学生积极的就业择业心态

(一) 正视社会现实

近年来，随着高校的招生规模日益扩大，中国高等教育也正在从"精英教育"慢慢发展成"大众教育"，接受高等教育的群体也正随着高等教育大众化而不断扩大。当今的大学生已经丧失了原有的学历层次的优越性。此外，近年来随着国企改制、国家机关和事业单位改革、下岗人员再就业等，更使原本并不充裕的就业岗位显得更加紧张，就业竞争压力也进一步

加大。面对激烈的竞争，大学生首先要做的就是要科学分析就业形势，深入了解社会对人才的素质要求和人才种类要求，并根据社会的实际需求来确定自己的就业岗位。

1. 了解社会

传统的"统包统分"就业模式，已经随着高校毕业生就业制度的逐渐深入而被打破。现在在国家相关政策、方针和原则的指导下，用人单位优先录用毕业生，毕业生自由选择职业。这种就业制度为大学毕业生提供了更多自由选择职业的权利。但伴随着市场竞争的加剧，我们要积极引导大学毕业生转变就业观念，实现多渠道、多方式的灵活就业，积极采取措施，缓解就业压力。

我国当前的生产力水平还有待提高，社会为大学毕业生提供的就业岗位无法达到百分之百的满意度。特别是当今社会仍然存在不合理、不公平甚至丑恶、腐败的现象，这无疑使有理想有抱负的大学生深感困惑、失望甚至不满。毕业生正在被学校教育与社会现实的巨大反差所影响着。因此，当代大学生更加要了解社会，直面社会。作为马上要步入社会的毕业生，应该要了解以下几个方面的情况：

第一，要多了解国家在就业择业方面的政策和方针，并在政策范围内选择自己意向的职业。

第二，要多了解社会对毕业生的需求信息。近几年，很多毕业生期望在机关、科研单位和高校工作，很少有毕业生自己主动要求去基层。而机关科研单位和高校往往供过于求，边远地区、艰苦行业却供少于求。

第三，要多了解用人单位对毕业生的要求。用人单位希望接收到的毕业生除政治素质、基础知识过硬外，还是具有可塑性的复合型人才；并且要求具有一定的实干精神、开拓精神，有丰富的知识面，有较强的身体素质和心理素质。

总而言之，用人单位对毕业生的要求更多了，对个人素质要求也更高了。所以，大学生们要了解当前的就业形势，正确认清社会现实，合理地自我定位，尽量减少外界干扰，从现实生活出发，早日实现理想。

2. 顺应社会

顺应社会是了解社会的目的，也是为了找到心仪的工作，更是为了尽可能的开发自己的潜能。了解只是初步，适应是第二步。适应是心理健康的关键指标，是就业择业的基础。大学生要适应社会就要不彷徨、不悲观，积极主动地树立正确的就业择业观念，培养自身的竞争意识，充分运用所学知识并发挥自身优势，服务社会、献身社会，并根据社会所需，积极调整自己的社会定位，强化心理素质。

顺应社会的核心内容是培养正确的就业择业观念、制定合理的就业择业标准。只有树立正确的就业择业观念，才有可能真正的顺应社会。一般来说，树立正确的就业择业观要符合"发挥自己的优势，积极顺应社会的需求，有利于自身发展"的原则。

"发挥自己的优势"意思是说就业择业要发挥自己的素质优势。大学生在就业择业期间，应该根据自身能力水平和特长来选择职业，这也有利于之后在工作岗位上一显身手，利用自身优势更好地完成工作任务。这个原则不但能够体现对事业、对社会的负责精神，而且可以体现人尽其才，才尽其用的要求。

"积极顺应社会的需求"就是要求大学生在择业就业时，以社会的要求为准则，把社会需求作为归宿，主动去了解和解决就业择业的问题，进一步决定就业岗位。同时在选择就业岗位时，我们不仅要看到眼前利益，而且要看到长远利益和长远发展；不仅要考虑个人因素，而且要考虑社会因素，积极顺应社会的需求，把个人的人生发展和国家与社会的需求紧密联系起来。

"有利于自身发展"就是要求大学生在就业择业时，不受经济利益、社会时尚、从众心理等外界因素的影响，根据自己的特点，以事业为重点，选择有利于成才，有利于发展，能充分发挥个人才能的职业，不要为满足某一个条件而忽视有利于成才的原则，影响了个人的发展，更不可不顾自身能力水平和特长而盲目就业择业。如果毕业生的能力达不到用人单位的要求，在双向选择时只会屡试不中、不战而败。有的大学生不愿意去基层磨练自己、建功立业，有的大学生只想去大城市、大公司，但是这样的职业供不应求。因此，大学生要充分了解到，无论是哪个职业，只要你为社会做了贡献，就会获得尊重。

从本质上来说，毕业生在就业择业时期，不健康的心理、不适应的现象和不正确的就业择业观念相互关联，而导致产生这些不正确的观念往往是因为信息不流通。所以，毕业生要及时了解并恰当处理各种信息，正视社会现实，以便顺利就业择业。

（二）客观分析自我

大学生比中学生的自我认识更加丰富和深刻，可以从更加深远的角度去认识、评价自己。但由于大学生不太成熟，他们的自我认识和实际的自我意识或别人的评价有或多或少的差距，这种偏差往往会造成就业择业的失误或者失败。所以，对于马上要步入工作岗位的大学生来说，有一个正确的自我认识，准确地自我定位，了解自己的性格、气质、能力、兴趣等个性心理特征，才能在就业择业期间，把客观的实际情况与美好的主观愿望相结合，获得最终的成功。

1. 职业和气质的关联

气质是正确选择职业的关键因素，了解职业和气质的联系，有利于职业选择的成功。气质分为多血质、胆汁质、抑郁质、黏液质四种类型，每一种气质都有消极和积极两个方面。一个人所从事工作的效率和性质与气质是有关系的，气质不仅影响到工作的效率，而且会影响到事业的成败。不同气质类型的人适应的职业也不同。

2. 职业与性格的选择

性格是一种有核心意义的个性心理特征，集中体现了一个人的心理过程及个性特征。"人物性格不但体现了一个人在做什么，而且体现了一个人是怎么做的"，职业选择和性格的关系十分密切。

一个人的性格特征主要是通过对待现实的习惯性行为方式和固定态度所表现出的比较稳定的心理特征，表现在对自己、他人、集体、国家等多个方面，从而直接影响职业的选择。对于漠视国家发展和社会进步的毕业生来说，他们的就业择业会有很大的盲目性。毕业生对自己、他人、集体、国家的态度也经常会影响择业就业的选择和成败。如果一个人自私、暴躁、孤傲、漠视集体、无视社会行为规范、破坏公共道德，也不可能会受到社会的肯定和用人单位的喜欢，在将来的职业生涯中也很难有所作为。

职业的选择与成就往往与性格中对工作和学习的态度有关。那些得过且过、马虎应付的人比工作态度积极、认真负责的人更难找到适合自己的职业岗位，因为他们的适应面太窄，选择机会比较少，不能更好地展现自己的才能。

综上所述，大学生就业择业时，要充分了解自己的性格特征，避免盲目就业择业。既要以社会、国家需要为基础，同时也不可忽视自身的条件和性格特点。

3. 职业受兴趣爱好的影响

兴趣是个体主动研究事物的认识倾向，这种倾向感往往有持久、主动、稳定等特征。人的兴趣具有多面性，在精神、社会、物质等层面都可以有兴趣爱好。人们对于感兴趣的工作会有很高的积极性和自觉性并努力做出成就。相反，人们对于不感兴趣的工作会大大降低积极性，很有可能一事无成。爱因斯坦曾言："兴趣是最好的老师。"兴趣是努力的原动力，是成功之母。对于大多数人来说，兴趣是通过后天培养的，与此同时，兴趣具有一定的稳定性，兴趣与人的个性有内在关系。因此，大学生在就业择业的过程中要适当考虑自身的兴趣爱好。但是这并不意味着个人兴趣爱好在就业择业过程中一直发挥积极的驱动作用，有时候兴趣爱好也具有消耗性，会给毕业生的职业选择带来很大的困惑。比如有的大学生的兴趣面很广，没有个人特色，这种情况下兴趣爱好不会给其就业带来竞争优势；相反，有的大学生的兴趣面很窄，都不能满足社会需求；还有部分同学的兴趣爱好与个人专业有出入，带来了很大的择业选择困难。所以，对于即将步入工作岗位的大学生来说，要客观分析自己的兴趣爱好，树立正确的人生目标，并且尽量调整自己的兴趣爱好，使之与社会需求相适应，以便成功就业。

4. 职业与能力的关系

能力是人成功完成某事所必备的个性心理特征，是人在社会实践中的身心力量。能力分为一般能力与特别能力。能力是在先天素质的帮助下，在生活条件和教育的熏陶、影响下，在实践生活中得到培养和发展。能力在任何岗位中都是必不可少的，同时不同的职业对能力的要求也不同。一个人的职业能力往往分为言语能力、学习能力、空间判断能力、数学运用能力、颜色分辨能力、形态知觉能力、技术能力、手的灵巧能力、眼手运动协调能力等九个方面。像医生、画家、建筑师等职位对形态知觉能力要求很高；像会计、测量、统计等职位对技术能力要求很高；像雕刻师、乐师、外科医生等职位对手指灵活能力要求很高；像记者、播音员、教师等职业对言语能力要求很高。

一部分毕业生觉得自己的性格、气质等个性特征非常不利于就业择业，就会产生悲观消极的情绪，这是一种消极的行为。一般来说，人的个性心理特征具有一定的稳定性，但是这并不意味着人的个性心理特征是不变的，如人在青年期的个性心理特征具有很大的可塑性。积极的个性特征会掩盖一些消极的个性心理特征，一些不利于就业择业的个性心理特征经过重新塑造很有可能转变为积极的个性心理特征。所以，大学毕业生要辩证看待个性心理特征，应该积极主动地自我改造而不是妄自菲薄、自我放弃。

（三）树立科学就业观

科学就业观是指求职者以理性认识就业环境、客观评价自我为基础，以正确认识个人与社会关系为前提，指导自身的职业发展，最终实现个人需求与社会发展相适应的就业观念。在就业择业的过程中，每个大学生都希望自身能够成功发展并得到社会的肯定。但现实情况是，社会无法满足每个大学生的需求。换句话来说，社会需求与大学生的个人需求无法做到完全相同。作为大学生，既要树立科学就业观，又要把个人发展与社会发展相结合，这样才能找到适合自身优势并且满足社会需求的工作岗位。

（四）确立健康的心态

具备良好的就业心态，有利于大学生客观合理地面对外界的反馈和评价，以积极乐观的心态面对就业过程中的各种挑战与挫折，以最快的速度适应不同的环境。

1. 具有平常心、自信心、恒心

具有平常心。对于每一位大学生来说，就业的目的是获得岗位，寻求适合自己的职位。大多数毕业生对待就业进程都会满怀信心和兴奋，同时在就业过程中也可能经历种种困难和挫折，也会引起躁动和紧张，但保持平常心会使就业进程顺利进行。

树立自信心。自信是每一个参加就业求职的毕业生应具备的基本素质，它是成功就业的重要因素。只有坚信自己有实力有能力在就业竞争中找到合适的职位，才能在强手如云的毕业生中显示出自身的优势，赢得最终的胜利。

确立恒心。在就业过程中，通过初试或者经过笔试，在用人单位面前不只有一个符合条件的应聘者,如何在众多的应聘者中脱颖而出,如何成功完成后面的考核。这时,你既要保持舍我其谁的勇气,更要确立一种坚忍不拔的恒心、一种不达目的誓不罢休的韧劲儿。

2. 克服虚荣心、依赖性、功利性

克服虚荣心。在就业的过程中,大学生的期望值会受到同伴的影响。攀比心理或者好胜心理使他们有可能会改变原有的期望值,同时会产生脱离实际的攀比行为。过度盲目追求自我心理平衡,这样的虚荣心不利于自身价值的实现和长远发展。

克服依赖性。在就业过程中,有些大学生缺少足够的自信,缺乏竞争意识和心理准备,不愿意亲身尝试就业进程中的酸甜苦辣,把找工作的希望寄托在家长身上。家长通过社会关系为其铺垫好就业的渠道,找到工作岗位,但是这种被动安排让大学生丧失了最好的步入社会的实践机会。这样他们走上工作岗位后,或许会因为岗位并不适合自己而产生新的问题,或许会在工作岗位上再一次面临竞争的时候使自己处于劣势。

克服功利性。一些大学生在就业过程中会因为各自的不同需求,给自己要谋求的职位设定好固定的标准。例如:一定要留在大城市工作,或者一定要在政府职能部门任职,或者工资要达到自己满意的水平,等等。至于能够满足这样条件的岗位是不是符合自己的能力、兴趣则不在考虑因素之中。这种急功近利的就业标准,往往使很多大学生在就业过程中屡屡碰壁。

第二节　当代大学生就业择业面临的心理障碍

伴随着高校毕业分配制度的改革,很多毕业生在面对人才市场的激烈竞争时,面对机遇和挑战时,往往会产生很多心理冲突和矛盾,从而引发心理失衡。这不但会影响毕业生的就业择业,而且会影响毕业生的身心健康。所以,在毕业生的就业择业指导过程中,加强心理健康教育是一件非常重要的事情。

一、当代大学生就业择业的疑惑

通过学生间的交流讨论、班主任的思想指导、专业心理师的心理咨询等方式，大学生在就业择业时产生的各种矛盾心理可以得到解决。以下是大学生就业择业时产生的矛盾心理的主要表现形式：

（一）理想与现实的矛盾

当代大学生有丰富多彩的理想，在就业择业方面对理想有着更强烈、更远大的追求。很多毕业生豪情满怀、踌躇满志，打算在社会上干出一片天地。但是由于毕业生对社会现实的了解有限，对未来有不现实和幻想的成分，个人需求与社会需求存在一定差距，因而个人理想通常会脱离主观条件和客观现实。大学毕业生普遍不愿意到条件差或者偏远地区去工作，而是留恋条件优越的大城市，追求经济效益好、社会地位高的工作岗位。但是在就业择业的过程中，这一部分人很少考虑目标与个人发展是否一致，也很少真正思考过理想与现实的差距，更有甚者都不了解自己的兴趣爱好、能力、气质适合什么工作，从而产生现实与理想之间的矛盾。

（二）就业择业与继续求学的矛盾

近年来，高校考研的学生逐年增加，一方面是因为知识的重要性越来越突出，另一方面是因为学历对就业择业起着越来越重要的影响。大城市、好公司更想要学历高的高端人才，所以现在的情形是考研才能找到好工作。但是继续深造和就业择业之间也有着很多矛盾，一方面是时间冲突的矛盾，另一方面是用人单位增加的矛盾（如果毕业生申明自己打算考研就很难找到工作），这两方面的矛盾解决不好，很有可能考研和找工作都会耽误。

（三）亲情与爱情的矛盾

毕业生也会经常因为爱情和亲情的矛盾而烦恼。随着大学生中的独生子女增加，很多父母都希望自己的子女毕业后能在身边工作，特别是家中只有一个女儿的父母希望女儿不要在外地工作。那些谈恋爱的毕业生又想和对象在一起工作，又想尽量满足父母的期望。双方都希望到自己父母身边安家，即便最终协商为都留在外地，却让家人伤了心。

（四）所学专业与未来工作的矛盾

很多毕业生很重视自己的专业，在就业择业的过程中，只要是与专业不对口的工作就会在心中淘汰。但是现实情况是，工作与所学专业百分之百对口的很少，所以就产生了所学专业与工作有出入的矛盾。其实本科教育主要是培养人的学习能力、接受新事物的能力、适应新环境的能力。所以，毕业生真的没必要为了所学没有致用而烦恼。现在很多大学都在强调要培养大学生的基础知识，比如一些高校在大一采取不分专业的方法来淡化本科生的专业意识。国内很多大公司在招人时对专业要求并不严格，比如宝洁公司在招收毕业生时只对应聘者的基本能力进行面试和测试，对专业都不做要求。

（五）"鸡头"与"凤尾"的矛盾

大学毕业生经常会遇见做"鸡头"还是"凤尾"的矛盾，这个矛盾主要是选择到小城市一展身手还是到大城市做默默无闻的打工人。关于这个问题，不同的人有不同的见解。在大城市有迅速发展的经济，随时都可能有的机遇。但是大城市人才济济，竞争压力很大，比如在北上广地区的大学生到处都是，根本不缺本科生，所以本科生在这种大城市工作也只能做"凤尾"。"鸡头"虽然听上去风光无限，但是会很辛苦。"凤尾"虽然没办法完全展现自身才华，但是安逸舒服的大城市生活也真的很美好。"鸡头"和"凤尾"的矛盾不但体现在到什么样城市工作，而且还体现在选择什么样的工作单位，这对大多数毕业生来说很纠结。

二、当代大学生就业择业心理障碍特点

（一）情绪心理障碍

1. 焦虑心理

面对纷繁复杂的社会，以及求职过程中遇到的诸多问题与种种选择，大学毕业生往往会出现心理冲突，不知所措，产生不同程度的焦虑。担心自己找不到称心如意的工作，自己的理想与抱负不能实现；担心自己的选择不正确，而使四年的付出没有回报；女生担心自己因为性别的原因被工作单位拒绝；担心自己找不到工作，不能报答父母等。特别是那些在学校里成绩不突出，性格又比较内向的大学生，即将毕业时还没有找到工作，就更是感到焦虑了。

适度的焦虑，有利于身心发展，可以促进人积极向上。但是过度的焦

虑不利于身心发展，容易使一些大学毕业生出现紧张烦躁的情绪，整日心神不宁、意志消沉；严重者甚至发展成为心理疾病，表现出注意力涣散、心悸、失眠、头疼等躯体性症状。焦虑心理不仅干扰了大学毕业生正常的生活，还影响以后的发展。

2. 抑郁心理

在就业择业的过程中，很多大学生会因为经常性的失败而产生抑郁心理，觉得自己不能掌控自己，对未来无从下手，因而失去了信心，表现在意志消沉、情绪低落、不求上进。这些大学生不再努力寻找机会，而是消极怠工，听天由命，持一种无所谓的态度，严重时可能会发展为抑郁症。

3. 妒忌心理

在就业择业过程中，一部分大学生会因为别人比自己提前找到工作，或者自己找到的工作不如别人找到的好而产生妒忌心理。妒忌心理会使自己的人际关系受到影响，会使自己不自觉地疏远朋友和同学，最终会影响自己的求职成功。

4. 挫折心理

挫折心理是一种消极的心理状态，求职者在求职行动受到阻碍时不能突破，就会产生一种紧张心理和情绪反应。作为应届毕业生，因为久居"象牙塔"之内，对社会不是很了解，对求职情况估计不足。有部分大学生在求职前信心百倍，一旦在现实中屡屡碰壁，就会产生挫折心理，对自己全盘否定，对未来失去信心。

(二) 认知心理障碍

1. 自负心理

与自卑心理相反的一种心理就是自负心理。部分大学生，常以"天之骄子"自居，认为自己能力很强，专业很热门，学校牌子很响，应该有一个很好的职位在等着自己。于是，在自己求职过程中就会很挑剔，好高骛远，不切实际，不愿意吃苦，一定要去大城市里的好单位。结果往往错失了一些很好的就业机会，到头来什么也得不到。

自负心理的人首先会给用人单位带来不良印象，目中无人的人本就不受欢迎，更不要说录用了。毕业生自负、孤傲是一种不成熟的表现。其实，仅有的四年大学学习的知识很难真正适应社会，学习和实践是相辅相成的，学会了知识并不代表着会应用知识。更何况现实生活中很多问题在书本中是找不到答案的，必须通过日复一日的实践积累经验。因此，大学生在就业择业的过程中必须摆正心态，不能自以为是、目中无人、孤芳自赏。否则，只能到处碰壁，无法实现自己的理想。

2. 自卑心理

在就业择业过程中，也有些大学生不能客观实际地分析自己，认为自己的学历太低、成绩不突出、能力不强、外貌不出众、求职竞争力比较弱等，这样容易产生自卑心理。从而对自己失去信心，怀疑自己的竞争实力，不敢向用人单位大力推荐自己，导致本来适合自己的工作也会错过。他们看不到机会与希望，更不愿意去憧憬未来。

性格内向的同学很有可能会产生自卑心理。这一类人大多都比较敏感，喜欢和别人比较，总会得出自己比别人差的结论；这一类人经常漠视世界，很畏惧外界环境的刺激。既不主动与外界接触，又害怕大胆尝试，当看到别人在就业择业中得心应手时就很容易自惭形秽。

3. 依附心理

依附是大学生不成熟的表现，缺少独立思考的习惯，事事都要依附别人。在就业择业的过程中，如果有太多的依附心理，就会被动准备就业。他们不敢面对就业择业的激烈竞争，希望别人帮助自己就业择业。一部分毕业生认为自己既不是优秀的学生，又没有关系，一切只能听天由命；一部分毕业生觉得自己有关系可以找，便不太担心就业择业的事情，觉得可以全由他人操心。前者选择放弃竞争，一切听天由命。后者选择将命运交给他人，希望别人帮自己找到好的工作。这两种想法都是不正确的。

（三）交流心理障碍

1. 冷漠心理

不少大学生在求职过程中一遇到挫折，就会出现情绪低迷、悲观失望、麻木等反应。他们对自己失去了信心，觉得自己对一切事物都是无能为力，也不想再去争取什么机会。因而既不与他人交流思想感情，又对什么事情都采取冷淡漠然的消极态度。

2. 怯懦心理

怯懦的人害怕面对困难与冲突，害怕自己丢面子。有的大学生在面试时，生怕自己说错一句话，变得谨小慎微，甚至紧张得手脚不知道放哪里好，语无伦次。这种胆小害怕的心理使得你既不能充分展现自己的才能，又错失工作机会，从而对自己悲观失望，从内心否定自我，严重影响了自己的求职自信心。

（四）社会心理障碍

1. 攀比心理

攀比心理是大学生在就业择业的过程中常产生的不良心理。各方面条件都差不多的人群中常会有攀比产生，这类人会认为自己和别人的条件不相上下，在各种选择中不应该与他人产生太大的差距。所以一旦有人超过自己，就会想尽办法去追逐赶超，以求心理上的平衡。如果没办法追上对方就会产生失望、沮丧的心理，甚至产生嫉妒心理并报复对方。

2. 从众心理

从众是指个人受到外界群体的影响，在认识、判断、知觉上与大多数人或者公众舆论相符的行为方式，大多都缺少独立分析、独立思考。不分青红皂白，只知道随波逐流、服从大多数是消极的"盲目从众心理"，是不正确的。在就业择业的过程中，很多大学生不考虑自身的能力、兴趣爱好和自身特点，不从自身实际出发，一味追求热门行业、大城市、大公司等。在从众心理的影响下，一些毕业生自己限制了自己，使本来就竞争激烈的求职之路，变成了独木桥。

第三节　当代大学生就业择业心理调适要领

在就业择业的过程中，大学生难免会遇见一些挫折、困难和冲突，产生的各种心理问题既不助于个人的身心健康发展，也不助于就业择业。心理调适的意义在于当大学生在就业择业中遇见困难、挫折时，可以客观合理地分析事物，帮助自己解决心理问题。当调节好自己的情绪后，以一种持久稳定且积极健康的心态面对就业择业，发挥自身优势，做到人尽其才，才尽其用。

一、心理调适的重要性

对立统一规律作为宇宙的根本规律,同时也是心理变化发展的一般规律。人的心理活动总经历着不平衡—平衡—新的不平衡—新的平衡的螺旋式发展过程。人的根本特点是能够自我控制和调节,通过不断优化自己的心境,用最优方式达成自己的目标。

大学生要充分认识到,人生经历是不断变化发展的,人对环境的适应力也是不断进步的。在人生的某一个阶段,随着环境的不断变化,社会对人有了更高的要求。也正因如此,很多人适应不过来。在这个时候,只有个人主动改变环境或者适应环境,达到人与环境的和谐共处,才能顺利进入人生的新阶段。反之,如果个人不去主动做出改变,达不到人与环境的和谐,就很难渡过难关。当在人生的进程中遇见更大的障碍时,就会止步不前。停滞的时间越长,适应环境的难度就越大,这不仅会影响当下的处境,而且会影响终身发展;这不仅会影响就业择业的成功,而且会造成身心问题。

临近毕业,大学生会主动去思考自己有什么样的职业可以从事,有哪些选择和机会,可以创造多少可能性;与此同时,会想办法认识自己、调节自己,从而以最佳状态做出最好的选择并快速适应角色的转变。前者是关于社会就业环境的思考,是不以人的个人意志为转移的。后者是个人心理思考,是可以通过个人努力而改变的。因此,心理调适最积极有效的途径是了解环境、调节自己、打开心理出路。

人们在日常生活中有这样的通病:在实现人生目标时经常会忽略分析可控因素,而是把重心放在掌握不可控因素上。在就业择业的过程中,很多大学生也会有这样的通病。

自我心理调适,是指个人根据自身发展、环境需要等多方面因素调节心理,以求全方面挖掘个人潜能,保持心理平衡、排除心理干扰。大学生如果能掌握自我心理调适,就能在就业择业的过程中,尽可能地减少受挫创伤,快速重拾信心。通过自我心理调节和控制情绪来妥善解决遇到的挫折、困难和心理冲突,并以理想的状态、合适的方式实现自己人生目标。因此,大学生应该认识到积极的心理调适在就业择业过程中的重要性,及时调整心理状态,提高抗压能力,及时解决矛盾与冲突,促进身心健康发展，实现顺利就业。

二、当代大学生就业择业心理调适要领

（一）心理调适的一般途径

1. 充满自信

了解自己远比了解别人要难得多。大学生应该充分认识自己，把客观条件与主观意愿相结合，增强自信心。在就业择业的过程中，一部分大学生因为害羞而不善于表现自己，给对方的感觉是缺乏能力、唯唯诺诺，很难得到表现自己才华的机会。所以，大学生在激烈的人才竞争面前要抛开自卑心理，树立自信心理。

充满自信，就是要在平时改变不良的人格品质，培养优秀的人格品质，树立自信心，用自强不息、自信乐观、开拓创新等优良品质来适应社会的发展。在就业择业的过程中，即便遇到困难与挫折也不必退缩害怕，要对自己有信心，及时调整不良心理；正视现实，展望未来，始终相信前途是光明的，未来是美好的；只要自己努力就一定能实现自己的理想，成功就业。大学生应该要有理想、有抱负，更应该心怀祖国，到祖国最需要的地方去，在实现中华民族的伟大复兴中放飞青春梦想，成就未来。

2. 正确对待挫折

不同的人面对挫折的表现也不同。心理不健康的人，看见困难就会退缩放弃，更有甚者出现精神失常、狂躁不安；心理健康的人，看见困难不害怕，越挫越勇、永不言败。在就业择业的过程中，大学生要培养积极心理，面对挫折的时候做到心中有数，冷静分析问题，充分考虑主观和客观条件，积极寻求解决问题的办法。现实生活中有的大学生一遇到求职失败的经历就失去信心、怀疑自己，这是一种不正确的心理表现。求职失败只意味着这一次机会没有把握好，并不意味着将来的机会都会与自己擦肩而过。所以，我们在遇见困难的时候，不要知难而退，要勇敢地面对困难与挑战，永不言败、顽强拼搏。通往成功的路不可能一帆风顺，你如果向挫折投降只会半途而废，永远无法成功；你如果向挫折发起挑战，百炼成钢，总会有成功登顶的一天。因此，我们要正确面对挫折，要学会正视困难，增强自信心，客观分析自我，制定合理的目标，主动改变现状，创造新

局面。

3. 正视社会现实

正视社会现实是大学生在就业择业的过程中必备的一种健康心理。具有消极心态的人表现为逃避、脱离社会，具有积极心态的人表现为适应、正视社会。当前社会发展的总趋势是知识经济时代愈加明显，有知识有学位的人越来越受到社会的尊重。与此同时，随着国家劳动人事制度的改革和大学生就业择业制度的深化，社会为大学生就业择业提供了更多的可能性。这就意味着在将来大学生就业的机会、展现自我的平台会更多。当然我国当前的生产力还有待提高，必须在深化供给侧结构性改革的过程中平衡供需形势、调节教育结构。因此，你只有正视社会现实，才能明白在当前就业择业的过程中，不可能让每一位大学生都找到满意的工作。

4. 培养独立意识

社会不会像学校一样，把大学毕业生当做不太成熟的青年或者学生，社会要求大学毕业生对自己的言行举止全权负责，所以大学生在大学期间要自觉培养独立意识。第一，大学生要培养独立生活的能力。从身边小事开始，有意识地培养独立分析、处理问题的能力；学习一些基本的生活小技巧，并且逐渐减少对家庭的依赖，学会独立生活。第二，大学生要自觉培养独立解决生活、学习、工作中遇到困难的能力。这就要求大学生改变等待别人安排和指导的习惯，积极发挥创造性，主动安排时间，适应和改变环境。第三，大学生要在心理和思想上学会独立。在心理上，大学生应该自觉培养自信心；在思想上，大学生要学会正视自己、相信自己，无论成功还是失败，无论身处顺境还是逆境，都做到自尊、自信、自爱、自强，始终保持积极乐观的良好心态。

(二) 心理调适要领

在就业择业过程中，大学生需要对自己进行心理调适来增强心理素质，保持乐观自信的情绪，自觉调整不平衡心理。以下是几种常见的心理调适方法，供参考。

1. 注意力转移法

注意力转移法，是指产生消极情绪时把注意力转移到积极情绪上。当产生不良情绪时，可以通过注意力转移的方法来缓解，一般方法是通过寻找一个新的刺激点来冲淡旧的刺激点。比如：参加体育运动、听音乐、看电影、参加感兴趣的活动等，让自己忙起来没时间沉浸在负面情绪中，从而达到情绪和心理的平衡。

2. 自我激励法

自我激励法，是指用榜样的事迹、生活中的哲理、睿智的思想来鼓励自己，改变不良情绪，保持良好的心态和情绪。失败和挫折已经成为过去式，是我们无法改变的，我们能做的就是勇敢乐观地面对以后的挑战，尽可能地化不可意料为意料之中。大学生在就业择业的过程中遇到受挫的事情或者意外情况时，尽量调节急躁、难过、冲动的不良情绪，鼓励自己沉着冷静、思考分析、想出对策；要相信自己的能力，并通过自我鼓励来消除自卑感，增强自信心，保持良好的心态和情绪。

3. 合理情绪疗法

合理情绪疗法，是指用合理的思维方式疗愈不良情绪的影响，减少不正确的认知、非理性信念造成的情绪困扰。在就业择业的过程中，有一部分大学生一遇到困境就怨天怨地，会把原因归咎于客观条件上，而很少在自己身上找问题。认为"社会提供的机会太少了""社会对大学生的要求太高了"，而很少思考"我为就业择业做好准备了吗？""我适应了社会的发展了吗？"正是因为这些错误的认知导致他们产生消极情绪。人们如果能认识到这些由自己产生的消极情绪，并及时改变不良观念，调节认知意识，就有可能克服不良情绪。大学生在进行合理情绪疗法时要注意以下三点：第一，要意识到不良情绪是由自己的不理性信念产生的，而不是外界因素产生的；第二，要意识到自己处在情绪困扰中，主要原因是自己还处在过去的不理性信念中无法自拔；第三，消除情绪困扰的最好方法是改变自己的不理性信念。

4. 自我安慰法

自我安慰法，也叫做自我慰藉法，强调自我忍耐。在就业择业的过程中，大学生不可避免会遇到挫折，如果全力以赴还是无法改变困局，我们可以通过适当的自我安慰来缓解抑郁、消极、焦虑的情绪。这样不仅有利于平衡心理，而且有利于缓解困局。"塞翁失马，焉知非福"的话语也不是没有道理的，我们可以用这样的话来鼓励自己，缓解压力。

5. 松弛训练法

松弛训练法，也叫做放松训练法，这种方法通过有意识地训练控制自己的身心活动，降低激素水平，缓解焦虑情绪，调节机体紊乱功能。松弛训练法的方法有很多，比如深呼吸、放松肌肉、释放思想，以及注意自己的呼吸和心跳等等。让当事人感受紧张和放松状态，在这两种状态中任意切换、区分差异。比如渐进性放松法，简单来说就是在一个安静的环境，以一个舒服的坐姿，按照规定的指示对全身进行肌肉松紧训练，每次肌肉收缩 7 秒左右，放松 35 秒左右。在反复的训练中，感受放松和紧张，从而缓解压力。大学生在面试时也可以用松弛训练法缓解压力。

6. 适度宣泄法

在矛盾冲突中产生不良情绪时，适当的宣泄和及时的调整有利于缓解和改善压抑情绪。宣泄的方式有很多，你可以向朋友、同学、老师倾诉烦恼，他人的理解、支持、帮助有利于增强自己的抗压能力，得到情绪疏导；你也可以通过跑步、打球、游泳等高消耗的运动，淡化消极心理的影响，达到心理平衡。同时，在宣泄情绪的时候要注意场合、时间、地点、氛围、身份。

总的来说，在就业择业中，大学生应立足自身努力，保持一种良好的心态，提高自我调适的自觉性。同时，家庭、学校、社会各方面也要给予积极的引导和更多的关怀，引导学生敢于面对困难，解决心理问题，缓解过多的心理压力，以便更好地适应就业择业，顺利实现从大学生到工作者之间角色的转变，成功就业。

第五章 就业步骤与缓就业政策

第一节 大学生就业相关资料的填写要求

一、就业推荐表填写要求

高校毕业生就业推荐表（以下简称"推荐表"）是学校对大学毕业生在校期间各方面的概述，是给用人单位录用毕业生的参考。为此，必须要求大学毕业生认真填写推荐表、不能弄虚作假，学校相关部门及人员必须加以指导并把好关。

1. 填写前要认真阅读推荐表扉页的"说明"，推荐表材料必须用黑色（蓝黑色）钢笔或签字笔如实填写，字迹工整，表面清晰。

2. 推荐表材料的相片一般用一寸的免冠照片，也可以用电子照片。

3. 表内内容要尽可能翔实，特别在自我评价中的德、智、体等各方面内容要客观，既要展现优势，又要正视自己不足之处。

4. "求职意向"需由毕业生据实填写。

5. "院系意见"一栏由学校各院系负责人填写（或由院系负责人指定相关人员填写），并加盖院系公章。

6. 院系盖好公章后，各院以班或以系为单位统一到学校就业指导中心或就业服务部门加盖"同意推荐"章及学校公章，并注意填写落款日期。

二、毕业生登记表填写要求

高校毕业生登记表（以下简称"登记表"）是各类学历教育毕业生在校表现的汇总，也是毕业生档案中一份重要材料，本着对毕业生负责的态度，相关负责人必须指导毕业生认真填写，确保登记表质量，具体要求如下：

1. 填写前要认真阅读推荐表扉页的"说明"，推荐表材料必须用用黑色（蓝黑色）钢笔或签字笔如实填写，字迹工整，表面清晰。

2. 登记表材料的相片一般用一寸的免冠照片。

3. "自我鉴定"内容要翔实，特别在自我评价中的德、智、体等各方面内容要客观，既要展现优势，又要正视不足。

4. "班组鉴定"由班主任或辅导员牵头，组织班委填写。填前最好要预先起稿，各班主任或辅导员必须把好质量关，既要客观反映毕业生在校期间德、智、体方面的优势，又要正视其不足之处。

5. "院系意见"一栏由学校各院系负责人填写（或由院系负责人指定相关人员填写），内容是核实毕业生填写内容是否属实，并根据班组鉴定意见综合概括。并加盖院系公章。

6. "学校意见"由学校毕业生就业指导中心送学校统一加盖学校公章。

7. 在填写过程中，如不符合某些栏目内容的，一律填写"无"。

三、就业协议书及注意事项

（一）就业协议书

1. 就业协议书的含义

全国普通高等学校毕业生就业协议书，简称"就业协议书"，俗称"三方协议"，是由教育部统一制定，各省市（自治区）教育主管部门印制，约定毕业生、用人单位和学校在就业工作中的权利和义务。

根据相关规定，毕业生和用人单位在达成就业意向后，应签订三方就业协议书，用人单位、毕业生各一份，学校、院系各留一份。就业协议书既是毕业生派遣的依据，也是高校掌握毕业生就业动态的凭证。

2. 就业协议书的主要内容

（1）高校毕业生大致情况及意见；（2）用人单位的大致情况及意见；

（3）学校意见；（4）备注。

3. 就业协议书的作用

（1）就业协议书是毕业生与用人单位达成协议的书面材料，既可以保护毕业生的权益，又可以维护用人单位的利益。

（2）协议书可以约定毕业生在规定的时间内到用人单位报到，以便用人单位提前做好接收工作。

（3）协议书也是国家、社会、高校了解毕业生就业动态的依据。

（4）就业协议书的性质

就业协议书在法律上说，一旦签订就具有法律效力，各方必须按照达成的协议履行权利和义务。

（二）签订就业协议书的程序

1. 毕业生和用人单位达成初步协议并在协议书上签名盖章。

2. 用人单位须经其主管部门同意。

3. 必要情况下，用人单位或毕业生将就业协议书在约定时间内送到学校就业工作部门或就业服务中心，由就业工作部门或就业服务中心签署意见并加盖公章，再向省就业指导中心上报派遣计划。

4. 未尽事宜可在协议书"备注"内容中加以补充确定。

5. 将就业协议书分为四份，毕业生、用人单位各留一份，学校留两份。

（三）签订就业协议时应注意的问题

就业协议书明确三方的权利和义务，涉及作为弱势群体毕业生的切身利益，因此，毕业生在签约协议书时应高度注意：

1. 查明用人单位的基本情况，是否真正有用人计划。

2. 按规定的程序签订协议。

有些毕业生为图方便，不按程序签字，往往酿成大错，为了保护毕业生的切实利益，签订协议书的程序应由学校做最后把关。

3. 明确协议的相关条款。

毕业生在签订协议条款时应尽量采用示范条款。如有条款需要变更的，条款必须明确，不要产生歧义，否则如因事先约定不明确而发生争议，毕业生自身合法权益难以得到保护。

毕业生在签订就业协议时，应尽可能在就业协议的条款中体现劳动合同的主要内容，如在条款中明确工作的岗位、内容、期限、薪酬、福利及双方违约责任等，而不是口头约定，以免日后产生劳动纠纷。

4. 约定解除条件。

毕业生一旦和用人单位签订就业协议，双方就应自觉遵守，不得随意变更或解除，否则都属于违约行为。如果一方想解除协议，就应该承担违约责任。为此双方可在协议中对解除协议做好约定。若毕业生因各种原因需要解除协议的，可按要求来，避免产生经济损失或其他争议。

第二节 大学毕业生就业步骤

依据《普通高校毕业生就业工作暂行规定》的相关规定，大学毕业生就业工作一般由国家、省级教育主管部门、高校统一部署，高校毕业生的就业工作一般从他们在校的最后一学年开始。

一、高校毕业生就业管理部门的一般程序

目前，高校毕业生就业工作采取"分级管理、各负其责"的管理办法。高校毕业生的就业管理机构主要由教育部、省级教育主管部门、高校三部分组成。高校就业指导服务中心是指导大学毕业生就业工作的主要管理和服务部门。全国高等学校的毕业生就业工作程序和时间由教育部统一部署，各部委和地方按照统一部署具体指导所属院校毕业生的就业工作。其工作程序如下：

（一）制定政策

一般在当年毕业生就业工作基本结束后，教育部会根据年度国民经济发展和国家重点建设情况的调查研究结果，制定相应的政策，以此确定来年的就业工作安排；各省、直辖市、自治区按照文件精神制定出本省、地区高校毕业生就业工作的意见；各高校根据国家、省及学校主管部门就业文件要求，结合本校以前就业情况及本届毕业生实际情况，确定本校的就业工作细则，开展毕业生就业工作的宣传指导。这项工作通常在每年年底

前完成。

（二）资源统计

毕业生资源统计工作一般在每年的 9 月份开始进行。内容包括毕业生姓名、性别、民族、专业、政治面貌、籍贯、培养类别等。资源统计是一项非常重要的工作，不能弄虚作假。各高校要对毕业生认真进行资格审查，确保毕业生材料准确无误。

（三）就业指导

虽然就业指导已贯穿到大学生学习的全过程，但大一、大二的就业指导主要内容是就业素质教育和职业生涯指导。各高校对应届毕业生进行的就业指导，主要从就业者心理、就业市场、简历制作、面试技巧、三方就业协议书填写、合同签订等全方面进行科学的指导。帮助大学生找到合适、理想的单位，选择最能发挥自己才能的职业，全面、迅速、有效地与工作岗位结合，实现自己的人生价值和社会价值。

（四）供需见面和双向选择

毕业生就业计划的重要方式有供需见面和双向选择活动。各地区和各高校的就业管理部门在每年下半年至下一年的暑假前，会通过多种形式让毕业生就业市场得到拓展，为毕业生提供就业机会。毕业生也可以通过参加各地组织的"双向选择"洽谈会来选择就业单位。经供需见面和双向选择后，毕业生与用人单位初步达成就业意向，签订就业协议。

（五）毕业生资格审查

每年毕业生资格审查一般在 6 月下旬进行，学校成立毕业生资格审查小组，主要从德、智、体三方面审查毕业生是否符合毕业条件，对于不符合学校学籍管理有关毕业条款的，给予结业处理。结业生必须以结业生身份联系就业单位，签订结业生《就业协议书》。原来以毕业生身份联系落实就业单位的结业生，即使已列入就业建议计划的，也必须重新签约。

（六）毕业生派遣

毕业生派遣是指教育主管部门根据毕业生与用人单位达成的意向，并通过毕业生毕业高校下达的就业派遣。学校派遣毕业生的时间一般在每年的 5 月，派遣毕业生统一使用全国普通高等学校本专科毕业生就业报到证。

（七）就业工作总结

高校毕业生就业后，各省就业主管部门会对当年毕业生就业情况（一次性就业率、好就业专业排行、就业单位性质及地区等）进行统计、分析，并提出建议，并报上级主管部门。为下一年度的毕业生就业工作提供参考。

大学生毕业就业，基本都是按照以上就业管理、指导机构的部署和安排而进行的。按照目前国家的就业政策，对于那些在毕业前未找到工作的毕业生，其档案、户口可在毕业后由学校代管两年，两年内找到工作单位，学校仍有责任为其办理派遣报到手续。

二、用人单位招聘环节

通常包括确定用人需求、制定招聘方案、发布招聘信息、收集求职简历、筛选候选人、签约与毕业生接收等一系列环节。

（一）确定用人需求

确定公司用人需求是所有招聘工作的第一个阶段。在这个阶段，一般是具体的业务部门根据部门工作量和事业发展情况，确定部门用人的数量及岗位需求，拟定工作说明、工作规程，制定人员预算，把缺少的人数及岗位情况报给人力资源管理部门，由人力资源管理部门会同业务部门根据实际情况决定是否招聘，为下一阶段的工作准备条件。

（二）制定招聘方案

在招聘需求获批以后，人力资源管理部门确定招聘方式。招聘方式一般有企业内部招聘、校园定向招聘、专场招聘、猎头招聘、媒体广告招聘及网络招聘等。对于大学毕业生，用人单位一般采取校园定向招聘、专场招聘和网上招聘。通过多种招聘方式的同步来搜寻那些不可多得的将帅之才。

（三）发布招聘信息

用人单位发布信息的渠道包括：公司网站、大型人才招聘站点、各地高校毕业生就业信息网站、招聘会，以及电视、报纸、杂志等媒体。也有的大公司有针对性地在部分高校进行校园招聘宣讲。

（四）收集求职简历

用人单位在发布招聘信息的同时，会让求职者在规定的时间内将个人简历提交至规定邮箱。大部分企业是收电子简历，但在线下招聘会等特定情况下一般收取纸质简历。

（五）筛选候选人

人力资源管理部门对申请人的基本情况进行初步筛选，然后根据报名与需求情况确定下一步筛选流程，一般都采用面试或笔试的方式，很多单位两种都用，甚至反复好几次。

（六）签约与毕业生接收

用人单位经过各项考核后，会电话通知毕业生在规定的时间地点去签订就业协议。毕业生在拿到毕业证后即可去报到，报到后签订劳动合同即完成正式接收。

三、毕业生就业步骤

一个完整的就业过程指从大学生与用人单位达成初步就业意向后签订就业协议书，去用人单位报到并将档案人事关系迁到单位或者单位委托的人才服务中心的整个过程。具体而言，包括收集就业信息、确定就业目标、准备求职材料、参加各种招聘、签订就业协议、去用人单位报到等。

（一）收集就业信息，确定就业目标

就业的第一步就是要搜集就业信息，可以通过各种招聘、老师推荐、已经毕业的师兄师姐引荐、亲朋好友介绍及中介机构获得这些信息。根据就业信息，确定自己最理想的就业意向和目标。

（二）整理求职材料，搜寻招聘信息

确定了就业意向和目标后就可以有的放矢，制作精美的求职简历，尽可能把各种获奖证书及社会实践进行分类整理，打造优秀求职材料。制作求职材料时可以向领导、老师、人力资源老总请教，并根据他们的建议修改完善。

准备求职材料的同时，关注学校就业信息网、本地区高校毕业生就业网，参加学校举办的招聘会，利用各种社会关系搜集目标招聘信息。有合适的单位就及时投递求职材料，主动与用人单位联系，争取获得面试或笔试的机会。

（三）充分发挥优势，竞聘就业岗位

这个阶段是求职的核心阶段。毕业生要充分调动自身能力，展现自己的特长和优势，来参加用人单位可能设计的各种面试、综合知识测试、心理测试、技能测试等。毕业生可以先全面了解用人单位的企业文化、发展历程及规划、内部运行机制、用人理念等，在面试时才能应付自如。

（四）依次填写盖章，签订就业协议

通过用人单位的种种考核，被通知正式录用后，毕业生就要和用人单位签订就业协议书。就业协议书是毕业生、学校和用人单位三方签订的，明确规定了三方的责任、权利与义务。协议书一经签署，立即生效，不得随意更改。任何一方都不能做与协议书内容相违背的事，否则就是违反协议，要承担相应的责任。

有部分毕业生的招聘录用已确认，但与用人单位签订就业协议书后认为该单位不够理想，而自己的工作已有了保障，又去与其他单位联系，这样的做法是不妥的。这样做会给用人单位和自己都带来不利的影响，用人单位会因此浪费用人指标，而自己也会因为出尔反尔被其他用人单位认为不讲信誉而被拒绝。

（五）办理毕业离校手续，迁移户档关系

离校手续的办理是毕业生离开学校前必须完成的一个环节。一般在领取毕业证和学位证后，为了确保自己顺利毕业，文明离校，大学毕业生需按照各校的相关要求，认真做好毕业生鉴定工作，如实填写毕业生登记表，办理档案、户口和党团组织关系的转移手续等。

四、人事代理制度

（一）人事代理、人事代理机构

1. 人事代理的含义

人事代理是由政府人事部门根据国家人事相关法律法规和政策，在尊重单位用人自主权和个人择业自主权的基础上，由政府人事部门所属人才交流服务中心或人才市场作为人事综合代管服务部门，直接对各类企事业单位及其聘用人员进行人事社会化管理和服务的新型人事管理制度。

2. 人事代理机构

省人才交流中心是省级人事代理机构，各市人才代理机构或中心需由政府人事部门批准才行。

（二）人事代理的服务对象

1. 用人单位

国有和各类非国有企事业单位，社会公益事业组织以及其他无主管部门的单位。

2. 个人

各类要求人事代理的包括大中专毕业生、企事业单位的管理人员和专业技术人员、转业军官及干部，以及经政府人事部门所属人才服务机构认可的其他人员。

（三）人事代理的服务内容

1. 提供人事、政策咨询，协助制定人事方案、举行人才招聘、选人用人等事宜。

2. 接转和管理大学毕业生、各类专业技术人员的人事关系和人事档案。在管理服务期间，按规定保留原身份，计算工龄、调整档案工资，组织年度考核、审查接收归档材料。

3. 按照相关规定，可以帮助受托人员进行初、中级专业技术职务评审或申报。

4. 为受托人员提供就业政策咨询，办理毕业生就业相关手续以及档案接收，转正定级，评定职称等事宜；为暂无落实接收单位或准备报考研究生的高校毕业生保管人事档案，办理毕业生及其他有关人员的城市户口挂靠手续。

5. 帮助办理聘用合同见证，协调用人单位与聘用人员之间的一些分歧。

6. 协助办理存档人员的就业、医疗、社会养老等保险事宜。

7. 办理因公、因私出国（境）政审。

8. 接转的管理人事代理人员中的中共党员的组织关系。

9. 根据人事代理人员的要求，按照相关规定出具婚姻、计划生育、报考研究生以及以档案材料为依据的其他证明。

10. 根据人事代理单位需要，组织出国考察和交流，开展岗位及专业技能培训。

11. 对失业人员提供就业服务。

12. 依据有关政策和规定办理其他相关事宜。

（四）人事代理的程序

1. 用人单位的人事代理程序。

用人单位只有办理了人事代理手续，才能作为人事代理单位，享受接收毕业生、引进人才、申报职称、参加社会保险等一系列服务。

2. 毕业生的人事代理程序。

（五）人事代理办理手续

1. 单位办理委托人事代理，须向当地人才服务中心或人才流动机构提交下列材料：

（1）委托人事代理申请书；

（2）企业营业执照（副本）复印件、企业章程复印件；

（3）事业单位成立的批件复印件；

（4）委托代理人员的履历表、身份证和毕业证复印件；

（5）代理项目相关的材料。

2. 个人办理委托人事代理，根据各自情况的不同，须向当地人才服务中心或人才流动机构分别提交下列有关材料：

（1）申请到外地工作的人员，须提交委托人事代理申请、身份证和毕业证复印件、聘用合同复印件、单位聘用证明材料（证明其单位性质、单位主管部门、单位业务范围）等。

（2）辞职、解聘人员尚未落实单位的，须向人才服务中心或代理机构提交委托人代理申请、毕业证和身份证复印件及辞职、解聘证明等材料。

（3）自费出国留学人员，须向人才服务中心或代理机构提交委托人事代理申请，原单位同意由人才流动机构保存人事关系的函件、出国留学相关材料等。

3. 凡需要办理毕业生人事代理的单位均需按照其委托代理的县以上人才流动机构的要求填报毕业生需求信息，由人才流动机构统一向毕业生就业主管部门申报，经核准的需求信息即作为该单位的需求计划。

4. 委托代理单位经"双向选择"将已接收的毕业生情况（推荐表原

件）报当地人才流动机构，经批准后，委托代理单位可与毕业生、学校签订统一规定的就业协议书，并纳入省毕业生调配计划。

5. 毕业生凭调配部门签发的报到证等有关材料办理报到和户口关系迁移手续。

6. 对尚未落实单位的毕业生和要求自谋职业的毕业生，可以向生源所在地县以上人才流动机构申请办理人事代理。

五、毕业生如何就业

改革开放以来，我国经济体制和政治体制都发生了深刻变化，随着毕业生就业制度的改革，毕业生就业的途径越来越多，求职的范围也越来越宽。如何借助各种有效途径去获取最新的就业信息，是毕业生能否抓住就业机遇的关键。毕业生只有了解了各种就业途径的特点，且高效地加以利用，才能保证择业的顺利成功。毕业生的就业途径主要有以下几种：

（一）参加人才招聘会

参加人才招聘会是应届大学毕业生接触社会，收集就业信息，成功就业的最主要途径。根据主办方的不同，招聘会可简单划分为由地方政府职能部门、人才市场举办的定期或不定期的人才招聘会及高校举办的校园招聘会。

1. 大型人才招聘会

大型人才招聘会一般由地方政府职能部门组织。如北京、上海、广州等一线城市，人才市场常年举行大型人才招聘会，由于大城市用人单位比较多，需求信息、提供的就业机会也较多。因此，对于毕业生来说，参加大型人才招聘会选择机会更加多，更加容易找到专业对口的需求单位。对于招聘单位来说，大型招聘会为他们找到合适人才节约了时间和金钱成本，提高了效率。

2. 校园人才招聘会

校园招聘会是由各校毕业生就业部门集中邀请相关的用人单位来校直接与应届毕业生见面，通过双方的直接沟通洽谈与双向选择，实现毕业生求职择业和用人单位选纳人才的目的，是大学毕业生就业最为简便的途径。根据集中程度，可分为大型校园供需见面会和小型专场招聘会。校园供需见面会一般规模较大，用人单位来自各地，招聘的岗位也各异，选择性更强；小型专场招聘会也就是招聘企业只有一个，招聘的岗位都是这个企业的。一般用人单位直接赴高校的院系进行招聘。

(二) 网络求职

网络求职是一种新兴的也是一种日益重要的求职途径，它是借助互联网进行的求职方法。求职者通过互联网获取信息，进而与用人单位联系获得面试和实习就业的机会。网络求职主要依托各级政府建立的人才网站，为用人单位和求职者提供了"近距离"的交流平台。这种求职模式不受时间、空间的限制，不用有专门的场地，避免了人群大范围的集中。毕业生们既可以在网上搜询求职信息、发送简历，还可以建立自己的求职网站博客等。目前，网络求职比较受毕业生的喜欢，因为它的信息量大、选择面广，其形式主要有以下几种：

1. 借助专业招聘网站

应届毕业生可通过专业招聘网站发布个人求职信息，也可以搜集企业招聘信息，投递简历，争取面试机会。这种专业招聘网站可分为全国性平台（如51job、中华英才网等）和地方性平台（如河南人才网、郑州人才网等）。一般而言，全国性网站实力较强，信息量大，平台使用方便。而地区性网站以地区化作为自己主要优势，本地企业前来招聘的较多，吸引众多本地区求职者求职。目前很多用人单位借助这种途径招聘人才。

2. 借助大型行业网站

如软件英才网（http://soft.job1001.com）是中国软件行业人才求职、企业招聘的首选网站；http://www.diaosujob.com 是目前全国最专业的雕塑行业人才招聘网。这些行业网站都是比较倾向相应专业的专业化平台，用人单位发布的招聘信息量比较多。因此，毕业生可以根据专业进入行业网站求职会有更多机会。

3. 企业网站

大部分知名企业的网站都建设得比较好，栏目丰富，且有独立的人事招聘专区。在招聘专区中，会公布一些企业的岗位需求、联系方式等，对岗位职责及岗位要求都描述得比较详细。因此，如求职者对知名企业感兴趣，可以进入其企业网站查询。

4. 校园 BBS

目前，大多数高校都有校园 BBS，校园 BBS 也会有一些招聘信息发布，对于高校即将毕业的大学生来说，除了上招聘网站查看招聘信息外，还可以上校园 BBS 查看招聘信息。

5. 建立个人主页

大学毕业生可以在互联网上建立个人主页，内容可以包括求职信、个人简历、获奖情况、社会实践经验以及各项成果等。应该图文并茂，充分突出自身优点，吸引用人单位的目光。

（三）职业介绍机构求职

为了适应毕业生就业需求，县级及以上政府都有专门的毕业生就业指导机构。这些机构为毕业生和用人单位提供各自的供求信息，通过各种形式为毕业生提供各种可靠的就业信息，为毕业生就业提供各种咨询和服务。

虽然有部分毕业生在职介机构找到了满意的工作，但也有部分毕业生在求职时太着急，对职介机构认识不到位，碰到黑心中介。这类黑心中介和招聘单位相互勾结，狼狈为奸，一同骗取学生钱财。在此提醒那些去职介机构求职的毕业生们，不要急于求成，在求职时一定要选择正规、合法的职介机构。

（四）用电话、电子邮件求职

除了以上几种就业途径外，毕业生还可以通过电话或者电子邮件咨询自己喜欢的用人单位获取就业信息。这一方式要求毕业生有一种毛遂自荐的意识，能事先对某些单位的需求情况有一定的预测。这样既可节省时间，又能尽快得到确切信息，还可以在得到相关信息后进行实地考察，对单位的地理环境等外部条件有清晰的认识，待决策时参考。这种渠道盲目性大、成功率非常低。但是，偶然也有成功的可能。

（五）通过实习来求职

社会实践是大学生自己找到就业的一条途径。在大学学习期间，高校学生可利用节假日多参加社会实践活动，以此来收集就业信息和积累工作经验，为求职增加筹码。在参加社会实践的过程当中，大学生通过自己的努力获得用人单位的好感、信任，以此获得就业机会的也不在少数。因此，大学生在参加各种社会实践活动中，既能提前熟悉社会、培养自身能力，同时也可以收集一些就业信息。

同时，毕业生实习是大学生进入社会的前奏曲，毕业生必须珍惜，这是难得的实习经历。通过实习，一方面使用人单位对你的工作能力等有个大致了解，另一方面使你对社会工作有更感性的认知。如果你想向单位证明你是一个有价值的职员，那么在实习过程中充分展露你的才华、能力与敬业精神，将会为你成功进入该公司打下良好的基础。

（六）运用人际关系求职

运用人际关系求职即通过父母、亲友、老师、校友等社会关系的推荐而达到自我推荐的一种方法。由于个人在社会上掌握职业信息的途径有限，充分利用人际关系的信息传递功能，可为自己开辟出广阔的择业天地。

1. 可借用人际关系的类别

一般而言，通过人际关系来获取就业信息往往更为直接快捷、真实可靠。大多数的企业比较喜欢员工或熟人推荐人才，不管是招聘高层管理人员、还是中层人员或者普通员工，企业认为对熟人推荐来的应聘者知根知底，可信度、可靠度比较高，用人较为放心。

2. 拓展个人人脉资源

对于正在择业的求职者而言，人际关系是一种很重要的资源，它可以给你提供必要的就业信息。凡是你所认识的人，不管关系亲密程度如何，都应给予重视，这样获得的就业信息越多，找到称心如意工作的机会就越大。

第三节　大学毕业生暂缓就业政策

一、大学毕业生暂缓就业相关规定

省教育厅、公安厅根据省高校毕业生就业过程中遇到的实际情况联合发文，就有关高校毕业生户籍管理问题做出规定。

高校学生毕业时，如没有找到接收单位，可暂缓2年就业。在暂缓就业期间，学生的档案由省高校就业指导中心托管。如在暂缓就业期间内已经找到工作单位，可凭用人单位的接收证进行户口迁移。

二、毕业生申请暂缓就业的条件

1. 申请暂缓就业的对象为普通高校毕业生。
2. 申请暂缓就业的范围：
（1）毕业离校时未找到工作单位的普通大学毕业生；
（2）在试用期中，接收单位暂未签署就业意见的；
（3）毕业生自主创业，但公司还未正式注册的；
（4）专科毕业生报考本科或本科毕业生报考研究生、公务员等，由于考试录取（用）时间与毕业离校时间存在"时间差"的。

三、如何申请暂缓就业

1. 填写暂缓就业毕业生申请表、填写暂缓就业登记表（落实就业单位的毕业生需将就业单位资料报给各系辅导员汇总就业情况）；
2. 各院系于毕业前将暂缓就业毕业生登记表和经各系签署意见的暂缓就业申请表汇总交学校就业指导中心；
3. 学校就业指导服务中心于毕业前统计申请暂缓就业的高校毕业生名单并上报省就业指导中心；
4. 省就业指导中心于每年 6 月中旬前对各高校上报的申请暂缓就业的毕业生进行严格的资格审核；
5. 办理了暂缓就业的毕业生由学校保留户口和党团关系，档案可由学校或省就业指导中心管理。

四、暂缓就业毕业生的档案管理

申请暂缓就业的学生，学生档案由学校档案室负责免费保管两年。两年后，仍未落实就业单位的，档案将转迁至毕业生户籍所在地的毕业生就业主管部门。

五、申请暂缓就业的利与弊

（一）申请暂缓就业有利之处

1. 为毕业生找工作延长了时间，让他们有更多的时间来选择工作；
2. 准备专升本、考研、考公务员的同学，档案、户口可以暂时不迁回生源地；

3. 为创新创业的毕业生提供更好的缓冲期。

(二) 申请暂缓就业的不便之处

1. 暂缓就业的毕业生因错过应届毕业生就业最佳时期，将会面临更大的就业压力，在与来年更多的应届毕业生竞争工作岗位时，会处于劣势地位；

2. 暂缓就业期间身份比较尴尬，既不是在校学生，又不是社会人员，会出现无法办理相关证件或证明的问题；

3. 暂缓就业期间，如果找到工作，毕业生需要前往省高校毕业生就业指导中心取消暂缓就业协议，然后回生源地领取相关证明，才能到就业单位办理入职手续。

因此，毕业生在申请"暂缓就业"需要慎重考虑。如果能早日上岗就业，就尽量早日就业，在工作中不断完善自我，获取更多的工作经验和社会历练。

第六章
大学生就业权益

第一节 大学生的权益保障

普通高校毕业生在就业时会拥有许多权益,明确地认识自己拥有的各种权益,以及怎样在就业过程中更好地保障好自身权益不被侵犯,是普通高校毕业生实现成功就业的最主要的保证。

一、普通高校毕业生就业权益包含的主要内容

从目前相关规定看,高校毕业生主要具备以下权益:平等就业择业权、信息获取权、被推荐权、自主就业择业权、公平待遇权、违约求偿权等。

(一)平等就业择业权

平等就业择业权是大学毕业生成功就业择业的前提,也是大学毕业生所拥有的一项重要权利。我国《劳动法》规定:"劳动者就业择业不因民族、种族、性别、年龄、文化、宗教信仰不同而受到歧视""劳动者享有平等就业和择业的权利"。但从毕业生实际就业的情况来看,"就业歧视"的现象依然常常出现,这在一定程度上损失了人力资源,也在一定范围上破坏了公平竞争的市场环境。当前,由于相关法律法规、监管等配套措施尚未完善,就业择业市场尚未做到真正开放和公平,一些用人单位在录用毕业生过程中存有不公现象,大学毕业生的平等就业择业权受到侵害。要根治这个问题,必须进一步完善有关毕业生就业权益保障的相关法律法规,

更需要毕业生自身提高维权意识，明确自己与用人单位享有平等的法律地位。保障毕业生的平等就业择业权，是促进大学生顺利就业和充分就业的重要举措。

（二）获取信息权

获取信息权是大学毕业生顺利就业择业的关键，学校就业指导部门应该及时向毕业生传递就业信息。只有大学毕业生接收足够的就业信息，才能依据相关要求去选择适合自己的用人单位。由此可知，获得信息权是大学毕业生就业择业的一项基本权利。这项权利的实施需要做到以下几点：

1. 信息公开。即用人单位的招聘信息面向所有毕业生公开。

2. 信息及时。即应向毕业生传递及时有效的就业信息，而不是过时的、无实际效用的信息。

3. 信息准确。即毕业生及时准确地从多方面获取招聘信息，全面客观地了解用人单位的需求，寻找适合自己的岗位。

（三）被推荐权

毕业生在寻找工作时，依法享有学校如实推荐的权利。学校将利用自身条件和优势，挖掘一切资源切实为毕业生提供就业服务，并客观公正地为毕业生和用人单位搭建供需平台，将合适、优秀的毕业生推荐给各用人单位，实现毕业生顺利就业。学校在推荐毕业生时必须本着公正、客观、择优的原则进行。

（四）自主就业择业权

《劳动法》明确规定，劳动者享有选择职业的权利。由此可知，大学毕业生作为求职方，有权依据自身兴趣、特点、地域等情况自主选择想要的职业。由于毕业生初出校园，阅历尚浅，家长、学校可以适当为大学生提供就业建议并引导大学生积极就业，但不能干预大学生自主择业。

（五）公平待遇权

用人单位在招聘、录用劳动者的过程中，应做到公正公平，将毕业生与其他劳动者一视同仁。目前，我国还尚未形成完全公正的招聘市场，用人单位在录用大学毕业生的过程中仍时而出现不公的现象，常见的有学历歧视、性别歧视、长相歧视和地域歧视等。

（六）违约求偿权

毕业生就业协议俗称"三方协议"，一旦签订，毕业生、用人单位和学校中的任何一方都必须严格遵守约定，不能无故擅自毁约。若有一方想变更或解除协议，都得征求其他两方的同意，并要承受相应的违约责任，履行相应义务。

二、如何防范就业侵权

（一）增强法律意识，依法就业求职

当前，我国就业择业市场还不成熟，不客观、不公正现象时有发生。为了保障劳动者特别是大学毕业生等弱势群体就业择业时的平等就业权，我国必须加强相关立法，在法律上加以约束并完善，这对解决大学毕业生就业择业问题和维护社会和谐稳定起着重要作用。同时，每位劳动者包括大学毕业生必须增强法律意识，懂得依法就业，营造依法懂法的良好氛围。

（二）提高风险意识，防范求职风险

由于大学毕业生求职的工作经验和社会经验普遍较少，加之国家就业政策不断调整，就业形势持续变化；加上大学毕业生所获取的就业信息不及时、不对称的情况时而出现，毕业生在求职过程中遇到不确定因素的可能性越来越大。而大学毕业生作为就业风险的主要承担方，为了规避不确定因素带来的风险，应该自觉树立风险防范意识，提高评估风险环境和应对风险的能力，灵活采取措施规避求职风险。尤其是在签订劳动合同时，更应谨防虚假招聘。一些用人单位为了企业利益，有时联合中介机构发布虚假招聘信息，欺骗劳动者或非法招聘员工；或设置就业陷阱，欺骗劳动者签订"陷阱"合同，使广大求职者就业择业权益无法得到保障。为了杜绝职业中介机构出现发布虚假信息的情况和欺诈行为，最大程度维护劳动者的就业权益，我国法律明确要求倘若职业中介机构所提供的职介服务失败，机构应当向劳动者退还所收取的职介费。

（三）通过法律手段，保护合法就业权益

劳动法规定，劳动双方争议发生后，当事人可以依法申请调解、仲裁、提起诉讼，也可以通过协商解决争议。但协商不是处理劳动争议的唯一途

径，不愿协商的，也可以申请调解。当事人可以向本单位劳动争议调解委员会申请调解，若当事人任何一方不愿调解的，也可以直接向有管辖权的劳动争议仲裁委员会申请仲裁。劳动争议仲裁委员会是指县、市、市辖区设立的裁处企业与职工之间发生的劳动争议的组织机构。当事人对仲裁裁决不服的，可以自收到仲裁裁决书之日起 15 日内向人民法院提起诉讼。一方当事人在法定期限内不起诉又不履行仲裁裁决的，另一方当事人可以申请人民法院强制执行。

（四）毕业生的劳动权益救济途径

毕业生的劳动权益救济途径主要有：毕业生和用人单位通过毕业生毕业学校进行协商；由省（直辖市）一级就业行政主管部门进行协商；双方向劳动争议仲裁委员会申请仲裁解决；向地方法院提起诉讼。在实际操作中，前两种方法效率较高，较为常见；后两种程序繁琐，时间跨度大，但更具权威性。毕业生作为就业弱势方，在签订就业协议书或合同之前一定要全面考虑，尽量避免日后不必要的麻烦。一旦发生纠纷，毕业生利益受损，要学会通过正当的程序和合法的途径来保护自己，避免正当权益受损。

第二节　就业协议与劳动合同

当前，很多大学毕业生认为签订就业协议书就不用签订劳动合同了，签订就业协议书就进了保险箱。事实上，两者是有区别的，不能等同。

一、就业协议

（一）《全国普通高等学校毕业生就业协议书》（简称就业协议书）的主要内容

《全国普通高等学校毕业生就业协议书》，俗称为三方协议，是由高校毕业生、用人单位和学校三方之间就高校毕业生就业工作有关内容签订的一种书面协议，需上述三方共同签署后方能生效，单方签订无效。就业协议书的内容如下：用人单位及其主管单位的实际情况及意见；毕业生的情况及意见；学校意见；备注等。

（二）就业协议书的法律性质和地位

我国法律规定，就业协议书是平等主体的自然人、法人和其他组织之间设立、变更、终止民事权利义务关系的一种约定。由于就业协议书是签订的主体之间协商一致而签订的，其包含的权利与义务都在民法的调整范围内，由此它具有合同的属性。就业协议书通过书面形式，明确记录了在就业择业中毕业生、用人单位、学校每一方的权利和义务。协议自三方签订盖章后生效，直至毕业生到单位报到并被正式接收后自行终止。就业协议书也是学校了解毕业生就业去向的依据。

（三）就业协议的签订

毕业生与用人单位达成就业意向，并将意向以协议书形式约定下来，这就是所谓的签约。签约能最大限度地保障各自权益，毕业生应遵循法定程序，在法律法规的指导下进行。

1. 用人单位对高校毕业生进行初试（有时需笔试）、复试等综合考察后，初步明确接收意见，毕业生准备签订协议书的相关资料。

2. 毕业生与用人单位就就业协议书中的各项条款包括工作地点、薪资待遇等方面达成一致，双方仔细填写基本资料并签名盖章，如双方有约定其他条款的，需在协议上注明或者另附补充协议。

3. 毕业生与用人单位在约定的就业协议上签字盖章后，应尽快到学校相关部门登记盖章。

4. 学校签字盖章后，留两份就业协议书在校，一份放毕业生所在的二级学院，一份放毕业学校，其他两份一份由毕业生自己保留，一份交用人单位。

二、劳动合同

（一）劳动合同概念

劳动合同是用人单位与劳动者之间确立的一种雇佣与被雇佣的关系，明确双方权利和义务的协议。

（二）劳动合同的分类

依据标准、类别、期限、劳动者人数不同，分为有无固定期限劳动合同、聘用合同、录用合同、借调合同、集体劳动合同和个人劳动合同等。

（三）劳动合同的内容

毕业生正式报到后需依据相关法律规定的原则、内容等与用人单位签订劳动合同。劳动合同的内容指的是签订劳动合同的双方所约定当事人权利及义务的条款，这直接关系着毕业生的权益。依据法律规定，劳动合同包含两个基本部分。

一是劳动合同的法定条款，即劳动法所规定的劳动合同必须要具备的基础条款，包括劳动合同期限、工作内容、劳动报酬、劳动保护和劳动条件、劳动纪律、终止劳动合同的条件、违反劳动合同的责任。二是协商条款，指在不违背国家法律的前提下，劳动者和用人单位协商约定的那部分合同内容。包括劳动者担任的职务、争议发生时解决的途径等内容。

（四）签订劳动合同的原则

根据《劳动合同法》的规定，高校毕业生在与用人单位签订劳动合同时，应遵循以下原则：

1. 合法原则。一是主体合法。主体合法包括合法的劳动者和合法的用人单位。劳动者必须为达到法定年龄、具备相应的劳动能力和行为能力的自然人；用人单位必须为依法设立的企业、事业单位、国家机关、社会团体和个体经济组织等。二是内容合法。三是程序和形式合法。即劳动合同文本上必须签字或者盖章，才能生效。

2. 公平原则。即签订合同的双方公平履行合同的权利及义务，倘若因一方的欺诈行为而导致合同不公平，另一方有权向劳动争议仲裁委员会协商或人民法院提出诉讼。

3. 平等自愿原则。即指用人单位与劳动者订立劳动合同是完全出于双方真实的意志且在平等的条件下签订，任何一方不能将自己的意志强加给对方，合同的签订也不受第三方影响或控制。

4. 协商一致原则。即指合同双方在平等的基础上经过协商达成一致，任何一方不能强迫另一方签订劳动合同，否则合同条款不能生效。

5. 诚实信用原则。即劳动者与用人单位双方在签订合同时不能有虚假欺骗行为，必须本着诚实守信的原则进行，并贯穿始终。

（五）劳动合同的签订

劳动合同就是劳动者与用人单位确立劳动关系，明确双方权利和义务的协议。在毕业生入职时,与用人单位签订的劳动合同,从而使双方变成受法律保护的劳动关系。其特征如下:一是劳动者和用人单位是特定的主体;二是双方的权益受法律保护,并按合同履行各自的权利和义务。

三、就业协议书与劳动合同的差异

(一)签订时间不同

就业协议书一般是学生在校期间签订,而劳动合同一般是毕业去单位正式报到或见习期过后签订。

(二)内容不同

就业协议书的内容主要表达毕业生去用人单位就业、用人单位接收毕业生的意愿,学校据其掌握毕业生的就业去向,未涉及毕业生入职后的权利及义务;劳动合同则是确立劳动关系的法律凭证,明确了用人单位与劳动者的权利和义务。劳动合同的内容包括劳动报酬、工作内容、纪律规定等方面,内容更加翔实。

(三)主体不同

就业协议书的主体包括高校应届毕业生、用人单位和学校,适用于任何单位;而劳动合同的主体为劳动者与用人单位,与学校无关。

(四)目的不同

就业协议书是毕业生与用人单位初步达成的就业意向,为毕业生和用人单位将来订立劳动合同奠定基础,也是学校掌握毕业生就业去向的依据。劳动合同则是保障双方合法权益的法律依据。

所以,就业协议书与劳动合同不能等同,对于处于弱势群体的大学毕业生而言,一定要以签订正式的劳动合同为目的(当然要小心合同陷阱),只有这样,才能让自身权益不受侵犯。

四、劳动仲裁

(一)关于违约

若毕业生和用人单位签订了就业协议,双方就应自觉遵守协议,不得随意更换或拒收,否则,都属于违约行为。

（二）违约处理程序

签订就业协议一般不允许违约，但在实际工作中，双方因这样或那样的问题难免出现违约。若用人单位单方面违约，毕业生应该主动向用人单位追究违约责任，并向学校汇报情况，请求帮助。必要时可以拿起法律武器，向该单位所在地的劳动仲裁机构申诉或向人民法院起诉，从而保护自身合法权益。若是毕业生因各种原因违约，应该主动与用人单位协商沟通，尽最大诚意解决争议，并负相应责任。

（三）劳动仲裁

1. 劳动争议概述

（1）劳动争议的概念

劳动争议是指劳动者与用人单位之间因履行劳动合同或协议时产生的争议。

（2）劳动争议的分类

依据不同的划分标准，劳动争议有不同的分类：

①依据劳动者人数划分，劳动争议分为集体劳动争议和个人劳动争议。集体劳动争议指3人及以上的劳动者与用人单位产生的劳动争议；个人劳动争议是指劳动者个人与其用人单位产生的劳动争端。

②依据合同类型划分，分为集体合同争议和劳动合同争议。集体合同争议，指的是因订立或履行集体合同而产生的争议；劳动合同争议，指的是因确认劳动合同效力及履行劳动合同而产生的争议。

③依据争议内容划分，劳动争议可以分为：因除名、开除、辞退职工及劳动者辞职、自动离职而产生的争议；因执行国家有关工资、工时、培训、劳动、保险、福利、保护等规定而产生的争议；因履行集体合同、劳动合同而产生的争议等。

2. 劳动争议处理机构

（1）劳动争议调解委员会

《劳动法》第八十条规定："在用人单位内，可以设立劳动争议调解委员会。劳动争议调解委员会由职工代表、用人单位代表和工会代表组成。劳动争议调解委员会主任由工会代表担任。"劳动争议经调解达成协议的，当事人应当履行。由此可知，劳动争议调解委员会指的是依法在用人单位内部为调解劳动争议而成立的群众组织。

调解委员会的职责有：宣传、告知职工劳动相关的法律法规，预防劳动争议发生；如果所在单位出现劳动争议，出面进行调解；调解结束后，督促争议双方当事人依据调解协议履行责任。

（2）劳动争议仲裁委员会

我国《劳动法》规定，劳动争议仲裁委员会由劳动行政部门代表、同级工会代表、用人单位方面的代表组成。由此可知，劳动争议仲裁委员会能行使劳动争议仲裁权。

（3）人民法院

人民法院是行使审判权的行政机关，经过仲裁仍未解决的劳动争议案件，可以由人民法院受理直至解决。

3. 劳动争议处理程序

我国《劳动法》规定，用人单位与劳动者发生争议，当事人可以依法申请调解、仲裁、提起诉讼，也可以协商解决。处理的程序为协商、调解、仲裁、诉讼四个阶段。

（1）协商

当劳动争议发生后，当事人首先应想到协商，若协商不成，可向本单位劳动争议调解委员会申请调解。

（2）调解

我国《劳动法》规定，调解不成的，当事人一方要求仲裁的，可以向劳动争议仲裁委员会申请仲裁；当事人一方也可以直接向劳动争议仲裁委员会申请仲裁。

（3）仲裁

对仲裁裁决不服的，可以向人民法院提起诉讼。因此，仲裁是处理劳动争议的必经程序。

（4）诉讼

劳动争议当事人对仲裁裁决不服的，可以自收到仲裁裁决书之日起十五日内向人民法院提起诉讼。一方当事人在法定期限内不起诉又不履行仲裁裁决的，另一方当事人可以申请人民法院强制执行。

第三节　如何保护大学毕业生就业权益

在一年一度的大学毕业生求职的高峰期，由于不少毕业生都无相关求职经验，往往容易陷入一些不良单位或者非法人才中介机构设置的陷阱里，求职者应提高警惕，加强自我保护意识。

一、不良用人单位的常见手段

找工作是件苦差事，在这个过程中，一定要谨防缺乏社会责任感、或者打着招聘的旗号坑骗求职者的用人单位。求职者在求职过程中可以注意以下几点：

（一）长年累月在人才市场设摊摆点

一些单位常年打着招聘广告，实际上他们并不缺人，只是为了提高企业在大众群体中影响力，也是做免费宣传的一种方式。

（二）不断在各种媒体刊登招聘广告

一些不法分子或非法人才中介机构，他们发现在劳动力市场收取的中介费是一笔不菲的收入，所以便与一些不良公司内部串通，发布虚假招聘信息联手诈骗求职者。遇到摸排时便逃之夭夭、难寻踪迹。这一类所谓的"皮包公司"到处行诈而又无法被发现，其手法虽原始但隐蔽性很强。因此，求职者应该选择正确的求职场所，去大型正规的人才市场求职，不去无职业许可证的职介所，以保障自身的合法权益。

（三）善于将岗位头衔"美容"的企业

部分公司抓住一些大学毕业生的虚荣心理，将保险经纪人称作"财务规划师"或"理财顾问"，将英语软件的销售人员美其名曰"语言顾问"，欺骗性更强更不易被识破的是"储备干部"的头衔，吸引了许多大学生。这类公司之所以制造这些头衔，主要原因是有些岗位的工作内容或薪酬缺乏吸引力，美化岗位名称可以坑骗到一部分大学生等单纯的廉价劳动力。

（四）将公司内的岗位几乎"和盘托出"用以招聘的企业

这类企业实际是本来只有几个岗位空缺，但为了虚张声势吸引求职者，就把"董事长"和"总经理"这几个核心岗位之外所能想到的岗位都编造出来用以招聘，对于这种缺乏责任感和诚信的公司，我们还是不去理睬它为好。

（五）岗位薪酬模糊的企业

部分公司在招聘时为了吸引求职者，所介绍的薪酬不清晰，具有迷惑性。例如不明确谈月薪而谈大致的年薪，有的公司甚至在"月/年薪"前面还附加了"优秀者"和"努力者"等修饰词。求职者在应聘前应该评估好自身是否适合这类工作，因为这类工作的压力大、离职率高。据调查，面临就业困境不得不选择这类工作的人，大部分未出一个季度便因为业绩不好所得薪资入不敷出而选择自动离职。注意不要让别人白白"剥削"你的劳动力！

（六）招聘会投简历后立即发面试通知的企业

天下没有免费的午餐，产生这一现象的原因有以下两种：（1）公司或岗位实际情况实在糟糕，因而几乎没有入职门槛；（2）企业通过广发面试通知的方式聚集一大批求职者，从中仅挑出极少数留用，以为其营造用人是"百里挑一"的形象造势。这样的招聘行为是不负责任的，求职者不必为这样的公司去浪费自己的时间和精力。

二、大学毕业生就业常见陷阱与规避方法

（一）常见陷阱

1. 试用陷阱

部分企业招聘毕业生时，规定试用期为三个月至半年，并要求求职者在试用期内向企业交规定数额的培训费。而在试用期即将结束时，胡乱挑刺，找借口辞退劳动者，拒绝将劳动者转为正式员工。据此，企业不仅赚取了劳动者试用期所交的培训费，还获取了几个月的廉价劳动力。往往这样做的企业在试用期只给予劳动者很少的补贴性的报酬，甚至都没有用心给劳动者做培训。

因此，毕业生在入职之前，一定要向用人单位了解试用期的时长、酬劳及转正要求，考虑后再签订劳动合同。如果遇到无故被"炒鱿鱼"的情况，一定要及时收集、保留证据，向用人单位索要补偿。必要时拿起法律武器，向劳动部门或法院申诉，维护自身权益。

2. 抵押陷阱

尽管国家已经出台文件，要求任何企业在招聘员工时，不得以各种理由、各种形式收取求职者的押金，或者以身份证、毕业证等做抵押。但当前仍有少数用人单位在招聘时以方便管理为借口，向求职者收取押金或身份证证件等；有些企业私自增加员工的劳动强度、延长劳动时间以获取更多剩余价值；更有甚者，有企业还存在利用求职者的身份信息去注册公司、贷款等，在求职者不知情的情况下使求职者背负了很多责任和风险。因此，在网上求职时，不要忽略个人简历的公开程度，要确认对方身份，切实保护好个人信息和隐私不受侵害。

3. 高薪陷阱

在街头公共电话亭、电线杆等地方，人们常常能看到许多胡乱张贴的招聘广告，写着招聘公关人员，其极具诱惑力的月薪容易吸引一些经验不足、不知实情的毕业生掉入高薪陷阱。这类不正规的高薪"男女公关"招聘，实际从事的是不正当服务，吸引人的"高薪"实际上是从事此类服务时获得的小费，是不合法的。一旦落入这样的高薪陷阱，当你明白真相，稍有不从或反抗，便遭到暴力威胁。所以，作为求职者一定要学会鉴别招聘信息真伪，小心上当受骗。

4. 中介陷阱

虚假的中介公司为了骗取中介费将自己的名字填在他人的合法中介许可证和正规执照上进行复印，然后盖假章，做假执照，以冒充自己的证件。

5. 虚假广告陷阱

部分小企业在校园或其他地方招聘会上为了吸引优秀人才，会故意夸大自己的优势或者隐瞒自己的实际情况，比如招聘时夸大企业规模和岗位数量或者将招聘岗位进行虚假描述，招的是经理或者总监，实际就是办事员。

6. 传销陷阱

传销就是企业没有店铺，由传销人员将产品直接售卖给顾客的经营方法。这种经营模式虽然违反法律法规，但仍层出不穷。传销人员挑选的对象多数是急于找工作的人或者刚毕业涉世不深的学生，他们利用收集到的目标人员的电话信息，以同乡、同学、亲戚等称呼攀关系，然后提出可以帮忙找高薪工作，投其所好，将其骗入传销组织。求职者一旦踏入陷阱，就会被严加看管，逼迫其进行传销。

7. 协议陷阱

就业协议是求职者与用人单位之间必须签订的。该协议一旦签订，就可以约束双方。就业协议不等于劳动合同或聘用合同。常见的就业协议陷阱为：用人单位不与毕业生签订就业协议书或劳动合同；用人单位不将承诺写入合同；用人单位与毕业生签订"霸王合同"。

8. 智力陷阱

智力陷阱是指有些企业为了低成本解决企业遇见的问题，将其设计成问题，然后发布招聘信息，在求职者笔试或面试时要求求职者作答。在求职者完美作答后，再找出理由推脱录用，企业将求职者的劳动果实据为己有。

(二) 大学毕业生如何规避陷阱

1. 培训费押金不能交

某高校应届毕业生王某日前通过某中介机构应聘一企业的总经理助理职位。他提交个人简历后不久，对方回复："你被录取了。上岗前，我公司要进行相关业务培训，请先交纳100元培训费。"求职心切的王某毫不犹豫地交纳了100元培训费。但一个月过去了，对方还没回信，此前联系时留下的电话号码也变成了空号。王某这才恍然大悟：上当了。

2. 拒绝非法传销高薪诱惑

据介绍，大学毕业生是非法传销组织经常诱骗的群体。传销组织往往利用毕业生经验不足、求职时压力大的特点，通过包装公司形象、营造高额收入的假象的方式诱骗毕业生进入组织。传销组织一般先是向毕业生提供销售岗位，并骗其购买一些产品或缴纳一定金额的贷款；然后通过培训教唆毕业生用同样的方法骗取其他人，最后使他们一步步走上违法犯罪的道路。

3. 手机单向联系不可信

某高校毕业生小赵日前看到某企业张贴在校外的招聘广告，面对高薪诱惑，她打通了广告上留下的唯一可供联系的手机号码。对方在电话里问了她一些基本情况后，当即就约她晚上9时在某某宾馆面试。小赵回家跟家人商量后，她觉得这家公司的招聘手段不可信，于是没有去面试。

4. 网上求职要多个心眼

当前，一些"黑网"打着招聘的旗号或关注某某公众号，来欺骗涉世不深的大学毕业生，很多毕业生为此上当受骗。因此，对于青睐网上招聘会的大学毕业生们而言，如何识别各大网上招聘企业信息的真伪尤其重要。

5. 警惕中介连环诈骗

毕业生求职时，特别要当心黑中介的连环诈骗。这类诈骗，多是中介和招聘单位相互勾结，狼狈为奸，一同骗取学生钱财。中介不停地向该单位收取职位介绍费，招聘单位不停地收取面试者的报名费、面试费甚至体检费等，但最终结果，对所有应聘学生都是一个结果：杳无音讯。

6. 营业执照看原件

在接触中介公司时，我们应该认真查看执照上是否有法人并加盖钢印的照片，仔细查看其执照是否有涂改的痕迹，并且尽量要求看执照原件。

7. 谨慎签订劳动合同

签订劳动合同时要注意三点：一是企业是否在工商部门进行登记以及注册期限是否过期，否则合同无效；二是合同用词是否精准、清楚，不能使用缩写替代或含糊的文字表达；三是合同必备内容不能缺少，比如合同期限、工作内容、劳动条件和劳动保护、报酬、纪律、合同终止的条件、社会保险和福利待遇以及违反劳动合同者应承担的责任。

三、利用劳动合同维护就业权益

（一）签订劳动合同的重要性

从劳动法的角度看，签订劳动合同既是大学生正式就业的开始，也是职业生涯开启关键的一步。不管是大学毕业生自身经验不足还是当前就业市场管理尚不完善，毕业生在签订劳动合同时仍然有不少人容易掉入许多"圈套"。

需要注意的是，高校毕业生到用人单位正式报到后，用人单位应尽快与毕业生签订正式的劳动合同。毕业生和用人单位签订劳动合同后，双方应以劳动合同为依据，共同履行各自的权利与义务。若因客观或主观原因双方未签订劳动合同，按有关规定，可以依据劳动事实将毕业生和用人单位的关系视为劳动关系，但事实劳动关系往往具有不稳定性。例如，《劳动合同条例》相关规定，事实劳动关系中，依照劳动合同法规定的条件、程序，任何一方都可以无理由地解除双方的劳动关系。因此，事实劳动关系对于刚工作的毕业生而言是没有保障性和安全性的。

《劳动合同》明确规定了劳动者工作的岗位、内容、期限、薪酬、福利及双方违约责任等，如果不签订劳动合同，毕业生就没有了维护自身合法权益的依据。所以，毕业生入职后的首要大事便是与用人单位签订劳动合同，通过劳动合同明确劳资双方的权利及义务，以此来为自己的合法就业权益提供保障。

（二）签订劳动合同注意事项

劳动合同既是劳动者与用人单位确立双方劳动关系、明确各方的权利和义务的协议，也是出现劳动争议后，依法依规处理劳动争端的依据。因此，劳动者在签订合同前必须注意以下事项：

1. 提前准备

劳动者可以在签订劳动合同时间的前几天要求用人单位提供劳动合同文本，仔细研读合同的内容或咨询相关知识，尤其重视双方的权利和要履行的义务。

2. 学习法律

为了最大限度地维护自身利益，劳动者要仔细学习《劳动法》，储备与就业相关的法律知识，清楚劳动合同的内容和签订合同的注意事项，仔细审查劳动合同的条款是否完整，约定过的内容是否全部明确写入合同。

3. 重点了解

劳动者不仅要把握劳动合同的基础条款，还要知悉与自身利益关联较大的两个部分。一是假如与用人单位要解除劳动合同，哪些情况下对劳动者是有补偿或赔偿的，劳动者可以获得的补偿标准是怎样的；二是签订劳动合同后，劳动者还要做好善后工作。即使在签订看似正规的劳动合同时，也要十分谨慎、细致观察，以防落入对方精心设计的陷阱。

（1）附加条款要看清。聘用合同中往往有一部分附加条款，这时，劳动者在签订合同前务必要求用人单位提供原文，仔细审查无异议后，通过盖章留存当做依据。此外，还要多检查几次是否存在约定事项或说明被遗漏，如果有，立即补齐条款，不要拖延以免加大自身权益受损的风险。

（2）当面签字、加盖盖章。在签订劳动合同时，为了预防某些不良企业使坏，求职者在拿到劳动合同后，确定合同没有"用工陷阱"，应当面与用人单位负责人一起签字并加盖公章，拿走并保管好属于自己的那一份。

（3）合同上的数字一定要大写。劳动合同签字后，一些不良用人单位会利用时间空隙，对劳动合同上的数字进行更改。为防止随意更改，求职者签订合同有涉及数字的地方，一定要用大写汉字，小写随后。

（4）确认合同生效的时间和条件。有些合同签订后马上生效，有些有时间和条件限制，对此，必须看清楚。同时，还要注意合同生效的必要条件、附加条件、发生纠纷时应采用的解决方式等。

第七章
高校创新创业教育发展与人才需求研究

第一节 高校创新创业教育发展研究

一、创新创业教育内涵与特征

(一) 创新创业教育内涵

随着经济的发展,社会也发生了巨大变革,尤其是信息、数字经济和知识产业化的快速发展,不仅给人们带来了严峻的挑战,但也提供了难得的发展机遇。创新创业教育主要是指启发和提升大学生创新创业素质和创新创业能力的教育。世界首届高等教育会议曾强调"创新创业技能与创新创业精神是高等教育的基本目标,高校大学生首先应是工作岗位的开拓者,其次才是求职者"。创新创业教育与其他传统教育的区别如下:

1. 创新创业教育与就业教育

创新创业教育和就业教育既是两种不同的人才培养模式,也是两种不同的教育质量观。前者以创造性就业和创造新的就业岗位为目的,后者则以填补现有的就业岗位为价值取向。创新创业教育本身不排斥就业教育,它包含在就业教育之中。常说的就业本身应该包含从业和创新创业两种形式。在计划经济体制时期,我国大学毕业生通过统一分配得到单位,单位落实到人。就业制度改革后,高校毕业生与用人单位通过"双向选择",达成协议,实现就业目的。不论是"统分"还是"双选",实际上都是实现就业。如果能在开创事业的同时获得自己的岗位，那便是通过创新创业的方式实现就业，即创业带动就业。应该说，自主创新创业的就业观更是国家和社会提倡的一种就业观，因为它是一种比自主择业依附性更小、主体意愿更强的自主就业观。若我们站在就业目的的角度出发，把以解决受教育者的就业问题也作为教育的目的，则创新创业提供的就业岗位无疑就归属于就业教育的功劳。近年来，我国高校创新创业教育不断加强，创新创业教育理念不断深入，随着时间的推移，将大大拓宽就业教育的发展空间。

2. 创新创业教育与专业教育

创新创业教育中的"创"与专业教育中的"业"是密不可分的。专业教育是指大学生对专业知识及技能的学习，以获取专门的职业岗位技术和专门的劳动技能；创新创业教育是建立在大学生所学基础知识和专业知识的基础之上，通过各种创新创业意识、实践及模拟构想的实际操作，来达到培养大学生创新精神、创业能力和技能的素质教育。专业教育是为创新创业教育奠定基础，没有这个专业教育的基础，创新创业教育只能是无源之水、无本之木。创新创业教育应该从专业教育的特点出发，努力培养大学生符合专业发展方向、适应未来创新创业需要的能力结构，使创新创业教育与专业教育相辅相成。

3. 创新创业教育与创新教育

创新教育是以培养大学生创新精神和创新能力为基本价值取向的教育。创新创业教育是开发提高大学生自主开创事业基本素质的教育。创新与创新创业两者的内容在本质上是相通的。

创新是创新创业的前提和基础，创新创业是创新的重要支柱和表现形式，创新创业的成败取决于创新的高度和深度。创新教育重点是对人的发展总体把握，创新创业教育关注的是对人的价值具体的反映。二者相互影响又相互促进，是不能分割的辩证统一体。创新教育与创新创业教育有诸多相似点，但二者不能相互替换。因为创新创业仅仅具备创新精神是远远不够的，它只是为创新创业的成功提供了可能性和必备条件。若脱离创新创业活动实践，没有一定的创新创业技能，创新精神也只是空中楼阁，无法成为现实。创新精神所具有的意义只有付诸创新创业实践活动才能有所体现，才有可能依托创新创业活动最终获得创新创业的成功。

（二）创新创业教育的基本特征

创新创业教育作为一种新的教育理念，必有其自身的特征。把握其自身特征，可以帮助我们进一步了解创新创业教育。其特征如下：

1. 创新创业教育要与时代相结合

不管哪种教育理念，必须打上时代烙印，创新创业教育也是如此。当今世界是一个开放的世界，机遇与挑战并存，创新与变革同步。新时代赋予新的创新理念，必有新的创新模式。但创新创业教育必须紧跟时代脉搏，呈现时代精神。当今的创新创业教育，必须要面向新时代、面向世界、面向未来。

2. 创新创业教育要与创新精神一致

从本质上讲，创新创业本身就是一种"创新"，所以创新创业教育本身就是从创新出发的，离不开创新。这就要求高校在大学新生入学时，让大学生了解创新创业人才培养方案及本专业将来的就业前景。在教学过程中，必须加强实践教学与创新精神相结合，培养高校学生创新创业意识和创新创业能力，将其新想法、新流程、新产品以及新服务投入到市场中，从而创造新的价值。

3. 创新创业教育要与社会实践活动相统一

创新创业教育非常重视大学生动手与动脑能力的培养，注重加强大学生社会活动能力的培养，引导和鼓励大学生积极参加社会实践活动，在实践活动中学会生存，懂得为人处世，进而更好地适应社会，真正成为对社会有用的人才。培养大学生社会实践活动能力是创新创业教育的一个重要环节，通过社会实践，使大学生能正确地面对现实，适应社会，进而更快地提升自身素质。

4. 创新创业教育注重综合性的统一

为让大学生成为现代社会的高素质公民，必须加强各方面能力的培养，从而推动创新创业的提升。为此，就必须加强创新创业心理、创新创业意识、创新创业精神、创新创业知识和创新创业能力等方面的培养。通过大学创新创业的实践教学，让大学生掌握创新创业基础知识、基本技能和适应能力。这既是理论水平的提高，又是基础技能的提升，更是实践活动的升华。

5. 坚持创新创业与终身教育相结合

创新创业教育既是一种让受教育者的综合素质不断提高的过程,也是一种创新创业活动发展的升华。为使创新创业获得成功,创新创业活动必须持续下去,并加强终身创新创业教育,不断充实新内容,寻求新模式,开辟新途径,获得新成功。

二、国内外创新创业教育发展过程

(一) 国际上的创新创业教育发展过程

培养学生的创新创业能力、开展创新创业教育在一些发达国家早就开始了,它在很短的时间内就席卷了世界,并受到了许多国家的教育界的高度重视。美国是第一个在学校发展学生创新和创业技能的国家。早在1919年,美国青年商业协会就为高中生实施了商业实践教育。1947年,哈佛商学院在美国大学开设了第一门创新和创业课程。20世纪80年代,以比尔·盖茨为代表的创新创业者掀起了一场"新的创新创业革命",美国高校的创新创业教育迅速发展。在1979年,有127所大学开设了本科创新和创业课程,到2005年增加到1600多所。1970年,美国第一次创新创业学术会议在普渡大学召开。在会议当中,第一次在国家级会议上探讨了高校教育在创业发展中的积极作用。有42位专家提供的资料主要集中于创新创业的成功案例。其中具有代表性的案例是麻省理工学院和硅谷启蒙运动的分裂公司,这也涉及大学在促进创新创业发展方面所起的作用。

此外,第一届国际创新与创业研究会议于1973年在加拿大多伦多举行,来自波士顿大学、德克萨斯大学、卡内基梅隆大学和密歇根大学等不同大学的学者,围绕大学生创业和大学创新与创业研究举行交流与探讨;1974年,美国管理学会年会上成立了创新与创业研究兴趣小组;1980年,贝勒大学举办了"首届创新创业研究与发展水平研讨会",此后,研讨会每五年举行一次;1981年,最佳商学院开始举办"最佳创新创业研究年度会议",佐治亚理工学院、沃顿商学院、路易斯大学、匹兹堡大学、华盛顿大学和伦敦商学院正逐渐成为联合组织者;1987年,美国管理学会正式将创新和创业研究作为一个子领域。美国创新和创业发展的年表见表7-1。

表 7-1 美国的创新创业发展大事件年表

年份	主要事件
1919	美国商人霍勒斯·摩西（Horace Moses）创立青年商业社（Junior Achievement），对高中学生实施商业实践教育，并催生了美国创新创业教疗
1947	哈佛大学商学院开设首个创新创业课程——"新创企业管理"（Management of New Enterprise）
1951	首个创新创业教育基金——科尔曼基金会（Coleman Foundation）成立
1953	管理大师彼得·德鲁克在纽约大学教授创新创业课程——"企业家精神与创新"
1958	麻省理工学院设置创新创业课程
1963	首个捐赠教职在佐治亚州立大学成立
1967	斯坦福大学和纽约大学开创现代 MBA 创新创业教育课程体系，百森商学院在全球首次推出创新创业管理的研究生课程，并于 1968 年第一个在本科教育中开设创新创业方向（Entrepreneurship Concentration）
1971	南加州大学提供有关创新创业的工商管理硕士学位
1972	美国小企业部在德克萨斯科技大学发起小企业学会（Small Business Institute）项目
1973	东北大学开设了美国第一个创新创业学本科专业
1975	美国有 104 所大学（学院）开设创新创业课程；《美国小企业杂志》创刊，并于 1988 年更名为《创新创业：理论与实践》
1977	首批 9 个小企业发展中心试点在加州等州成立
1979	国际大学生企业家联盟（Student in Free Enterprise）举办首届学生商业竞赛；美国有 263 个中学后教育机构提供创新创业课程
1980	百森商学院设立第一个创学讲席教授；美国 96-302 公法通过，小企业发展中心（SBDCs）成立
1981	首届百森创新创业研讨会召开及首版《创新创业研究先锋》（Frontiers of Entrepreneurship Research）发行
1982	美国有 315 所中学后教育机构设置创新创业课程
1983	学院创新创业者协会（Association of Collegiate Entrepreneurs）成立；得克萨斯州大学奥斯汀分校（University of Texas at Austin，通称得州大学）举办了首届大学生创新创业计划大赛（Business Plan Competition）

（续表）

年份	主要事件
1984	创新创业教育师资培训项目"普莱兹—百森伙伴项目"成立
1985	创新创业教育师资培训项目"普莱兹—西森项目"创立；《创新创业风险杂志》（Journal of Business Venturing）创刊；管理大师彼得·德鲁克《创新与企业家精神》一书出版
1986	美国首届全国创新创业计划大赛在迈阿密大学举办
1987	《家族企业评论》（Family Business Review）发行
1988	仁斯利尔理工学院新技术创新创业中心成立
1992	考夫曼基金会的创新创业领导中心（Center for Entrepreneurial Leadership）成立
1998	31国创新创业中心全同联盟（the National Consortium of Entrepreneurship Centers）宣告成立，并建立了21世纪创新创业研究伙伴项目（the 21st Century Entrepreneurship Research Fellows）；为了迎接创新创业者年轻化的挑战，美国开始实施"金融扫盲2001年计划"，对高中生普及投资、理财、金融、营销、商务等"超前教育"；中小企业虚拟大学（Vu SME）通过互联网提供一个远程创新创业教育

联合国教科文组织于20世纪80年代末首次提出创新创业的教育理念，并于1989—1998年数次召开关于世界高等教育如何面向21世纪的大型会议。会议强调大学应该给学生发第三本护照"创新创业能力护照"。因为"岗位型工作，立足于具体岗位创新创业"；要培养学生创新创业技能与主动精神；毕业生不仅是求职者，而且还是就业岗位的创造者。该理念自提出以来常做更新，置于不同地域、不同时段，都有其不同的时代特色。目前，创新和创业课程已成为美国和日本大学的重点必修、辅修或培训课程。美国有近400所大学提供至少一门创新和创业课程，其中包括哈佛大学、斯坦福大学和宾夕法尼亚大学等顶尖的研究型大学。日本高校创新创业课程是一门必修课，形成了完整的创新创业课程体系。

对于创新创业的理论研究，国际上也已产生诸多较为成熟的研究成果和看法。被美国誉为从事创新创业学教育的领袖人物杰弗里·蒂蒙斯教授有很多独到的研究成果。他在创业管理、新企业创建、创业融资、风险投资、创新课程开发等方面进行了系统研究,并在新兴商学院得到全面实施。其特点如下:第一,以前瞻性的教育理念,应对持续不断的"创新创业一代的兴起和传统产业的衰落";第二,以系统的课程设计来培养学生的创新创业能力,课程体系包括战略与商业机会、创新创业者、资源需求与商业计划、创新创业企业融资和快速成长五部分;第三,通过"以问题为中心"和大量案例分析的鲜活教学方式来促使学生们积极思考;第四,促成企业为学生创造模拟创新创业实践的机会。蒂蒙斯提出了创新创业过程模型:(1)创新创业的过程依赖于机会、创新创业团队和资源的匹配与平衡;(2)创新创业过程是一种从一开始就持续寻求平衡的行为。威克姆的创新创业模式包括:(1)创新创业活动包括四个要素,即创新和企业家、机会、组织和资源;(2)创新创业任务的本质是有效地处理机会、资源和组织之间的关系,这是一个持续学习的过程。美国的 DavidSilver 提出了创新与风险投资法 $V=PSKE$($V=$实现的价值;$P=$解决的问题;$S=$解决办法的合适度;$E=$创新创业小组的素质)。基于这一定律,他特别探讨了 IVC 的目标:通过选择潜在成功的企业家及其合作者 E 来创造财富或实现高价值的 V;这些成功的企业家发现了一个主要问题 P,并通过一家新公司为索尼集团总裁创造了一个出色的解决方案 S,该方案填补市场缺口可以创造一个意想不到的职业。教育也一样,填补创新和创业之间的差距可以创造意想不到的效果。克雷森认为,欧盟必须像美国那样大力发扬创业和创新精神,创造一个合适的环境,使科学家、企业家、金融家和咨询顾问"握指成拳",达到发展和结晶的"熔点"。20 世纪 90 年代以后,美国、加拿大和其他国家的创新和创业精神正从注重个人能力的培养转向注重团队、公司、行业和社会。突出创新创业精神是一种管理风格,它不仅需要建立新的企业,还需要大型企业和非营利性机构。然而,在其他国家和地区,对创新创业的理解也"停留"在国家教育委员会、就业培训组织和青年事务管理组织层面,主要从培养个人意识、素质和技能方面理解"创新"。他们认为,创新是直接培养年轻人的能力、技能、开拓个性的素质教育,这不仅可以帮助年轻人成功地抓住生活和工作的各种机会,也可以帮助年轻人为自己工作。1998 年的德国大学校长会议和全德国雇主协会联合发起了一项名为"独立精神"的倡议,该倡议呼吁高等教育机构成为"创新创业者的大熔炉"。印度的国家教育政策明确要求培养学生"自主创业所需的态度、知识和技能"。

（二）国内的创新创业教育发展过程

国内创新创业教育发展起步与国外发达国家相比较晚，但在经济发展的刺激与国家的重视下，国内创新创业教育取得了较为快速的发展。

1. 国家、政府对创新创业空前重视

进入 20 世纪 90 年代，随着市场经济的快速发展，具有新科技知识资源和创新热情的大学生群体渴望实现创业梦想。1998 年，教育部正式认定创新创业为教育改革的重要内容。1999 年 6 月，中共中央、国务院《关于深化教育改革全面推进素质教育的决定》出台。鼓励大学生创新创业不仅能缓解毕业生就业压力，更重要的是通过创新创业能培养大学生的综合素质水平、创新意识和能力，适应新时期的社会发展。同年，教育部印发《面向 21 世纪教育振兴行动计划》，要求加强对教师和学生的创业教育，采取措施鼓励他们自主创办高新技术企业。创新创业作为高等教育史上的一个新概念，具有深远的意义和研究价值，历史将赋予它更多新的内涵。

2002 年，教育部确定了清华大学、中国人民大学、北京航空大学等 9 所大学为创新创业试点大学，标志着中国政府支持创新创业的教育正式开始。2010 年，《国家中长期教育改革与发展规划纲要》（2010—2020 年）明确提出，应将促进创新创业作为未来 10 年提高人才培养质量的重要措施。2010 年 4 月，教育部联合科技部印发了《高校学生科技创业实习基地认定办法（试行）》的通知。同年 5 月，《教育部关于大力推进高等学校创新创业教育与大学生自主创业工作的意见》（教办〔2010〕3 号）文件出台，党的十七大提出"提高自主创新能力，建设创新式国家"和"以创业带动就业"的发展战略。大学生是最具创新、创业潜力的群体之一。在高等学校开展创新创业教育，积极鼓励高校学生自主创新创业，是教育系统深入学习实践科学发展观，服务于创新型国家建设的重大战略举措；是深化高等教育教学改革，培养学生创新精神和实践能力的重要途径；是落实以创新创业带动就业，促进高校毕业生充分就业的重要措施。

2012 年教育部办公厅印发了关于《普通本科学校创业教育教学基本要求（试行）》的通知（教高厅〔2012〕4 号），确定教学内容为"教授创业知识、锻炼创业能力、培养创业精神"。

2014年5月,刘延东副总理在全国普通高等学校毕业生就业创新创业工作电视电话会议上指出,要激励高校毕业生自主创新创业,高校要将创新创业教育纳入人才培养全过程中,全社会要为高校毕业生创新创业提供更多支持。加强典型引导,用身边的榜样激发学生的创新创业热情。2014年6月,人力资源和社会保障部、教育部等九部门一起出台了《大学生创新创业引领计划》(人社部发〔2014〕38号),要求进一步普及创新创业教育、加强创新创业培训、提供工商登记和银行开户便利、提供多渠道资金支持、提供创新创业经营场所支持、加强创新创业公共服务。

2015年,《国务院关于大力推进大众创业万众创新若干政策措施的意见》(国发〔2015〕32号)指出:推进大众创业、万众创新,是发展的动力之源,也是富民之道、公平之计、强国之策;对于推动经济结构调整、打造发展新引擎、增强发展新动力、走创新驱动发展道路具有重要意义;是稳增长、扩就业、激发亿万群众智慧和创造力,促进社会纵向流动、公平正义的重大举措。根据2015年《政府工作报告》部署,为改革完善相关体制机制,构建普惠性政策扶持体系,推动资金链引导创业创新链、创业创新链支持产业链、产业链带动就业链。

2015年10月21日,中国首届"互联网+"大学生创新创业大赛总决赛在吉林长春闭幕,李克强总理对首届中国"互联网+"大学生创新创业大赛做出重要批示,强调"把创新创业教育融入人才培养,厚植大众创业、万众创新土壤"。时任教育部部长袁贵仁在闭幕式上强调,我们要全面贯彻落实习近平总书记重要讲话和李克强总理对大赛做出的重要批示精神,全面深化高校创新创业改革,为促进大众创业、万众创新和建设创新型国家提供有力的人才支撑。刘延东副总理也对深化创新创业就业改革作出了重要指示。全面落实中共中央和国务院决策部署,以提高人才培养质量为核心,以创新型人才培养机制为重点,改善条件和政策支持,促进高校与政府、行业企业、社会协同育人,加快培养高水平创新型人才,建设创新型国家,实现"双百"目标,为实现中华民族伟大复兴的中国梦提供强有力的人才支持。

2015年《政府工作报告》将大众创新创业、万众创新提升到中国经济转型和保增长的"双引擎"之一的高度,显示出政府对创新创业和创新的重视。目前,中国正处于经济增长率转型、经济结构调整的痛苦时期、早期刺激政策的消化期的"三个叠加阶段"时期。面对制造业"去产能过剩"、房地产"去泡沫"、金融体系"去杠杆化"和环境"去污"造成的经济放缓，要将产业链和价值链从低端转向中高端，保持经济持续稳定增长，必须通过大规模创新创业，建立以市场需求为导向的创新创业生态，充分激发和释放新的消费潜力；引导民间资本投资新技术、新产品、新商业模式，加快我国经济结构转型升级。

2016年，《人力资源社会保障部教育部关于实施高校毕业生就业创业促进计划的通知》（人社部发〔2016〕100号）提出：实施能力提升、创业引领、校园精准服务、就业帮扶、权益保护五大行动。"能力提升"方面包括"各地各高校要全面提升高校毕业生就业能力，把学生职业发展与就业指导课程贯穿于整个人才培养体系，完善学科建设、课程设计，纳入教学计划和学分管理。加强就业指导师资培养，积极开展有计划、有组织的培训，在专业技术职务评聘中充分考虑就业指导教师的工作性质、工作业绩，并在同等条件下予以适当倾斜，推进就业指导教师队伍职业化、专业化、专家化。完善就业指导课程内容，深入开展个性化辅导与咨询，帮助毕业生科学规划职业生涯，增强职业素养，提升求职就业能力。注重理论与实践相结合，开展多种形式的模拟实训、职业体验等实践教学活动，有条件的还可组织参观人力资源市场，进行职业能力测评等现场指导，增强毕业生实践能力"；"创业引领"方面包括"完善支持高校毕业生创业的政策制度和服务体系，进一步扩大高校毕业生创业规模。把创新创业教育作为教育改革的突破口，指导高校将创新创业教育融入人才培养全过程，开发开好创新创业教育课程，制定学分转换、弹性学制、保留学籍休学创业等措施，开展各类创业实践活动，增强大学生创新精神、创业意识和创新创业能力。加强创业培训，针对高校毕业生创业不同阶段的需求，优先安排优质培训资源，开发合适的创业培训课程，使每一个有创业意愿和培训需求的毕业生都有机会获得创业培训"。

2017年，党的十九大报告指出："大规模开展职业技能培训，注重解决结构性就业矛盾，鼓励创业带动就业。提供全方位公共就业服务，促进高校毕业生等青年群体、农民工多渠道就业创业。"

2018年9月，《国务院关于推动创新创业高质量发展打造"双创"升级版的意见》（国发〔2018〕32号）指出："近年来，大众创业万众创新持续向更大范围、更高层次和更深程度推进，创新创业与经济社会发展深度融合，对推动新旧动能转换和经济结构升级、扩大就业和改善民生、实现机会公平和社会纵向流动发挥了重要作用，为促进经济增长提供了有力支撑。当前，我国经济已由高速增长阶段转向高质量发展阶段，对推动大众创业万众创新提出了新的更高要求"，并就推动创新创业高质量发展、打造"双创"升级版提出了总体要求和着力促进创新创业环境升级、加快推动创新创业发展动力升级以下意见、持续推进创业带动就业能力升级、深入推动科技创新支撑能力升级、大力促进创新创业平台服务升级、进一步完善创新创业金融服务、加快构筑创新创业发展高地、切实打通政策落实"最后一公里"八条具体举措。这是我国迄今为止最为全面的创新创业政策体系。

2019年印发《教育部关于印发〈国家级大学生创新创业训练计划管理办法〉的通知》（教高函〔2019〕13号）。为贯彻落实全国教育大会和新时代全国高等学校本科教育工作会议精神，根据《国务院办公厅关于深化高等学校创新创业教育改革的实施意见》（国办发〔2015〕36号）要求，深入推进国家级大学生创新创业训练计划（以下简称国创计划）工作，深化高校创新创业教育改革，提高大学生创新创业能力，培养造就创新创业生力军，加强国创计划的实施管理，特制定《国家级大学生创新创业训练计划管理办法》。

2020年《政府工作报告》，在工作总体部署中，李克强总理表示，要推动大众创业、万众创新，既可以扩大就业，增加居民收入提高，还可以促进社会纵向流动，促进公平政策。千千万万个市场细胞活跃起来，一定能够顶住经济下行压力，让中国经济始终充满勃勃生机。

2021年，李克强总理在《政府工作报告》中提出：依靠创新推动实体经济高质量发展，培育壮大新动能。促进科技创新与实体经济深度融合，更好发挥创新驱动发展作用。在两会报告中也提出：坚持创新驱动发展，加快发展现代产业体系。完善国家创新体系，加快构建以国家实验室为引领的战略科技力量，制定实施基础研究十年行动方案，提升企业技术创新能力，激发人才创新活力，完善科技创新体制机制，全社会研发经费投入年均增长7%以上、力争投入强度高于"十三五"时期实际。

2. 高等学校陆续开展各类创新创业教育改革

伴随各类政策文件的出台，高校的创新创业也开始进行全新的试验。

2006年3月，浙江商业职业技术学院尝试运行在校学生登记注册办企业。当时，这是中国大学创业教育模式在全真环境中的第一个案例。这次创新创业之举被《光明日报》等主流媒体誉为"中国教育模式创业教育的破冰之旅"，表明中国的创新创业开始进入新的发展阶段。然而，随着创新创业的重要性得到体现，问题也出现了：如何将创新创业教育与专业教学相结合？在人才培养模式中如何体现创新创业精神？如何提高创新创业的有效性？如何与社会力量相协调，形成创新与创业的协同作用？这些已成为当时我国促进创新创业的共同问题。

近年来，许多高校在完善创新创业组织体系、改进创新创业教学和课外活动、增加创新创业资金支持方面做了许多努力和探索，取得了一定的成就。但是，当时由于社会对大学生创新创业关注度不高，对创新创业的内涵和本质领会还不深、不透，创新创业教育存在以下主要问题：一是理解不到位，解放思想不够，没有创业教育与素质教育、人才培训相结合；二是意识不到位，工作做得不够，把简单的创新创业技能或技能培训等同于创新创业；三是教改实施不到位，创新人才培养模式建设不系统，课程教学改革与构建人才培训的创新创业模式没有整合，无法体现全方位、分类的教学人才培养模式；四是硬件不到位，对创新创业教育环境的支持也不够。无论是创新创业教师、创新创业基金还是创新创业场所，政府用于创新创业教育的资源仍然相对匮乏。

综上所述，与美国、日本等发达国家相比，我国的创新创业起步较晚，仍处于创新创业教育初级阶段，存在许多问题。如何在了解创新创业的核心内涵和现状的基础上，积极探索创新创业教育的新模式，是在新形势下稳步推进教育教学改革迫切需要解决的一个重要问题。

三、中外高校创新创业教育发展的比较及启示

当前，新常态下的中国经济增长下行压力加大，导致我国社会整体转型，也带来了日益严重的就业问题。据国家人力资源和社会保障部最新统计数据显示，2022年，我国高校毕业生达1076万人，创历史新高。就业形势非常严峻，扩大就业容量刻不容缓。最根本的出路就是转变就业观念，坚定自主创业、自谋职业的信息，寻求以创业带动就业的新途径。大力加强大学生创新创业教育，全面培养创新创业素质，不仅有利于缓解就业压

力，构建和谐社会，而且对促进经济增长、建设创新型国家能发挥积极和重要作用。与国外高校较早开始的创新创业教育相比，我国高等学校开展的创新创业教育仍处于起步阶段。研究国外高校创新创业教育的历史、发展和现状，可以为我国高校创新创业教育的发展提供有益的参考。

（一）国外高校创新创业教育的发展特征

1. 教育理念先进

欧美国家创新创业教育始于 20 世纪初期，其中美国的青年商业社早在 1919 年便对高中生实施商业实践教育；1947 年，哈佛大学商学院开设了第一门创新创业课程——"新创新创业管理"；20 世纪 50 年代，德国职业院校纷纷创建"模拟公司"，成为当时创新创业教育中最具影响力的实践教学法；1966 年，印度提出了"自主创业教育"的理念，鼓励高校毕业生积极创新创业；澳大利亚在 20 世纪 60 年代开始了一门专业的本科创新和创业教育，80 年代中期扩展至研究生水平，主要由技术和继续教育学院完成；1994 年，日本高校开设"综合学科"的课程结构，其中就有一门创新创业必修课程——"产业社会与人"；1999 年 11 月，英国财政部投资 7000 万英镑，促使剑桥大学与麻省理工学院的合作，促进英国大学创新和创业教育的发展。

始于欧美的开放式创新创业教育作为一种新的教育理念，旨在培养全面发展的创新创业人才。美国创新创业教育特别注重创新意识的培养和创新创业精神的塑造，将创新创业教育提升到国家发展的战略地位。例如，百森商学院的创始人蒂蒙斯教授认为，创新创业教育是为未来的人们树立"创新创业遗传密码"，价值取向是培养他们的创新创业精神和创新创业能力。另一方面，日本通过创新创业教育，培养学生的创新创业意识和创业精神，提高创新创业技能，使学生能够很好地面对社会现实的挑战，具有冒险精神；英国将创新创业作为一种未来的职业选择。人们认为，创新创业教育的目的是培养学生的创新创业精神，适应知识经济时代的挑战；澳大利亚通过建立"小企业创新创业组织"，重点培养学生的创新创业精神，激发创新创业的热情，挖掘潜力，使学生有创业的能力；新加坡建立了适合经济产业发展的创新创业教育指导思想。因此，创新创业教育起步较晚，但由于高校、企业与国家的联动与合作，实现了跨越式发展。

2. 课程体系完整

国外创新创业教育发展较早，形成了完整的创新创业教育体系和系统的创新创业教育课程。美国创新创业教育涵盖了从小学、初中、高中到大学专科、本科、研究生全部正规教育范围，教育内容与形式、教学方式与方法都有了重大改进，成为美国教育尤其是高等教育的重要组成部分，并与专业教育、职业教育紧密结合。同时，其创新创业教育课程也非常系统，内容涵盖创新创业构思、新企业设立、项目融资、企业管理等各个方面，并且本科课程与研究生课程有所差异。以著名的美国百森商学院"创新创业学"课程体系为例，其开设的创新创业课程涵盖了战略与商业机会、创新创业者、资源与商业计划、创新创业企业融资和快速成长等五个部分；整合了创新创业所需要的意识、个性特质、核心能力等"创新创业遗传代码"和创新创业相关的社会知识。日本尤为重视创新创业教育的衔接，开展连贯性的创新创业教育。高校非常重视与小学、初中、高中的校际合作，在每个教育阶段开展有针对性的创新创业教育；而创新创业教育课程体系则由高到低，由专业到普及，系统地涵盖了依次递升的以下四种典型模式：培养实际管理经验的创新创业家专门教育型模式、培养系统的创新创业知识和创新创业技能的经营技能演习型模式、创新创业技能副专业型模式、培养创新创业意识和创新创业精神的企业家精神涵养型模式。澳大利亚的创新创业教育主要是积极推进职业教育和培训中的模块化教学。大多数高校采用四组模块化教材：综合介绍、工业、商业发展和远程教育。

3. 重视师资队伍的建设

国外创新创业教育的成就与对教师队伍建设的关注是分不开的。在美国，从事创新创业教育的教师由具有深厚的理论技能和丰富的实践经验的全职和兼职教师组成，专职教师会根据他们的专业需要来决定学生的人数。同时，介绍具有创新创业实践经验和一定学术背景的人，负责创新创业的兼职教学和研究，特别是聘请成功的企业家担任客座教授。此外，不断组织教师参与创新创业活动，获得真正的创新创业体验；通过系统的专门培训习得创新创业教育相关知识，举办创新创业案例示范教学或开展研讨会促进经验交流。例如，斯坦福大学开设的"创新创业管理"课程就安排两位教师同时授课，一是具有丰富理论知识的全日制学校教授，二是具有丰富创新创业实践经验的访问性企业教授。日本高校通过产学研合作机制培养和建设创新创业教师队伍。例如，通过聘请社会企业人员到学校任教和组织教师参观企业，提高教师的创新创业教育的理论和实践知识。新加坡理工学院强调培训"双合格"教师，不仅对教师进行理论知识培训，而且给专业教师安排一段时间的产业项目的研制，以提高实践经验，有80%的教师在相关企业从事实践工作。澳大利亚各大学还建立了一个由全职和兼职教师组成的团队，其中有许多兼职教师参加技术和继续教育学院的小企业培训。他们大多是具有一定理论知识的小企业家，全职和兼职教师的比例达到4:6。德国已有12所大学设立了创新创业首席教授，鼓励他们教授创新创业课程，从事创新创业研究。

4. 注重学生创新创业实践能力的培养

国外高校创新创业教育特别注重学生创新创业实践能力的培养。在美国百森商学院的"新生管理经验"课程中，新生被分成几个团队，进行创新和创业实践，每个团队都有一名创新和创业教练，并获得3000美元的启动贷款，在学年结束后偿还本金和利息。日本的创新创业实践教育更加系统化。低年级学生接受创新创业启蒙教育，一般参观企业和工厂，听创新创业讲座；高年级学生接受创新创业实践教育，参加创新创业技能培训、项目研发、创新创业竞赛；研究生主要投入到创新创业实践中，加入创新创业园、高校创新创业工业实验室，体验创新创业的实践过程。印度高校设立了创新创业中心，协调创新创业过程中出现的各种问题，每年举办国际商业计划竞赛。同时，许多大学常年组织全国性或国际性的创新创业竞赛，大大提高了学生的创新创业实践能力。

5. 校内外创新创业教育氛围浓厚

成熟的国外创新创业教育经过几十年的发展已经展现出良好的氛围。德州大学奥斯汀分校、麻省理工学院、斯坦福大学等十几所高校常年举办创新创业计划竞赛，每年有五六家新企业从麻省理工学院的"五万美元商业计划竞赛"中产生，还有许多创新创业计划和团队以高价被购买。这些由创新创业计划竞赛直接孵化出来的企业中，有的在几年内就成长为营业额超过10亿美元的大公司，美国大学鼓励大学生一边学习一边创新创业，像比尔·盖茨这样的停止学业去创业成功的不在少数。美国高校的创新创业中心密切联系孵化器、科技园、风投机构、创新创业培训机构、创新创业资质评定机构、小企业开发中心、创新创业者校友联合会与创新创业者协会等组织,促成了高校、社区、企业良性互动式发展的创新创业教育浓厚氛围。自 1951 年第一个主要资助创新创业教育的基金会——科尔曼基金会(Coleman Foundation)成立以来,美国的创新创业教育也得到了社会各界的广泛支持,出现了许多支持创新创业的基金会,如考夫曼创业中心流动基金中心和国家独立企业联合会。这些社会机构提供的创新创业教育基金,为高校开设创新创业教育课程、培养创新创业人才提供了实践基地和经费保障。一些亚洲国家通过制定法律法规,促进创新创业教育的发展,如印度 1986 年颁布的《国家教育政策》和日本 1998 年颁布的《大学技术转移促进法》。而欧洲国家则主要通过实施创新创业项目和计划来激励大学生创新创业,如"青年创新创业计划"与"大学生创新创业项目"(英)、"青年挑战计划"(法)、"独立精神计划"(德)等。国外创新创业教育氛围的营造除了受到政府的高度重视外,也少不了民间组织的参与,如隶属于英国工贸部"小企业服务"中心与学校合作,成立大学生创新创业委员会,为大学生创新创业提供咨询、服务、决策参考及资金支持。

(二)国内高校创新创业教育的发展现状

1. 起步较晚但政府支持力度渐增

相比美国和英国,我国的创新创业教育起步较晚,1979 年党和国家规划深圳经济特区是我国创新创业教育的起源。1997 年,清华大学经济管理学院在 MBA 培养计划中开设创新与创新创业方向课程;2002 年 4 月,教育部确定了清华大学等 9 所大学为创新创业教育试点大学;2008 年,教育部设立 32 个创新与创业教育类人才培养模式创新实验区;总的来说,我国高校的创新创业教育仍处于探索阶段。没有像国外那样把创新创业作为研究方向或专业,也没有形成适合中国国情的完善、制度化的教育体系和模式。但是,中央至地方各级政府为支持创新创业教育陆续制定并颁布了一系列相关规章、政策,并给予资金资助和保障服务,如《国家中长期教育改革和发展规划纲要》《关于大力推进高等学校创新创业教育和大学生自主创新创业工作的意见》《普通本科学校创新创业教育教学基本要求(试行)》《大学生创新创业引领计划》《关于深化高等学校创新创业教育改革的实施意见》等等。

2. 教育模式雏形已定

自 2002 年教育部确定清华大学等 9 所试点院校开展创新创业教育以来,

国内高校的创新创业教育主要采用三种模式：第一种是以中国人民大学为代表，将第一课堂和第二课堂结合起来开展创新创业教育，重在培养学生创新创业意识，构建创新创业知识结构，完善学生综合素养，为多数高校所普遍采用；第二种是以黑龙江大学、北京航空航天大学为代表，通过组建职能化、实体化的创新创业教学机构来推进创新创业教育，重在提高学生的创业知识、创业技能；第三种是以上海交通大学、复旦大学为代表的综合式创新创业教育，一方面将创业教育作为基础，注重学生基本素养的培养；另一方面，为学生提供创业所需的资金和技术咨询。

3. 课程设置体系初步形成

2012年8月，教育部颁布了《普通本科学校创新创业教育教学基本要求》，要求本科高校创造条件，为全体学生开设"创新创业基础"必修课，我们将创新创业教育与学生专业教育有机结合，培养创新人才。目前，国内高校创新创业课程主要包括基础理论课程、专业课程和实践课程三个模块。同时，课程教材也在逐渐摆脱以往依靠翻译国外专著或教材的局面，先后出版了大量由国内高校教师编写的高水平教材。

4. 教学方法和手段逐步丰富

当前国内高校创新创业教育主要通过课堂教学、校园模拟、校外实践等多条途径来实施。教学中逐步采用角色模拟、师生互动、案例分析、创新创业计划大赛、实地见习等手段和形式，不断提升学生的创新创业综合知识、素养与能力。

5. 研究机构及实践教学活动渐多

截止到2021年年底，由科技部和教育部联合启动的国家大学科技园建设项目共有11批，达到141个。此外，为了更好地开展创新创业实践教学，许多大学都成立了创新创业协会和创新创业教育咨询小组、"双实双业"基地和创新创业孵化园。为了为开展创新创业教育提供智力支持，一些大学设立了创新创业教学机构，如厦门大学的埃塞克斯创新创业教育中心、黑龙江大学的创新创业教育学院、复旦大学的创新创业教育研究指导中心等机构。2015年4月，清华大学还率先发起倡议成立"中国高校创新创业教育联盟"。

（三）国内高校创新创业教育普遍存在的问题

在我国经济社会发展转型的新时期，培养理论水平高、实践能力强的创新创业人才是高等教育人才培养模式改革的重要着力点。在我国现行的持续驱动发展环境中，高校创新创业教育与专业教育高度融合是高等教育发展的必然趋势。高校创新创业教育是实用型的、多元化的、全面的发展，鼓励学生走出课堂，在发展过程中很容易与专业教育发生冲突。因此，迫切需要加强创新创业教育与专业教育的融合。创新创业教育与专业教育的有机融合对创新创业人才的培养至关重要。为了明确创新、创业、创新创业教育与专业教育之间的关系，并从发达国家创新创业教育的成功经验中吸取教训，创新创业教育应该走出当前中国高校千校一面的怪圈，根据自身的特点和优势，制定全校创新创业教育的发展战略，加强创新创业教育与职业教育的融合，构建创新创业教育教师的成长平台，逐步形成具有自身特色的创新创业教育体系。

1. 创业多、创新少

创业和创新的内在关联，二者密不可分，创业是创新的重要载体和外在表现形式，创新是创业的支撑、核心和本质。创业教育注重培养学生的创业意识、精神、素质，使学生掌握创业的初步管理技能，以满足社会生存需求，促进经济社会全面发展；而创新教育重视对人的发展的总体把握，培养学生的创新素养，提升学生的创新潜能，并将创新的新鲜活力注入教育活动，二者的价值取向与培养目标最终是一致的。因此，高校的创业教育与创新教育应相互渗透与融合。当时，国内高校开展创业教育时纷纷提出"以创业带动就业""以就业再促进创业"等口号，鼓励大学生通过创业途径来实现充分就业。但同时也有不少高校的做法是把就业看作创新创业教育的全部目的，然有失偏颇，导致的直接后果便是大学生创新精神不够、创新能力偏低、创新创业意愿不足、创新创业规模偏小、生存型创新创业多于知识型创新创业。

2. 外延不足、内涵欠缺

国内大部分高校先后都开设了创新创业理论课程，启发学生的创新创业意识，向学生传授创新创业知识；也有不少高校尝试设置了创新创业实操类课程，用来给学生传授创新创业步骤和规避创新创业风险等；部分高校还将创新创业与社会实践、专业实习相结合，让学生走进企业，耳濡目染管理好企业所应具备的能力和素质。但总的来说，目前国内高校开设的创新创业课程都偏功利性，教授学生解决创新创业过程中所遇到的一些实际问题的方法。同时也未能像国外高校那样，与政府、行业、企业密切联系，亦即创新创业教育行动的外延拓展不足，使得学生创新创业训练平台不够。相比之下，国内高校创新创业教育的内涵建设则更为欠缺，主要问题在于创新创业教育仍游离于专业教学之外，没有融入学科建设规划、人才培养方案、第一课堂与质量评价体系。

3. 高校角色定位不够明确

国内许多高校凭借自身的优秀人才和科技产品开发能力强的科研优势，纷纷创立校办产业，也有部分授课教师凭借自己的技术专利直接创办企业。在不断转化科技成果成为生产力的同时也给创新创业教育带来了不少问题。例如教师精力明显分散，学校及教师的科研再生产能力也得不到充分发展，从而影响到学校的整体教学水平和人才培养质量，必然要面对学术职能与商业价值的冲突。因此，在创新创业教育各个环节之中，高校要充分明确自身的角色定位，担当起自身应负的职能，而不能过度迷失于商业价值的追求之中。

4. 引领性人才培养力度不够

适应性人才具备一定的专业技能，能够适应经济社会发展的需要，并为现有产业发展做出贡献，但他们欠缺的是对未来、未知行业的知识创新和职业创造能力。当前多数国内高校开展的创新创业教育仍然局限于学生的就业需要，培养出了一大批各行各业的适应性创新创业人才，过分集中于创办服务业或加工制造业等企业。而国家层面的战略产业升级与结构调整急需高校通过创新创业教育培养出更多的引领性创新创业人才，以引领经济社会全面发展。

（四）国外高校创新创业教育的启示

国外高校创新创业教育经过多年发展，日趋成熟并逐步趋于专业化，其在实施过程中积累起来的经验有许多地方值得国内高校吸收与借鉴。结合我国高校创新创业教育的实际情况与普遍存在的一些问题，本书作者认为有以下几点有益启示：

第一，教育观念上要正确理解创业与创新的关系。如果创业与创新联系不够密切，其视野与层次都具有局限性。而与创新密切联系起来，创业就会迸发出无穷无尽的能量。那些将创新与创业紧密关联的欧美大学早已成为国家与企业的智库，成为社会经济发展的核心动力，并引领支撑着整个国家的经济社会发展。国内高校不应过分投入于缓解毕业生就业压力的低层次创新创业项目。本科院校尤其是研究型大学要带头将专业教育、学术创新与大学生创新创业项目融合优化，协助学生将学术创新成果转化成创新创业项目，激励他们通过创新创业项目大胆革新，催生出更多类似北大方正、清华同方、中科大讯飞科技这样一批优秀的高科技企业。

第二，教育行动上应重视其内涵和延伸。欧美大学的创新创业教育是非功利主义的。创新创业教育是大学教育的重要组成部分，应充分探索创新创业教育的内涵，使其深入人才培养的整个过程，让学生能够不自觉地接受创新创业教育；课程上重视培养未来职业所需的跨学科知识、能力和素养，并教会学生进行知识创新；同时走出学校教育层面，争取学校科研与企业或政府项目关联以获取资助；在当前注重内涵式发展的教育理念下，国内高校应将创新创业教育纳入人才培养方案，在专业课程中渗透创新创业教育理念。在校园内营造"全员创新创业教育"的氛围；而非在编制计划中挂牌一个创新创业机构，或在课程设置中增加几个创新创业学分，或开设几门创新创业课程那么简单。同时，还需要不断加大创新创业教育外延拓展的力度，强化高校人才培养与科学研究的社会服务功能。

第三，教育角色定位上要职责清晰。无论在国内的"产学研"模式还是欧美"官产学"螺旋结构里，作为创新创业教育实践主体的大学，在从事科学研究和人才培养时都必须考虑产业和政府的需求。国外高校正是通过履行清晰职责并通过自身努力赢得了产业和政府的信任，获得了良好的外部发展环境。

第四，培养目标上要倾向引领型人才。欧美大学大致分为三类：教学、研究、创新和创业。创新创业大学是在研究型大学的基础上发展的，重点是在研究型大学和创新的基础上发展创新创业教育。而中国的应用导向型大学，是新的转型或运行时间较短，虽然也注重社会需求开展创新创业教育，但主要是为了培养社会适应性人才。国外创新创业大学并不停留在培养适应型人才上，而是坚持以学术创新创业为自己的责任，更加注重培养引领性创新创业人才。1938年，两位斯坦福的杰出毕业生David Packard与William Hewlett一起创立了惠普，此后影响并带动了思科、雅虎、谷歌等许多全球领先高科技企业的问世。其公共关系部门更是宣称，有5000多家公司的起源可以追溯到斯坦福的创意、教职工或者学生。而要解决国内高校培养同质化倾向的问题，本科教育与高校教育在培养目标上就应做到各司其职。应用型本科院校的创新创业教育要以培养适应性人才为自己的责任，而研究型高校则应致力于培养引领型人才，从课程体系开发、师资队伍建设、学校角色定位等各个方面不断进行尝试和探索，开创研究型大学创新创业教育的新局面。

第二节　我国创新创业人才需求研究

一、社会经济整体转型带来的就业压力日益加剧

当前受世界经济大环境影响，中国新常态下的经济增长下行压力加大。上海财经大学高等研究院于 2022 年 7 月 6 日上午在沪发布了《2022 中国宏观经济形势分析与预测年中报告》。该报告显示，在基准情景下，与 2021 年 12 月该团队所做的预测相比，报告团队将 2022 年实际 GDP 增长的参考预测值从 5.5% 降至 4.3%，对 2022 年资产投资增长率的最新预测为 6.2%，1.8% 为消费增长率最新预测，相比于 2021 年 12 月的预测，消费增长率下降了 4.7%。近年来，特别是受新型冠状病毒疫情影响，经济下滑趋势明显，经济增长低于预期。经济增长压力加大导致我国社会产生整体转型。转型使我国社会实现了持续快速的发展的同时，也带来了一些前所未有的压力，其中之一就是日益严重的就业压力。

据教育部统计，高校毕业生人数在近 10 年来呈快速增长趋势。2012 年，大学毕业生人数为 680 万人，2015 年，增加到 749 万人，2018 年，毕业生的数量达到 820 万人，2021 年，毕业生人数持续增长，达到 909 万人。2022 年，我国高校毕业生首次突破 1000 万大关，达到 1076 万人，同年 4 月，16~24 岁人口调查失业率达 18.2%，是同期全国失业率（6.1%）的近三倍，创下自 2018 年来该数据的新高。2015 年，由北京青年压力管理服务中心发布的《2015 年中国大学生就业压力调查报告》指出：18.39 的就业压力感受平均数，显著高于去年的压力水平；在衡量压力水平的 5 个指标

上,情绪体验突出。这说明,年轻求职者的情绪管理的意识与技能培养等方面有很大的进步空间。近几年,随着毕业生人数的持续递增和全球疫情的冲击,就业之难也似乎成了常态。2021年《经济蓝皮书》指出:在疫情防控常态化形势下,不确定的疫情和外部环境使经济下行压力有所加大,校园招聘岗位数量有所减少。麦可思研究院2022年发布的《就业蓝皮书》指出:在疫情和去年待业的毕业生累积的双重压力下,就业难度持续增加。

根据调查,我国高校毕业生的毕业去向大致分为求职就业、继续深造、自主创业、待就业、其他(包括自由职业、入伍)五个方面,求职就业与自主创业的比例五年来持续下降,2021届相比2017届,分别下降了9.1个、0.7个百分点。继续深造的比例持续上升,由2017届的19.1%上升至25.7%。待就业的比例在新冠病毒疫情发生后也增长较快,2021届达5.7%。如图7-1所示。

图7-1 2017—2021届高校毕业生毕业去向分布图

随着全球新型冠状病毒疫情的爆发与疫情防控的常态化,就业市场秩序被迫改变,给毕业生就业带来严重的困扰,就业竞争日渐激烈。受新冠病毒疫情的冲击,大中小型企业纷纷受到不同程度的干扰,大型企业生产秩序开始混乱,中小型企业市场竞争力下降,甚至一些企业由于资金链出问题而面临倒闭。企业为了减缓市场压力,不得不通过减少工作岗位来压缩人力资本,从而导致毕业生的就业机会迅速减少,就业难度直线增加。另外,国外新冠病毒疫情形势依然严峻,大部分海外留学人员选择回到相对安全的国内就业择业,大批留学生进入就业市场,导致毕业生规模节节攀升,就业人员总量激增,加大了国内就业市场的竞争压力。这就是新冠病毒疫情常态化背景下毕业生所要面对的就业问题。

二、释放压力的有效途径——创新创业

在就业压力逐渐增加的形势下，扩大就业已成为社会和谐、稳定与可持续发展的主要问题，也已成为各级政府的重要裁决目标——处理就业中存在的结构性矛盾，我们需要整个社会的参与并在各方面加深改革。我们应该坚持以市场为导向，国家和市场充分发挥各自的作用。治本之道在于加快经济发展的转型，使发展主要依靠科技进步、劳动者素质和管理创新；与此同时，我们将深化高等教育改革，大力推进职业培训和创新创业，通过综合社会改革，如就业机制、保障机制和评价机制，全面提高了员工的专业素质和工作能力，扩大就业容量，提升就业质量。

面对日益严峻的就业形势，早在 2015 年，国务院就发布了《关于进一步做好新形势下就业创业工作的意见》，当中提及，要"整合发展高校毕业生就业创业基金""高校毕业生等重点群体创办个体工商户、个人独资企业的，可依法享受税收减免政策"等。随后，国务院印发了《国务院办公厅关于深化高等学校创新创业教育改革的实施意见》，从健全创新创业课程体系、创新人才培养机制、改进创新创业指导服务等 9 个方面来促进大学生创新创业。

社会需要创新型企业家，创新型企业家需要得到长期、精心的培养和系统的理论指导。中国大学必须向学生提供系统的创新创业教育，这是确保国民经济持续发展和社会和谐稳定的强大生命力，是中华民族的百年大计，也是大学更应担当起的道义。需要特别要指出的是，在下岗工人、城市新就业工人、大学毕业生、农村剩余劳动力和军人群体中，创新创业的唯一主导群体是大学毕业生。它们是最具潜力的创新创业团体，应该承担起扩大就业机会的重大责任。大学不应该成为应对社会负担的增压器，而应该是应对社会压力的减压阀。这就要求我国大学必须突破创新创业的理念、理论实践研究，实践创新创业的使命，培养和引导大学生，使他们毕业后能成为中国理性的创新企业家。这也是促进大学从知识教育向创新创业型大学转变的重要途径。

因此，在科学的创新创业理念引导下，高等学校应将大学生的创新创业精神、创新创业知识和创新创业技能教育作为高等教育的基本目标之一。

大学生将来不仅会成为求职者，还会成为就业机会的创造者，他们为社会弱势群体提供"饭碗"。这不仅是为了中国当前的稳定和协调发展，也是为了社会稳定全局的政治人物。

三、创新创业人才培养之路亟须改革创新

（一）教育教学实践的改革创新

1. 教育教学的深化改革

培养创新创业人才需全面深化教育教学改革，坚持学生为本、教学优先的基本原则，完善教学协调和管理机制，推动各类资源优先向教育教学一线倾斜。改革的第一步是创新教育教学方法，促进信息技术在教学中的广泛应用。建立和完善师生互动、相互教学的制度保障，鼓励教师在教学中突出灵感、灵活性、探究性和创造性，努力培养学生的批判性思维和创新能力。同时，要有效加强对实践教学环节的实施，提高实践教学比例，整合各种实践教学资源，加强校内外教材、实验室和培训基地的建设。大学生实现创新创业的前提是思维能力、创新能力和实践能力的培养。此外，还应建立大学教学联盟，打破学校与专业模块之间的障碍，促进专业、学科、学校对学分的相互认可，使学生能够最大限度地安排学习时间和内容。鼓励高校开展跨校课程选拔、学分互认定、学生互访；鼓励高校实施主修制、双修制和学生辅导制度，促进学校全面发展。随着学分制和灵活的学校教育制度的实施，各高校应在课程设置、学籍管理、教学管理、学生管理等多方面开展支持性改革。我们将探索建立相应的服务支持体系，提供必要的政策支持，积极推动高校加入国际组织和协议，融入国际高等教育专业认证体系，实现国际学历的相互认可。跨专业、跨学科、跨学校的教学模式可以帮助学生拓宽发展领域，完善自身知识体系，为将来实现创新和创业积累资本。

2. 多元化人才培训机制的建立与完善

创新之路需要多元化人才培训机制的支持和保障，建立多元化人才培养机制的核心是创新教育机制，创新教育积极促进合作教育，将优秀研究者、先进实验室、前沿研究项目等优质资源引入教育过程。鼓励学生，特别是专科学生和本科生，要尽早参与研究，进入实验室，真正实现科技与

教育的强结合、资源共享和互补优势。除加强校企、行业科研合作与产学研教育外，还需要加强大学生创新创业教育，配合地方政府科技工业园区，鼓励企业通过自主项目开展大学生创新创业培训计划。完善创新创业教育的运行保障机制，形成集"专业教育＋创新创业教育"深度于一体的人才培养模式。同时，要完善大学生创新创业教育教学评价体系；健全大学生创新创业教育成果孵化和转化机制，强化创新创业学分积累与转换的教学管理机制；完善大学生创新创业培训计划的实施方案，选拔和打造多个创新创业实践教育中心和校企合作教育基地，支持大学生积极参与科研、技术发展、社会实践等创新创业活动。

（二）高校办学理念的改革创新——高度重视创新驱动服务地方

目前，许多国家认为教育是"国家的基础"，科技是"一个国家强大的基础"。美国一直是全球创新的引领者和风向标。国际金融危机以来，美国积极推进"再工业化"战略，欧洲也在大力推动工业情报作为"工业4.0"战略的主要特色。我国也为国民经济主体制造业及时提出"中国制造2025""中共中央　国务院关于深化体制机制改革加快实施创新驱动发展战略的若干意见"。由此可见，产学研推动已升至国家战略，全球新一轮科技革命和产业变革浪潮风起云涌。科研领域不断拓展，学科交叉融合不断加速，区域化、集群化、网络化的创新模式不断涌现。江苏省委、省政府明确提出，大力实施创新驱动发展战略，进一步推进科技创新项目，加快创新型省份建设。高校应充分理解创新驱动发展战略的本质，利用高校科技人才的优势，通过科技创新培育新的增长点；完善创新体系，加大创新投资，提高创新能力，充分发挥高校科技在创新驱动发展中的重要作用。

第八章 高校创新创业人才培养研究

第一节 高校创新创业人才培养规划

创新创业教育是高等学校教育的重要组成部分,在实际工作中,发挥着特有的教育功能和社会功能。目前,培养创新创业人才是时代发展的新需要,高校作为育人的主体,承担着向社会输送创新创业人才的重责,为了提高创新创业人才培养的质量与效率,高校必须对创新创业人才的培养有着明确的规划并发挥其引领作用,从而帮助高校在创新创业人才培养工作中更好地发力。创新创业人才培养规划就是要在培养需求分析的基础上,遵循一定的原则,优化创新创业人才培养方案。创新创业人才培养规划主要包含创新创业人才培养方式、创新创业人才培养课程等方面的规划。

一、高校创新创业人才培养规划的制定原则

2010 年和 2012 年教育部相继下发的教育部关于大力推进高等学校创新创业教育和大学生自主创业工作的意见和《普通本科学校创业教育教学基本要求(试行)》两个文件指出,创新创业教育要面向全体大学生,结合专业教育,融入人才培养全过程。这些纲领性文件明确了全面开展创新创业教育的政策导向和价值定位。

(一)创新创业人才培养的规划要符合社会需求

创新创业目标不仅是生存的需要,更是发展的必需。大学生创新创业

发展教育的提出就是要以人的全面发展作为行动指南，将人的全面发展要求贯穿于教育的始终。在大学生成长成才的不同阶段和不同层次，都需要加强创新创业实践教育。通过走出课堂、结合校园文化活动，以及积极参与社会实践活动，让大学生在社会实践中提升自己的创新创业意识，提高创新创业能力；进而提高大学生的综合素养和核心竞争力，从而促进大学生全面成长成才。

（二）创新创业人才培养的规划要符合个人成长需要

创新创业需求指向的实践教育主要是从大学生群体或个体需求出发，针对大学生群体的相关特征，开展符合大学生群体、适合大学生阶段性特征的整体与个体发展的教育实践活动；结合校园文化活动、社会实践活动等实践教育形式，积极引导大学生自觉调整个人发展方向与社会需求相适应；不断提升和完善大学生自身的综合素质与社会实践能力，从而满足大学生的职业发展需要，使其能主动适应经济社会发展的规律。

（三）创新创业人才培养的规划要符合职业需求

在进行创新创业实践教育活动过程中高校要发挥其价值引领性作用。这必然要求高校特别是决策层转变人才培养观念，从广义的创新创业实质出发，积极引导大学生主动创新创业；培养他们把创新创业作为一种生活方式或人生态度的能力，并作为自己未来职业的重要选择。通过创新创业价值导向的实践教育，让大学生把对传统意义上出国、升学与求职的就业内涵的理解，转变成现代意义上就业与创新创业两种类型的新的就业内涵的认识，以此赋予大学生创新创业实践教育具有时代意义的价值定位，提升创新创业的内涵。把被动就业变为主动创新创业，把"寻找就业岗位"变为"提供就业岗位"，为国家和社会的发展做出新的更大贡献。

（四）创新创业人才培养的规划要注重效率

目前，国内的创新创业教育存在投入成本高、耗时长、大学生学习兴趣低、教师教学难、人才培养成效不明显的问题。因此，在创新创业人才培养规划的制定中，创新创业教育的目标要明确，教学内容要丰富，教育模式要符合创新创业教育的规律，教学方式要更多地加强实验、实训和实践等教学环节。只有这样，才能提高创新创业人才培养的效率，降低大学生的投入时间成本和学校的投资成本，培养出一大批具有经营能力的高质量的创新创业者和企业家。

二、高校创新创业人才培养规划的制定方法

创新创业人才培养规划就是要根据大学生的专业特色、群体特征、年级阶段和个体特征，构建出具有教育导向性的分阶段、分层次的创新创业教育实践体系，旨在将大学生的群体发展、心理发展、专业发展、职业发展等贯穿到创新创业实践教育的全过程中。通过师生互动、理论与实践并重、课内与课外结合、校内与校外关联，在合力中拓展和延伸大学生创新创业实践教育的内容、载体和方式；使大学生的内在潜能得到充分发挥，实现对大学生创新创业素质与能力的过程化、系统化和科学化培养；最终确保创新创业实践教育环节在高等教育中全方位覆盖，为高校培养综合素质高、业务能力强、全面发展的创新创业型人才打下坚实基础。创新创业人才培养规划对于高校而言非常重要，直接关系到高校的创新创业人才培养效率，因此，高校必须重视创新创业人才培养的规划。要想制定一个有效的人才培养规划，可以从以下几个角度出发：

（一）因"势"施教

提高大学生创新创业能力，一定要结合时代特征，面向不同年级的大学生开展形式多样的创新创业实践教育活动。这些针对性的实践活动，有助于大学生进一步挖掘他们的创新创业潜能，激发他们的创新创业潜热情，强化他们的创新创业意识，提升他们的创新创业能力，让学生想创新创业、爱创新创业、能创新创业。为达到教育效果，可以通过多种多样的活动载体，如校内外各类创新创业组织载体，组织开展"创业沙龙""校友企业论坛""企业家进校园"等系列实践教育活动；以校内外创新创业孵化基地、与学校签订的实习实训场所等为依托大力开展创新创业实践活动；要充分利用广播、互联网等校园文化软硬环境项目的优势，全方位营造创新创业实践的良好氛围。将国内外最新的创新创业状况、时势、政策，最前沿的创新创业理论等内容传授给大学生，培养大学生树立正确的创新创业价值导向，帮助大学生认清专业发展、企业态势、行业走势等情况，进一步开阔大学生创新创业的视野，让大学生掌握创新创业最新的动态。

（二）因"业"施教

不管做什么，都要因"业"施教，方能到达既定目标，创新创业教育

更是如此。高等学校的创新创业教育必须以专业为基础，并通过创新创业实践进一步提高专业能力，突出专业优势，打造具有专业特色的创新创业教育模式。为达到这个目标，在创新创业教育过程中，要以不同专业人才的培养目标为依据，借助创新创业学科专业教育实践，通过多种多样的校内外创新创业组织载体、学科竞赛载体、项目载体等开展实践教育活动。具体地说，面向不同专业的大学生开展 KAB 等培训项目，借助校内外创新创业基地、专业与非专业创新综合实验室等平台进行实习见习；注重网络等校园文化软硬环境项目支持，营造创新创业实践的良好氛围；积极开展创新创业计划大赛和学科竞赛活动；依托各学科专业协会、创新创业先锋班等组织载体开展有助于提升大学生创新创业素质与能力的实践教育活动。通过这些举措对大学生的创新精神、专业实践能力以及综合素质进行全面的锻炼与培养。

（三）因"材"施教

为更好地达到创新创业教育目的，高校在创新创业教育过程中，必须倡导因"材"施教。针对大学生的不同特点、不同爱好及个体差异，要因时因"材"施教。选取实践形式多样的、开放的、更加灵活的载体形式，让不同群体的大学生从中选择适合自己且非常感兴趣的实践教育方式。只有这样，才能让大学生最大限度地发挥才能，满足社会和自身需求，同时实现本模块的教育价值功能。所以，在这一层次可侧重通过丰富多彩的活动载体、形式多样的项目载体，以及校内外创新创业组织载体开展实践教育活动。具体地说，针对大学生个体的需求和兴趣，可开展典型案例分析、精英访谈和座谈交流等个性化的创新创业实践，以及企业的行业市场调研、挂职锻炼等社会实践活动；针对大学生个体的发展需求与特长优势，为他们提供一对一、一对多、群对群的个性化分类教育和指导；将不同个体的共同职业发展需求归类，并对其开展创新创业项目实践，提供实习见习机会，全力培养符合大学生兴趣特征的具有创新创业意识和能力的精英人才。

三、高校创新创业人才规划的发展阶段

创新创业教育不是一蹴而就，而是循序渐进的过程。因此，为了更好地培养出符合社会需要以及个人需要的创新创业人才，高校的创新创业人

才培养也应当根据实际发展情况及时调整规划的内容与侧重点，以避免规划与发展情况不符，反而拖累创新创业人才的输出。根据我国高校的创新创业教育现状，高校创新创业人才规划大致分为五个阶段。

1. 第一阶段：注重大学生创新创业的适应性和规划性

这一阶段主要是帮助大学新生尽快了解、熟悉和适应大学的学习与生活，让大学生活变得更有意义，更具特点；培养大学生的创新创业意识，鼓励他们学好专业知识，结合自己的特长和爱好，制定大学四年的奋斗目标，尝试进行职业生涯规划，尽早树立人生目标及努力方向。很多大学生在大一第一学期，由于对大学的学习生活充满着好奇，或对大学生活存在诸多方面的不适应，或对自己所学专业的职业前景和要求了解很少，或对自己的特质、兴趣爱好不能做出科学、客观的评价，所以没有明确的职业倾向，也缺少奋斗目标。因此，这一阶段面向全体大学生的创新创业教育，可侧重通过丰富多彩的活动载体、综合竞赛载体以及校内外各类创新创业组织载体开展实践教育活动。具体地说，可开展创新创业沙龙、创新创业讲座论坛、创新创业大赛、丰富的创新创业校园文化活动等，或借助创新创业组织、校内外各类创新创业协会等平台开展创新创业实践活动，进而来丰富学生的创新创业知识，培养他们的创新创业意识。

2. 第二阶段：注重创新创业典范与朋辈引导相结合

创新创业意识的养成和创新创业能力的提高，需要多方面多层次共同努力与付出。创新创业实践教育要有质的提升，需要国家的规划、社会的参与及高校的科学指导，同样，也需要创新创业成功典范与朋辈间的积极影响与带动。超前于其他人的个体发展具有榜样示范、典型引路的教育意义和作用。学者郭霖建议高校邀请成功的创新创业人士到学校授课和交流，激发大学生的创新创业激情。美国、德国、瑞士等国家，在进行创新创业教育的时候，老师会提供大量案例启发大学生，帮助大学生分析、研究市场；指导大学生设计创新创业方案，开展创新创业方案评估活动，逐步把大学生培养成为创新创业人才。为此，在这一阶段，面向全体大学生的创新创业教育，仍可侧重采用第一阶段的活动载体、组织载体以及综合竞赛载体等实践教育形式。重点开展创新创业精英访谈论坛、创新创业大佬座谈交流、创新创业实践活动成功案例分享、职业生涯规划与设计大赛等个性化的创新创业实践活动形式，帮助大学生更深入地了解自我，进一步强化他们对未来职业发展取向的认识和理解，提升创新创业人才培养模式。

3. 第三阶段：注重专业教育与创新创业教育相融合

为达到创新创业教育的目的，必须构建专业学习与创新创业相结合的培训体系。这一阶段，面向全体大学生，可侧重通过综合竞赛与学科竞赛载体、活动载体以及形式多样的项目载体开展创新创业实践教育活动。大二年级，学生开始从事和专业密切相关的实践活动，不断拓宽专业视野。他们开始关注专业发展前景和就业形势，但普遍存在感觉与认知之间的矛盾，所以很多大学生会对职业前景感到茫然。这时的创新创业教育，可以结合学生专业学习的特点，开展创新创业计划大赛等综合竞赛，以及与专业教育紧密结合的学科竞赛活动；开展创新创业讲座论坛、个性化咨询辅导等校园文化活动；组织专业企业进行行业市场调研、志愿者服务等社会实践活动；依托校内外实习见习基地、KAB、SYB等创新创业培训与科研项目，以及校内外软硬环境建设等项目载体，开展一系列创新创业实践活动。大学生专业学习与创新创业实践的融合，可以帮助大学生完成自我认知，积累创新创业经验，增强学习与实践等能力；引导大学生结合自身专业寻找未来创新创业的灵感，完善未来的职业目标。

4. 第四阶段：注重就业、创新创业分流与成长反思相结合

面对创新创业型大学生和就业型大学生两类群体，可侧重通过形式多样的项目载体、综合竞赛与学科竞赛载体，开展分类施教的实践教育活动。这一阶段，很多大学生在对专业学习有了较深入的认识和理解的基础上，进入实习和实践阶段，并开始思考未来的职业发展问题。从某种意义上说，可通过组建创新创业先锋班对有创新创业志向的大学生开展创新创业专项培训项目，如开展形势与政策讲座论坛、个性化咨询辅导等校园文化活动；组织专业企业市场调研、创新创业项目选择和挂职锻炼等社会实践活动；开展创新创业计划大赛等综合竞赛，以及与专业教育紧密结合的学科竞赛活动。让大学生走进专业企业，真正认识社会现实情况，大致了解当前的创新创业形势与特点；或直接参与企业的运营和管理，不断提高发现、分析、解决问题的能力，并将实践中遇到的各种问题带回创新创业理论学习中进行反思，从而快速成长；端正创新创业思想和就业择业心态，结合自身实际进行理性思考后缩小职业选择范围，为就业和创新创业提供不同层面的帮助与指导。

5. 第五阶段：注重就业、创新创业定向与职业理想相结合

要想达到创新创业教育实践活动的目标，不仅要重视以上几种情况的结合，还要注重就业、创新创业定向与职业理想相结合。这一阶段，面向全体大学生，可侧重通过形式多样的项目载体、丰富多彩的活动载体以及综合与学科竞赛载体开展实践教育活动。该阶段大学生已进入毕业学年，他们关心自己未来的职业去向，就业易受挫折、考研压力大、创新创业信心不足，以及对社会认识不够，不仅渴望得到更加全面的历练，更渴望得到就业、创新创业政策与求职技巧等方面的指导。在创新创业教育活动过程中，大学生不仅要学习创新创业理论知识，更要参与创新创业社会实践活动。面向全体大学生或社团等不同群体，开展创新创业项目的开发、培养与孵化；借助校内外创新创业基地进行社会实践，开展形势与政策讲座论坛、个性化咨询辅导等校园文化活动，以及志愿服务等社会实践活动；开展创新创业计划大赛等综合竞赛，以及与专业教育紧密结合的学科竞赛活动。让大学生获得有针对性和实效性的就业、创新创业指导，培养大学生正确的就业、创新创业观和坚定的职业理想信念；进一步帮助大学生提升岗前基本技能和素质要求，为他们提供真正的实践机会与平台，把他们培养成既有创新创业理论素养又有创新创业社会实践能力的全能型人才。

第二节 创新创业教育的人才培养模式研究

一、国外创新创业人才培养模式

国外创新创业教育的起步早于国内，自 20 世纪初期以来，美国就已经开始发展创新创业教育，并成为世界上最早发展创新创业教育的国家。1947年，美国哈佛大学商学院教授迈尔斯·梅斯（Myles Mace）开设了美国高校创新创业教育的第一门课程，开启了美国高校创新创业教育的新纪元，美国的高校开始重视创新创业教育的发展，经过长期的发展，美国不仅建立了较为完善的创新创业教育体系，更是不断地探索创新创业人才培养模式，为国家培养了大批创新创业人才，推动了经济的发展与社会的进步。鉴于

此，对国外创新创业人才培养模式的研究将重点以美国为例。

美国创新创业人才的培养模式多种多样，各高校都积极对创新创业人才培养模式进行改革与创新并形成了各自的特色，主要有以下几种：

（一）校企合作模式

哈佛大学的校企合作模式，即企业向学校提供一些具有相关专业能力的人员与学校一同参与教学，而学校则提供场地与相应的配套服务，校企联合培养符合社会发展需要的创新创业人才。这种模式不仅推动了科技的发展，更推动了经济的发展。

19世纪初，哈佛大学为了打破重人文学科，学生不能自由选课的束缚，开始进行教育课程改革，学校的自然学科得到了快速的发展，同时，学术自由和讲学自由的观念也得到了快速的发展，加上19世纪中后期《莫里尔法》的颁布后，由政府以赠地的方式支持教育，促进了各学校的蓬勃发展，开了美国职业教育的先河，这些为后来哈佛大学的创新创业人才培养奠定了一定的基础。1869年，艾略特（Charles W. Eliot）担任了哈佛的校长，哈佛大学在艾略特（Charles W. Eliot）担任校长的四十年间，发生了翻天覆地的变化，查尔斯·艾略特原本为哈佛大学的数学与化学教授，但他对教育管理极为感兴趣，于是他开始访问欧洲著名大学，发现美国大学的课程设置与工业、经济的联系非常少，而欧洲的大学则十分注重科学与工业及经济的结合。因此，在他担任校长期间，他进行了一系列的改革，为了使学生学到的知识能够学以致用，他主张加强教育与实践的联系，使得学校的自然学科与新兴学科迅速发展，促使"学术自由""学习自由""创新自由"成为哈佛大学的新风尚，哈佛大学也因此受到了社会广泛的关注。企业为了在激烈的竞争中保持优势，开始将目光转向哈佛大学的科研优势与教育资源，从而获得相关的技术与人才。自此，哈佛大学与企业的合作机制得到了发展，在这种合作的模式中，哈佛大学可以通过企业使得教育更加面向实际，加强与社会的联系，培养符合时代发展需要的人才，而企业则可以通过学校得到能提高产品与服务的技术以及相应的人才，确保自己的竞争优势。

（二）"产学结合"模式

美国作为最早采用"产学结合"模式的国家之一，培养出无数一般应用型创新创业人才。该模式主要采用合作教育模式,将学生的校内学习与校外实践结合,从而提高学生的实际技能、职业信心与社会实践能力。以凯特林大学为例,该校合作教育的模式运行机制为:

1. 培养对象选拔机制

凯特林大学招聘了专业管理人员组建合作教育管理委员会,设立"合作教育与职业服务办公室"。该办公室根据合作单位的创新创业人才需求状况,每年举办三次招聘会来选拔培养对象。该招聘采用学生与企业双选方式。合作教育管理委员会在经过详细调研后,向学生推荐合适的岗位,并为学生做充分的准备及后期的服务。首先,指导学生确定职业方向。举办与"职业选择与发展"相关的活动,指导学生撰写求职简历、参加面试并选择合适的岗位。其次,向雇主明确创新创业人才培养方案。最后,为学生争取相关工资福利。

2. 服务与协调机制

凯特林大学为了保障合作教育的有效、持续开展,建立了较为完善的服务与协调机制。该机制主要包括发布相关资讯,服务合作教育;设置组织保障机构与协调人员;开展合作教育职业指导;组织经验介绍与交流;合作教育委员会管理员到合作企业指导与了解学生工作等。

3. 教学与指导机制

课程教学、学术指导与论文撰写是大学培养创新创业人才的重点内容。凯特林大学通过设置"综合训练项目(Course Project)"来培养学生实践能力。在完成"综合训练项目"过程中,指导机制主要由三个部分构成,即"同侪辅导"机制(优秀的同学指导其他同学)、"学术指导计划"机制(配备学术指导教师)与"校企联合指导"机制(联合培养的学生高质量地完成毕业论文)。

4. 责任与约束机制

责任明确的约束机制能够保障合作教育的发展方向始终在正轨,推动合作教育模式的成功。这就要求学校、学生与企业之间分工明确。学校与学生之间需要签订"合作教育学生责任书",学生要严格遵守实习要求。企业与学生之间,需要及时沟通交流,以便企业根据学生特点,制订创新创业人才培养方案。学校与企业还应该设立奖惩机制,以鼓励优秀的学生和警告成绩不达标的学生,从而促进合作教育的人才培养。

5. 考核与评价机制

考核与评价机制是衡量创新创业人才培养与社会需求相关性的重要手段。凯特林大学合作教育的评价表由学科老师与企业指导老师共同完成。听课成绩、平时测验与期末考试的成绩则由学科老师进行评价，实验报告的成绩主要由企业指导教师根据学生实习情况进行评价，毕业论文的评价由实习单位指导教师和学校指导教师共同评定，其中实习单位指导教师评价占主导地位。

（三）"创业实践"模式

"创业实践"模式主要是美国百森商学院采取的模式，百森商学院十分重视培养学生的创新创业能力，并认为这种能力能帮助学生在社会中及时捕捉到机会，从而获得发展。百森商学院培养创新创业人才采取的是文化熏陶—课程学习—创业实践模式。首先，通过开展各类创新创业竞赛以及论坛，在学校营造浓厚的创新创业氛围。同时，宽容失败，百森给学生传授失败是一种经验学习的理念，引导学生勇于试错，并乐观地接受创新创业项目带来的各种结果，引导学生在项目中要及时进行自我反思与分析，从而获得启发与经验；其次，实行将博雅教育课程与管理类课程相结合及"边教边学"的教学模式，使学生能体验到创新创业的过程，以及为后续的创新创业实践奠定理论与兴趣基础。在课程学习中，为了帮助学生及时解决困难，还会给每位学生配备一名学生导师，该导师由高年级学生担任，这种模式可以促进学生之间意见与想法的交流，帮助低年级学生解决问题的同时，也能帮助高年级的学生巩固知识，从而达到互帮互助的目的；最后，参与实践，百森商学院致力于拓展多种实践，为学生提供充足的创新创业资源，增加学生进行创新创业实践的机会，以此来激发学生的创新思维。比如新生入学后，就可以参与班级的创新创业项目竞赛，最后获胜的两个项目可以获得学校的资金资助，建立新公司，并在老师的指导下由学生操控公司的运行与管理。"夏季企业项目"也是学生参与创新创业实践的一种方式，该项目在每年暑假进行，学生可自由提交创新创业计划，面试合格的学生则可最后参与该项目，学校会提供校内与校外导师对学生的项目进行指导，很多学生最终会建立起实体公司，而且往往会经营及管理公司直到毕业，这种实践活动提高了学生的管理能力以及创新创业能力。

（四）"互联网+"背景下 MOOC 教学模式

MOOC 是大型开放式网络课程。该模式的建立主要以教育资源共同化、平等化为目的。各个高校将课程录制成视频上传平台，以便社会公众观看。由于课程免费，学生可以选择自己感兴趣的内容进行学习，扩大了学生知识受益面。该教学模式现以 Coursera、Udacity、edX 为典型代表。

（1）斯坦福大学的 Coursera 模式。该模式支持中文翻译、综合度高，在国内受到广泛应用。并且其汇集了耶鲁大学、北京大学、清华大学等 100 多所名校。这些名校的图标被投放到课程首页，并将各类课程分门别类，且大部分课程不收取任何费用。课程学习过程中还设有考试、随堂测验等，较受学生们的欢迎。

（2）始于斯坦福大学的 Udacity 模式。该网站课程多为 Google、Facebook 出品，且一部分课程学习是需要收取费用的，并且课程更偏向理工，所以国内学生大多学习受限，不太有利于学生学习。

（3）哈佛大学和麻省理工学院联合创办的 edX 模式。该模式比前两个模式的互动性与实用性更强一些。在课程学习中有与之对应的课堂互动、课堂小测、期末测试等，且课程视频画面清晰度比较高，还可以在专门的模块中与同学互动讨论，更能凸显学生们在学习中的自主与主导地位。

二、国内创新创业人才培养模式

在国家的支持与时代的要求下，我国创新创业教育逐渐发展起来。在高校不断地探索与实践下，我国高校的创新创业人才培养形成了一定的模式，主要有下几种模式：

（一）将课内与课外结合起来开展创新创业教育

在这种模式下，高校创新创业教育侧重培养大学生创新创业意识，掌握创新创业所需的基本理论和原理，完善大学生综合技能。在校内，优化教育教学方案，完善人才培养模式，加大与创新创业方面相关的选修课程比例，培育大学生自主选择与促进个性发展的空间。学校开设了"创新创业管理""风险投资"和"企业家精神"等创新创业教育系列课程，以开放式教学为主，改革考试考核方法，加大培养大学生的创新创业思维。在另一方面，通过邀请知名专家和学者来校开展创新创业教育讲座或与大学生面对面交流，鼓励大学生创办企业或创造性地投身于各种社会公益活动和社会实践活动中。形成了以专业为基础，以创新创业为平台，更利于开展创新创业活动的模式。

（二）通过组建实体化、职能化的创新创业教育教学机构，全面推进创新创业教育

这种模式以北京航空航天大学等高校为代表，在高校设立了创新创业教育领导小组、创新创业教育专家组、创新创业教育中心、创新创业教育学院、创新创业教育协调委员会以及创新创业教育顾问团，确定了几个校级创新创业教育试点机构，全面推进创新创业教育。在学校层面建立学业导师制，不断改革选课制和学分制，开放创新创业课程，设立创新创业教育学分，开展创新创业活动工程等；在创新创业专业教学方面，以培养大学生的综合素质为前提和基础，创建创新创业教育课程群，为高校学生提供丰富多样的创新创业教学课件；在创新创业实践活动中，给大学生提供创新创业园区，创建创新创业基金，建立创新创业实验室，成立大学生创新创业团队，开展创新创业课题立项与创新创业成果评奖活动，组织创新创业各种学术科技竞赛，丰富创新创业活动氛围。

（三）以创新为核心，开展综合式创新创业教育

这种模式以复旦大学、上海交通大学和武汉大学等高校为代表，以创新为核心，将创新教育作为创新创业教育的前提和基础。在传授专业知识的过程中加强大学生基本技能的培养，同时也为大学生创新创业（创办公司）提供必要的资金和相关的技术知识。

复旦大学认为高校应成为大学生创新创业的孵化器。基于社会对创新创业人才的需求情况，针对大学生创新创业的现状，他们制定以育人为中心，围绕学生素质教育的要求，加强以"在校学生创新创业意识、创新创业精神、实践能力及团体协作能力的培养——毕业生创新创业指导——创新创业团体创新创业过程扶植"为创新创业教育的主线，并对有意向的创新创业项目进行必要的资助。

武汉大学以创新教育、创造教育、创新创业教育等"三创教育"的办学理念为指导，把培养具有创新、创造和创新创业精神和能力的人作为人才培养目标。他们因材施教，将大学生大致分为三类：对于一般想创新创

业的学生而言，着重培养学生的创新精神和创新能力，使这些学生能够适应社会变革，并能够根据不同变化实时革新；对于理论基础扎实、智力超常的大学生实施创造教育，旨在培养他们的创造精神和创造能力，时刻鼓励他们探索新理论、新知识、新成果、新技术，为自己将来做出重大突破奠定扎实的基础；对于那些喜欢开拓新领域，且具有领导气质的大学生实施创新创业教育，积极引导、时刻鼓励他们参与社会实践活动，培养他们的创新创业意识、创新创业精神和创新创业能力，为自己将来应对激烈的社会竞争环境打下坚实的基础。他们围绕"创"字积极推行讲授与自学、讨论与交流、指导与研究、理论学习与实践实习、课堂教学与课外活动、创造与创新相结合的多样化人才培养模式和教学方法的改革；着力加强大学生实践实习、自学、课堂讨论、创新创业训练、科学研究等培养环节；突出培养大学生的综合素质、完善人格、复合知识结构以及创新、创造与创新创业的精神和能力。

近年来，教育部采取了一系列有力措施，创新创业教育已延伸到课程、教法、实践、教师等人才培养的各个环节，从知识教育、能力培养、素质养成等方面全方位促进学生的全面发展。

（四）"渐进式"创新创业教育人才培养模式

这种模式主要适用于小范围内进行创新创业教育的高校，该模式分为四步：第一步，让学生了解创新创业教育的重要性和意义，从而促使学生对创新创业产生兴趣，推动学生积极学习。第二步，利用创业孵化基地、创业实训平台等场所进行创新创业实践教育，给学生进行创业提供场地和配套支持，增加学生创新创业经验，促进下一步工作的进行。第三步，不能只让学生学习理论，要进行实践模拟，帮助学生了解企业内部真实情况，让学生身处全真模拟中，了解创新创业的特征，奠定未来创业的基础，同时增强学生心理素质能力。第四步，学校可以开展创新创业相关讲座，邀请经验丰富的企业家以及创新创业教育专家来给学生解惑，面对面地提供相关建议，提高学生创新创业成功的可能性。

（五）"一体两翼"创新创业人才培养模式

这种模式适用于有初步创新创业意识的高校学生。其中"一体"是指发挥创新创业教学作用的创业学院，"两翼"指的是面上的覆盖和点上的突破，面上的覆盖是指通过创办创新创业相关的活动与比赛，来培养与增强学生的创新创业意识，将创新创业意识不断渗透到学生的日常生活与学习中，推动学生主动学习创新创业相关知识；点的突破是指老师们应该为学生在创新创业教育学习过程中遇到挫折时及时提供帮助，指导他们如何解决创新创业的难题，保证学生创新创业可以顺利进行，提升学校创新创业教育质量。

三、我国高校创新创业教育人才培养模式存在的问题

（一）对创新创业教育的认识不够

随着我国经济社会的发展，大学毕业生的就业制度完成了从以前国家包分配到现在自主择业、双向选择的伟大转变。为适应这一伟大变化，高校必须加强人才质量的培养，转变人才培养的模式，培养适应社会发展的有用之才；大学生必须转变就业观念，改变"等靠要"思想，自觉树立自主择业、凭实力就业、竞争择业的就业观和择业观。而在现实工作中，我国一些高校的学生没有就业意识，更没有创新创业观念；高校也忽视了对大学生创造职业、创造岗位的引导，没有注重培养以创新创业带动就业的意识，在社会上没有形成良好的创新创业氛围。

1. 高校领导的认知偏差

一是某些高校领导认为创新创业教育仅是就业指导的一项内容，对创新创业教育工作还停留在政策、心理、技巧、形势分析等方面的指导，没有重视对毕业生进行创新创业意识、创新创业精神和创新创业能力的培养，也没有形成创新创业教育体系，把它单纯地理解为搞几场创新创业讲座，举办几次创新创业沙龙等表面工作。

二是某些高校领导忽视了如何充分发挥大学生的主观能动性和创造性的潜能，没有注重大学生个性的发展和创造性的培养，低估了全面发展对人才素质培养的重要性；一些领导仍然把创新创业教育看成是一种典型的、静态的、封闭的、狭隘的、片面的、传统的就业教育观念，认为大学生在校期间把专业知识学好就可以了，过分强调创新创业教育的目标就是为了缓解就业压力，将内涵丰富的创新创业教育单一化。

2. 大学生自身的认知偏差

一是部分大学生认为创新创业是无奈之举，只有找不到工作才去创新

创业。他们觉得只要有大学文凭，将来就能找到好工作。因此，在大学学习期间，只看成绩，不注意自身综合素质的提高，不注重创新创业意识的培养，幻想拿到毕业证后就能找到一个待遇高、社会地位好的工作，而没有过多考虑自主创新创业。

二是很多大学生认为，创新创业教育只对那些学习成绩非常优秀、创新能力比较强的大学生才能学以致用，创新创业与自己无关。其实，创新创业是高校教育的目标之一。高校创新创业教育的另一个目标就是全面培养大学生的创新创业意识、创新创业精神和创新创业能力，形成创新创业氛围，进而为创新创业打下良好的基础。

3. 社会和家庭对创新创业教育认知不够

当今社会，总有些人对在校大学生创新创业持悲观的看法。他们觉得在校大学生创新创业是不务正业，不仅荒废了学业，还浪费时间和金钱；不仅害了自己，还影响了家人、学校的声誉。特别是对那些家庭条件不好的学生来说，创新创业更是一个大的挑战。大部分家长对孩子大学毕业后就直接自主创新创业没有很高的期望值，所以他们不支持甚至反对大学生创新创业。这些情况，都是社会对创新创业教育的片面认识和偏差反映。

近年来，我国教育体制发生了重大转变，实现了从精英教育向大众教育的转变，大家已认识到了大学毕业生就业难、难就业的现实问题，大学生就业"等靠要"思想显然已不适应当前的就业择业模式。只有以创新创业带动就业，并转变就业观念，化被动为主动，才能建立全面的创新创业教育观。另外，社会、学校、家庭要注重多方位、多角度培养大学生的创新创业意识和精神。

一要转变大学生的成才观念，把培养大学生成长成才变为高校教育的落脚点。

二要创新教育发展思路，把大学生的培养模式从知识型向创新型、创造型、能力型、综合素质型方向转变。

三要调整办学的特色思路。特色就是个性化发展的方向，而个性化是创新的前提和基础，也是生存和发展的必然要求。要想提高从业者的基本素质、基本技能，应大力发展社会化高等教育。

（二）对创新创业教育的理论研究不够

1. 高校创新创业教育理论研究有待加强

从 1994 年到 2007 年，创新创业教育理论研究在我国取得了长足的发展。然而，教育的发展在不同的历史时期会遇到不同的问题，教育本身与社会的发展总处在一种不断协调的关系中。针对创新创业教育这个新问题，教育科学研究部门及高校本身需要不断地加以系统研究、总结，形成一套成熟的理论体系。但是，从目前的创新创业研究成果来看，不论是数量上还是质量上都还处于起步阶段。由于高校创新创业教育的理论研究不够，系统理论论述薄弱，加上对创新创业教育实践的总结不够，导致理论研究没有达到真正效果。

2. 高校创新创业教育脱离其他学科专业教育，缺乏创新创业教育的系列课程

现阶段，我国的创新创业教育还没有完全融合于学校的整体教学体系中，与学科专业教育的开展并未形成有机的联系，大部分高校重点放在创新创业活动的开展上，忽视了创新创业教育的过程。这样一来，直接后果就是创新创业教育脱离了学科专业，大学生失去了自身专业优势的有力依靠。因此，我们必须清醒地认识到创新创业教育决不能脱离知识教育和专业教育而孤立地进行。因为人的创造性是不能像具体技能和技巧那样能被教授或传授的，它必须通过现代科学知识和人文知识所包含的文化精神的熏陶和教化才能潜移默化地生成。

创新创业教育始终是与知识教育及专业教育联系在一起的，而且必须要以知识教育和专业教育为基础和前提。当前，我国高校创新创业教育的首要任务是如何改革现有的教学内容和教育形式。创新创业教育在西方国家的大学中已有较长的历史，高校重视培养大学生的创新创业精神，通过开设系列课程，从而传授创新创业知识和技能。例如，在美国的某些大学中开有"企业经营计划"等课程，法国的某些大学有"企业家""企业创办学"等课程。而我国尚未在高校中开设完整的创新创业教育系列课程，更没有相关的专业教材和实践教学环节。仅有部分高校进行了试点，试点也主要停留在就业指导层面上，很难全面地提高大学生的创新创业素质，无法在校园内形成创新创业的浓厚氛围。

（三）创新创业教育资源缺乏

中国是一个拥有 14 亿人口的大国，但生产力发展水平相对落后。地方经济发展不均及人口众多的国情导致我国教育资源严重不足，教育资源整体不足的状况必将对我国创新创业教育的开展产生不良的影响。

1. 教育人力资源不足

教育作为一种培养人的活动，既可以体现在生产者上，又可以体现在生产的"产品"上。从广义上讲，凡是与教育有关的人士都可以纳入教育的人力资源；从狭义上讲，教育人力资源主要包括从事教育工作和为教育服务的相关人员。狭义的教育人力资源是指从事教育的老师，对于人口众多的我国而言，教师的总量严重不足，已不能满足我国对教育需求的增长。按照 2020 年的相关要求，高等教育要达到 54.4% 的毛入学率的目标，普通高校师生比按照 1∶18 的比例计算，教师队伍的缺口也将达 50 万。所以，我国目前高校的相关老师缺乏较为严重。

2. 缺乏专业的创新创业教育指导教师

在我国，大部分教师还是采取传统的"传习式"教学方式，重在"授"，培养单学科"知识型"人才。在创新创业教育过程中，教师扮演着实践者、组织者和研究者的角色。许多教师的教育教学观念仍较保守，他们只关心大学生的学习成绩好坏，不关心学生德、体、美、劳等方面的成长成才，也不提倡大学生从事自主创新创业，特别是近几年新冠肺炎疫情发生以来，看到很多中小企业相继倒闭，他们更向学生灌输"稳定工作是王道、创新创业有风险"的理念。究其原因是多方面的：其一，上课的老师本身就缺乏创新创业的意识、精神和能力；其二，许多教师害怕承担责任，认为向学生提倡创新创业理念，若学生创新创业实践失败，将要承担责任与后果。所以，要想在我国高校大力开展创新创业教育，首先必须要加强从事创新创业教育的教师队伍建设，要把教育理念从目前的"理论型""传授型"向"能力型""创新型""实践型""全面型"的方向转变；学校要做好上层规划和制度设计，制定激励措施，挖掘一切资源，充分调动教师的创新积极性，根除不利于创新创业活动的理念与环境，营造有利于教师开展创新教育教学活动的氛围；定期组织教师深入社会实践，增设一些教师创新创业理论与实践相结合的课程，鼓励教师积极研究激发大学生创新意识和创业热情的方法及途径；积极创造各种条件，大力培养一支具有创新创业意识和丰富实践经验的教师队伍。

3. 缺乏创新创业经历和创新创业经验

高校的创新创业教育能否成功与创新创业教师的专业水平息息相关，特别是与创新创业教师的理论水平及实践经验关系密切。从事创新创业教育的教师除有较高的学识水平外，更应具有相关的创新创业实践阅历和丰富的创新创业经验。以前，很多在高校中从事创新创业教育的教师都没有实践经历，更没有创新创业经验。他们的创新创业教育只是停留在纸上谈兵的阶段，甚至有的老师连创新创业基本知识都不具备。要区别对待从事创新创业教育任务的教师与其他专业课程的教师，其他专业课程的老师一般只要有相关的专业知识即可上课；但担任创新创业教育的教师不仅要具有本专业扎实的理论知识，更要有创新创业的社会实践经历，强调理论与实践的结合，但重在实践。创新创业教育老师不仅要教授大学生创新创业必备的理论知识，更要通过互动式的教学，从思想上深入激发大学生创新创业的潜能。从而调动大学生的创新创业兴趣，把创新创业理论用于创新创业实践，去从事系列的创新创业活动。当前，我国高校开展创新创业教育教学和培训的教师一般来自以下两方面：一是以前从事企业管理培训上课的教师；二是从事大学生就业指导工作的老师。这两类老师共同的弱点就是本身缺乏创新创业理论知识，更没有创新创业经历，所以在为大学生进行创新创业教育培养时，发挥幅度受限。

4. 教育财力资源缺乏

教育财力资源即人们通常指的教育经费。我国教育财力资源的缺乏反映在国家教育总体投入占 GDP 的比例较小，据教育部、国家统计局、财政部发布的关于 2020 年全国教育经费执行情况统计公告，2020 年全国国内生产总值为 101.36 万亿元，国家财政性教育经费为 4.29 万亿元，占 GDP 的 4.23%，这是自 2012 年以来连续第九年做到不低于 4%，但仍然低于美国连续几年高于 6% 个百分点。由于中国 GDP 的总量与美国差距悬殊，人口又是美国的近 5 倍，所以人均教育经费的差距越来越大。

我国政府教育经费投入不足，不但低于发达国家，甚至还低于一些新兴工业化国家和同等水平的发展中国家。财力资源不足的状况，直接影响我国教育的整体发展进程。虽然创新创业教育实施所需的财力部分来源于社会上的资金捐助，并非像义务教育一样全部由国家承担，但是国家也必须承担少部分创新创业教育费用。在我国当前生产力发展水平不高且地区发展不平衡、现有教育投入不足的情况下，国家对创新创业教育实施的财力支持显得十分有限。

5. 教育物力资源不足

教育物力资源就是指"硬件"条件。我国因教育内部各种支持系统的能力有限，特别是受教育投入因素等限制，现在高校还普遍存在办学条件落后，教学基础设施不齐，教育技术现代化水平较低等问题。教育物力资源是开展创新创业教育活动能否成功的前提条件之一，我国现阶段的教育物力资源不足必然对教学方式方法的选择产生消极影响，从而使教学的灵活性、生动性受限。

（四）创新创业教育的文化氛围不够浓厚

1. 缺乏良好的校园创新创业文化

高校所处的文化环境主要指校园文化和社会文化两个方面。其中校园文化主要是指校园里表现出来的一种文化现象，既体现为一种理念与意识，也反映在学校的规章制度和校园环境中。校园文化对大学生创新创业素质的提升具有整体引导、塑造和培养的作用，具有耳濡目染、点滴渗透的功能。把创新创业教育寓于校园文化建设之中，可以对大学生的思想行为产生持久而深刻的影响，并能有效地诱发受教育者的创新创业意识和心理品质。实践证明，高层次、高标准的校园文化背景对于学生良好品质的形成与创新创业有着深远的影响。但是，现在很多高校由于教育体制的限制，并没有形成一个科学的、完善的、浓厚的、健全的创新创业文化氛围，学校内部的培养目标、文化氛围、评价体系都没有向创新创业素质培养方向倾斜。在学校里无法感受到一种积极向上、不畏困难、勇于探索的创新创业气氛，有的只是一种归于平庸、虚度年华的窘态或是一种"一心只读圣贤书"的书呆子形象。大学生本应是具有朝气、富有激情的创新创业中坚力量，如果置身于这样一种封闭的、静态的、循规蹈矩式的"弱势文化"氛围中，必将掩埋掉大学生的创新创业激情和斗志。

2. 缺乏完善的社会创新创业环境

构建良好的创新创业教育文化环境，除了营造优美的校园文化环境外，社会文化环境的建设也不容忽视。因为社会文化环境既影响大学生创新创业意识和精神的塑造及培养，又影响着大学生接受创新创业教育的主动性、积极性和创造性。从这方面说，创新创业教育不只是单纯的学校行为，而是一项需要国家、社会和学校相互支持与配合的系统工程。当前，社会传统文化给大学毕业生在创新创业的方方面面上带来了影响，这些外部环境因素对大学毕业生创新创业存在较大的负面影响。同时，在政府层面，由于大学生并非我国现有创新创业大军的主体，工商、税务方面对高校毕业生创办公司虽有一些优惠政策，但从人事制度、企业制度、投资融资制度上却未见对大学生创新创业带来很大帮助，也没有特殊政策。当前尚未形成一套科学完善的支持大学生创新创业的法律和法规，许多高校也没有形成科学的创新创业教育课程体系。创新创业教育仍处在"竞赛"的初始阶段，还停留于毕业生就业指导层面。学校关于创新创业教育方面的参考书籍极为稀少，对开展创新创业教育活动还停留在理论宣讲上，有的甚至还是一种口号，对引入创新创业教育的深度和广度极为有限。这些社会文化环境的局限性既影响大学生理解创新创业教育的真正内涵，也将直接导致创新创业教育无法从根本上得到真正落实，更无法达到指引大学生创新创业应有的教育效果。

但是，随着经济社会的发展，人才的需求对创新创业教育提出了更高要求。高校要想在创新创业的大潮中有所建树，学校上下必须彻底改变相关教育教学观念，重视引导和推动创新创业教育发展；要引入一种全新的教育理念和教育模式作为创新创业教育的指南，突出人才培养方向，凸显素质教育的内涵，重点培养大学生创新创业实际动手能力和社会实践活动技能。各高校要以满足社会需求作为创新创业教育的发展动力，着重改变人才培养模式，打造人才培养基地。通过人才培养，促进大学生创新创业能力及水平的提升，增强学校核心竞争力和学校办学的综合实力。

第三节　强化创新创业教育人才培养体系建设

一、发挥思政教育的价值引领作用

在"大众创业，万众创新"的时代潮流下，时代发展对人才提出了更高的要求，这不仅体现在创新、技能、管理能力上，还体现在对人才的品德修养上。在物欲横流的社会，有能力往往是不够的，还必须有正确的世界观、人生观与价值观，这样才能使自己一直保持清醒的头脑，才能正确发挥自己的能力，才能成为推动社会进步与发展的人，而不是成为阻碍社会与国家进步的"毒瘤"。高校作为人才培养的重要阵地，其肩负着向社会输送合格人才的使命，必须结合时代要求在培养学生创新创业能力的同时，也要做好学生品德修养及世界观、价值观的教育工作。

高校思政教育在创新创业教育中发挥着重要作用，最重要的就是引领价值取向。通过学习毛泽东思想到习近平新时代中国特色社会主义思想，学生可以塑造自己的精神世界，从而具有强大的内心能量，增强创业自信，这可以为将来创新创业时需要强大的心理素质、抗压能力打下坚实的心理基础。此外，思政教育还能培养大学生的创新思维，比如习近平关于"绿水青山就是金山银山""人类命运共同体"的思想等，都是启迪大学生培养创新思维的生动素材。马克思主义唯物论与辩证法可以帮助学生在遇到问题时，能用辩证的思维分析问题、解决问题，帮助学生顺利开展创新创业实践活动。

二、营造创新创业氛围

创新创业氛围对学生的影响非常大，在这种环境里，学生的创新创业意识会得到极大的增强。如果高校重视创新创业氛围的营造，将会让"大众创业、万众创新"在校园内蔚然成风，学生也能更加主动地投身于创新创业中。营造创新创业氛围可以从以下几个方面入手：首先，加强校园文化建设，文化对人影响来自各种形式的文化活动等，文化能影响人的实践活动、认识活动及思维方式，因此，高校要充分发挥大学生创新创业社团的作用,在校园内营造创新创业文化氛围,从而在潜移默化中影响学生的创新创业意识;其次,以校园创新创业活动为载体,依托校园各种创新创业竞赛,积极开展"挑战杯"创新创业计划大赛、大学生就业创新创业沙龙、科技论坛等课外的创新创业实践活动,推动大学生积极参与到创新创业的课外活动中来,开阔大学生视野,激发大学生的积极性,提高大学生创新创业的素质,进而提高大学生的创新创业能力;最后,定期举办创新创业讲座与分享会,可邀请校外一些创新创业的成功人士来校举办讲座,分享他们成功的经验,同时也可以让学校的学长学姐来分享他们在做创新创业项目时的心得,无论是成功的还是失败的都可以做分享,通过一个个不断涌现的典型,由点及面,助力和带动整个校园创新创业局面的形成。

三、完善创新创业人才培养模式

在社会快速发展的背景下,我国需要更多具有创新创业能力的优秀人才来推动社会的进步,为了培养更符合社会需求的人才,必须完善创新创业教育的人才培养模式。这对于个人而言,不仅可以鼓励受教育者的创新意向,挖掘其创业潜能,还为受教育者提供创新精神培育和创业技能提升的机会。对于社会而言,不仅可以满足社会对合格人才的需求,更是人才来源稳定的保障。高校完善创新创业人才培养模式,可以从确定人才培养目标、优化课程体系和教学内容、改革教学方法、构建创新创业实践平台、完善人才考核评价体系等方面着手(如图8-1)。

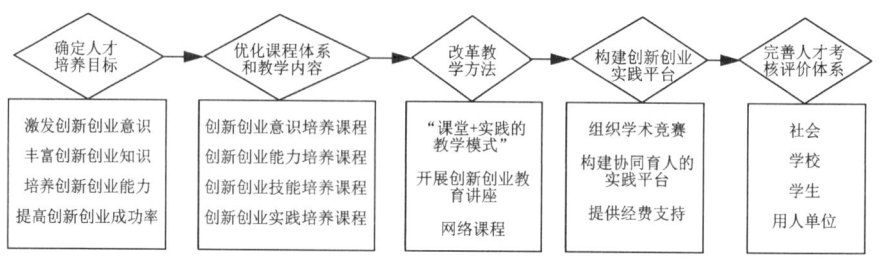

图 8-1 创新创业教育人才培养模式

(一)确定人才培养目标和内容

创新创业人才是时代发展的新需求,而高校作为育人育才的主体,必须肩负起创新创业人才培养的重任。人才培养目标作为人才培养全过程的起点,在人才培养中起着非常关键的作用,是构建人才培养方案的依据。

因此，高校必须科学地设立创新创业人才培养目标。

当前，各高校对创新创业人才培养目标进行了积极的探索，但大部分都是从学生的角度出发，未考虑到社会与用人单位的需求，而高校创新创业人才培养的最终目的就是使学生能更好地适应社会的发展及为社会与企业输送合格的人才。所以，高校在设定人才培养目标时必须多方位考虑。目前，胜任力模型在企业的招聘与培训中被广泛使用，该模型已经成为企业启用与选拔人才的重要手段。其不仅能帮助企业找到合适的人才，更能用于人才培养，提高人才培养的效率。因此，本小节以岗位胜任力理论为基础，构建创新创业胜任力指标体系模型，从而确定高校创新创业人才培养的目标与内容。

1. 创新创业胜任力与创新创业的关系

（1）创新创业胜任力

1994 年，Chandler 和 Hanks 首次提出创业胜任能力的概念，并把它定义为识别、预见并利用机会的能力。根据当前创新创业胜任力模型的研究，冯华和杜红等团队专家提出由八个特征维度构成的创新创业胜任力模型：学习胜任力、承诺胜任力、关系胜任力、机会胜任力、组织胜任力、情绪胜任力、战略胜任力、概念胜任力。

通过相关调查问卷分析，孙波等人把大学生创新创业胜任力归纳成以下三个维度：创新创业知识、创新创业技能和创新创业素质。创新创业知识既包含专业知识结构，也包括人际交往能力、管理技能、社会经验等。

（2）创新创业绩效

绩效是衡量一个单位或组织目标是否达成，属于一个整体性概念。不同的人，不同的研究背景，对创新创业的研究目的也不相同。到目前为止，绩效还没有一个统一的定义。综述国内外学者对绩效方面的研究，绩效主要有以下四种说法：绩效是结果，代表学者 Bernadin 认为绩效是从事某项活动而取得的成果；绩效是行为，Franco Santos 和 Otley（2018）认为结果会受到非个人因素以外的其他系统因素的影响；绩效是行为和结果的统一，行为是由人在实际工作中表现出来的方方面面，行为既是结果的工具，也是结果的本身；绩效的鉴定也是研究的另一个重点。通过研究，发现组织绩效的测量理论大致经历了三个发展阶段，即关注组织、关注利益相关者和关注组织与利益相关者。

①创新创业绩效的测量

创新创业绩效是每个创新创业者的期望,也是衡量单位或组织创新创业过程的重要指标之一,同时也是衡量创新创业项目是否成功的标志。但是,因目前对创新创业的定义及目标理解不同,对创新创业绩效的界定和指标选取还是非常困难的。

Murphy（1996）指出,在研究创新创业绩效时,要有四个相关绩效的条件才行。一是以调查为基础来确定绩效;二是提供绩效的多维度标准;三是考虑如年龄、规模和产业等关键的控制变量;四是提供理论来支撑假定的维度。因此,研究对象的特征和目的对创新创业绩效尤为重要。

当前,有关创新创业绩效的测量指标很多,主要包括单一和多维指标、主观和客观指标、绝对和相对指标、财务和非财务指标以及任务和周边指标。国内学者刘凌等（2017）认为,在对创新创业绩效进行评价时要采用多种方法和指标,以免单一评价尺度和指标带来的片面性与误差,完善创新创业绩效评价标准与衡量指标对研究创新创业绩效至关重要。

②创新创业绩效维度

当前,研究创新创业的专家和学者很多,他们总体认为创新创业绩效是一种多维度的变量,但对于维度的选材,又看法不一。Covin & Slevin（1991）提出了两个标准测量,即成长性和获利性；Chrisman & Bauerschmidt（1998）指出了考量创新创业绩效时,应注重生存和成长两个方面指标;另外,McGrath（2001）提出创新创业型企业可以将创新性作为创新创业绩效的一个重要标准；Johanat & Cristina（2004）也提出了财务绩效、员工满意度、客户满意度三维度标准；Dicheva（2016）指出创业绩效应当包括财务指标与非财务指标两大维度,并提出利用生存和成长两大维度来测量创业绩效,而且还要重点考虑心理满足情况,所以认为创业绩效应当包括生存绩效与心理绩效两大维度；Gaonkar S（2017）提出了包括产品、市场、财务的三大绩效维度。

近年来,中国相关专家和学者也提出了一些关于创新创业绩效维度的见解。曹之然、李万明等（2011）提出了创新创业绩效的声誉、生存和成长PSG结构；沈超红、王重鸣（2011）认为创新创业绩效的生存、成长、员工承诺和客户信任二阶四维结构影响重大；赵岩（2018）认为市场竞争、政府支持也可以作为创新创业绩效维度；宁海旭（2019）提出了成长、生存以及创新的三种指标维度,并指出可以采用主观与客观指标相结合的方法。创新创业绩效不同于一般单位或组织绩效,是反映一个新创企业单位或组织能否生存下去并发展壮大的指标。新创企业如果不能达到其创新创业制定的目标与要求,又或者不能承担债权人的财务责任时,创新创业企业就可能失败。因此,生存和发展是衡量创新创业绩效的一个有效维度和指标。

从当前研究看,研究者们从企业或组织已经存在的生命周期,以及计划未来至少持续经营的可能性大小来衡量新创企业的"生存和发展"绩效。新企业往往没有盈利的成绩,并且在开始投资的前几年,获利可能性很小。另外,小微企业过去收入的增长能够促进未来的发展壮大,其收入对小微企业的持续发展能力起着极为重要的关键作用。因此,成长绩效是衡量新创企业发展的指标。Wiklund & Shepherd(2005)认为成长性绩效比财务绩效的会计测量更加科学,也更加容易获得。从现有的资料来看,"成长"的操作性定义包含财务指标的增长和获利能力的增长两个方面,两方面相互作用,又相互影响,缺一不可。蒋辉、易平辉等(2019)认为构建新创农业企业成长性绩效评价指标体系时,应从财务绩效、客户绩效、企业内部管理绩效和社会责任这四个方面入手。

③创新创业胜任力对创新创业绩效的影响

经过对国内外关于创新创业胜任力的研究,我们不难发现创新创业胜任力本身就是与高绩效相互联系、相互影响的。因此,对它的研究主要集中在胜任力对绩效影响的研究课题上。很多专家和学者一度认为关系网络或是关系能力都能帮助企业获取稀缺资源和重要信息,并给发展中的企业注入强大的动力与支持,从而推动新创企业的发展与壮大。

对于创新创业胜任力而言,中国的相关专家和研究学者也做了大量工作,指出了大学生创新创业胜任力与创新创业绩效的相互关系和影响,由此得到了社会的高度认可。随着时间的推移,很多专家和学者对团队的创新创业胜任力产生了兴趣,研究视角也发生了重大变化,逐步由个体向组织和团队的发展转变。张振华(2009)在前人研究的基础上,提出了创新创业团队胜任力的八维度结构理论,并认为胜任力对于创新创业绩效有重要作用。李非、马红民等人(2008)也从理论视角指出创新创业团队胜任力对创新创业绩效的影响,这对科学掌握创新创业胜任力与创新创业业绩的关系奠定了较为扎实的基础。

④创新创业环境对创新创业绩效的影响

影响创新创业绩效的因素有很多，比如创新创业环境、社会资本、创新创业导向、资源整合能力、技术创新能力、知识吸收能力等。其中，创新创业环境对创新创业绩效的影响主要包含两个方面：

创新创业环境对创新创业绩效的直接影响。创新创业者拥有的社会关系网络规模越大，社会资源越多，企业的盈利机会就越大，且赢利水平也越高，即网络规模直接影响组织绩效。文亮、李海珍（2010）认为创新创业环境对创新创业绩效起着决定性作用，创新创业环境好，创新创业绩效就优，而且创新创业环境的不同维度对不同维度的创新创业绩效影响不一。胡蓓、双华军（2011）把武汉光谷产业集群作为研究和分析对象，科学证明了创新创业环境与创新创业绩效的影响关系。Kamasak 等（2016）研究提出环境动态性越高，越能够促使企业吸收、利用企业所拥有的信息，并将其应用到提供给市场的新产品的开发中，进而有助于提升企业的创新绩效。Ma Yuan et al（2019）在对环境管制如何影响企业技术创新时提出行业的环境管制对企业创新绩效有负面影响而区域的环境管制对创新绩效显著促进。

创新创业环境对绩效具有调节作用。Wiklund & Shepherd（2005）的实证研究指出环境动态性对创新创业企业绩效具有明显调节作用。陆夏峰（2006）通过研究，认为创新创业环境对企业家创新创业胜任力与企业绩效的调节作用明显。邓志华、王鑫宇（2021）动态环境调节了 CEO 的精神型领导行为对企业创新绩效的影响，动态环境越强，CEO 的精神型领导行为对企业创新绩效的正向影响越强。还有一些专家和学者从理论和实践的角度提出了创新创业环境的三个维度对创新创业者特征与创新创业绩效具有调节作用。由此可以看出，创新创业环境确实对企业绩效有着非常重要的影响，不是直接影响就是间接影响，不是大影响就是小影响。特别对处于创新创业初期的中小型企业来说，由于资源有限以及自身影响力不足，创新创业环境的确会对初创企业产生不可估量的影响。为此，要想使创新创业企业发展壮大，必须要重视创新创业环境，并且要想尽一切办法巧用创新创业环境有利的一面为企业发展壮大服务。

2. 创新创业胜任力模型构建

（1）基础模型选取

创新创业胜任力基础模型，如图 8-2。

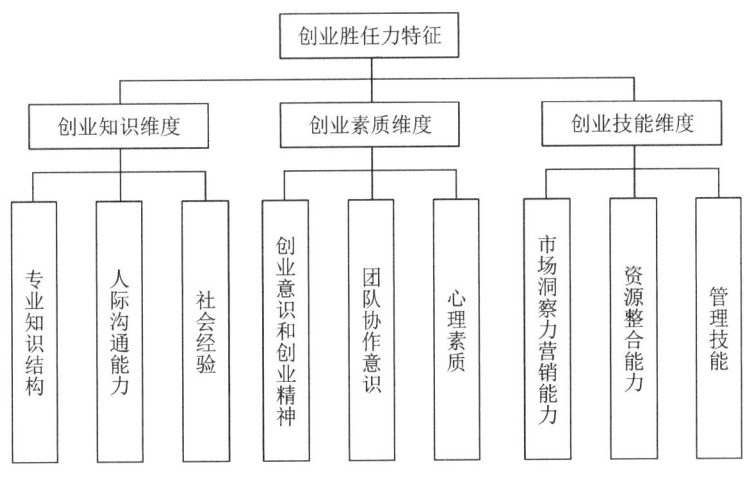

图 8-2　大学生创新创业胜任力基础模型

创新创业素质包含以下四个方面：一是创新创业意识，主要是指对创新创业活动的想法与兴趣；二是创新创业精神，主要指参与创新创业实践活动的意志品质和观念形态，表现为对创新创业执着的追求与膜拜；三是团队协作意识，指为了一个创新创业的共同目标，创新创业团队表现出来的合力、精诚团结以及战胜困难的精神面貌；四是创新创业心理素质，主要是指创新创业者及其团队的自我意识、性格、气质、情感等方面构成的心理素养。

创新创业技能主要是指创新创业者及其团队的技术和能力，一是较强的市场洞察力、营销能力和把控能力，这样才能赢得商机进而获取市场；二是管理技能，指的是创新创业者及其团队的经营管理能力；三是资源整合能力，有了资源而不懂合理运用，就会造成对资源的浪费，也会遗失良机。因此，创新创业者及其团队需要时刻保持清醒的头脑，争取最大限度科学合理运用资源，以赢得最高产出、最大利润。

本研究就是在整理、分析、综合相关创新创业者胜任力特征研究的前提下，以上述模型基础，构建了包含创新创业意识、创新创业技能、创新创业知识和创新创业特质四个维度的创新创业人才胜任力模型，具体总结如下：

①创新创业意识

创新创业意识就是人们在创新创业实践活动中起动力作用的个性意识，具体包括动机、理想、信念、需要、兴趣等，是大学生对创新创业实践活动的正确认识、自我决策和理性分析的心理过程。创新创业教育主要是培养大学生的一种创新创业意识和思维，激发和发展他们的创新理念，把引发受教育者的创新创业意识作为实施创新创业教育过程中的第一任务，切实加强创新创业意识培养。

创新创业意识源于创新创业者的大脑，也是创新创业者谋求生存与发展的需要。创新创业意识的形成，不是创新创业者一时的冲动或凭空想象出来的，它是一种人体内强烈的内在需求，即创新创业需求。创新创业需求是创新创业者在创新创业活动中的最初诱因和动力。当创新创业者的创新创业需求上升为创新创业动机时，就会形成强大的心理动力。创新创业观念是创新创业者从事创新创业活动的精神之源，是随着创新创业者创新创业活动的发展与成功的心理境界不断升华而形成的，它会让创新创业者的个性发展方向、社会义务感及责任感、社会使命感有机地融为一体，争取把创新创业目标早日实现。

②创新创业技能

创新创业技能是指创新创业者顺利实现创新创业目标需要具备的各种心理素质的总和。高层次的创新创业人才是创新创业的核心资源，是企业的发起者、壮大者。企业要发展壮大，必须要培养中高级经营管理人才，培养创新创业人才的企业策划能力和经营决策能力。一般管理人才只需要掌握创新创业相关知识，而创新创业人才不仅要掌握创新创业相关知识，还要掌握企业策划技能、管理技能和经营决策技能。只有这样，创新创业的实践活动才有可能取得成功，并发展壮大。

创新创业技能是创新创业的骨髓，其综合性要求较高，既需要有很强的实践性能力，又要有创造性特征，是一种自我开发和自我实现价值的能力；同时，创新创业技能还与个性倾向及特征紧密结合，其表现为知识能力、技能水平的心理品质。创新创业能力主要包括市场把控能力、经营管理能力、人际关系能力、战略决策能力等。其中经营管理能力是创新创业活动的基础；市场把控能力是让创新创业者遇上更多的好机会；战略决策能力让创新创业者根据形势有效地把握良机，不让良机溜走；人际关系能力是创新创业活动中重要的能力，能够帮助创新创业者更快更有效率地实现创新创业目标。

③创新创业知识

创新创业知识是指在创新创业者在创新创业过程中必备的相关知识，包括工商企业经营的基础理论知识、管理知识、营销知识和创新创业的相关知识，这些知识对创新创业的经济组织、企业经营管理、企业外部市场以及创新创业过程知识的了解极为重要。创新创业知识不仅包含专业技术层面，也包括社会经验，社会经验也是创新创业知识的重要组成部分。

当前，很多相关专家和学者都认为社会经验对创新创业者极为重要。比如，McGrath 和 MacMillan（2001）指出，事先具有开办企业的经历对于形成创新创业的过程具有重要影响，避免少走弯路。

当然，创新创业者在实际工作过程中不需要事事兼备，面面俱到。然而熟练的专业知识和精湛的专业技能却是保证创新创业者在业内游刃有余的必备条件，尤其对于初次创业的大学生来说更加重要。现在的社会是人才化社会，现在的竞争也是人才和资源的竞争，想通过权力和财力等小窍门顺利完成目标是不现实的。必须通过充分的市场调研，踏实工作，具备必备的知识和能力，综合运用各种技能等，才会有可能实现创新创业的目标与任务。

④创新创业特质

创新创业特质是指在创新创业活动中创新创业人员具备的品质特征。其中主要包含承受挫折能力、团队协作精神、冒险精神以及兴趣动力等。创新创业特质是与创新创业者特征、内在心理素质紧密相连的。若是创新创业者情商高，其驾驭复杂创新创业问题的水平也高，关键时表现为决策果断，能控弱点，适应环境，意志坚定等品质。个人品质是打造创新创业特质的前提和基础，创新创业者个人的品质将直接影响到其创新创业活动的特点，同时对整个创新创业团队的特点起到一个导向作用。团队协作是创新创业的重要方式，也是创新创业特质的外延。创新创业团队的合作意识和沟通协调能力给予创新创业活动顽强的生命力，好的创新创业团队协作形式将成为企业形象和企业文化的雏形。心理素质是创新创业特质的后盾，良好的心理素质对创新创业具有重要的调节作用。

（2）创新创业胜任力要素提取

通过对创新创业大量文献进行归纳、总结和分析，结果表明，共得到了近 40 项创新创业胜任力要素，主要包含创新创业知识、创新创业意识及能力、创新创业特质等方面（如表 8-1）。

表 8-1 创新创业人才胜任力要素统计表

1 公关能力	10 沟通协调能力	19 创新创业精神	28 学习能力
2 识别商机	11 意志坚定	20 专业技术知识	29 风险意识
3 资源整合能力	12 兴趣	21 心态积极	30 社会经验
4 识人用人能力	13 吃苦耐劳	22 决策能力	31 社会实践
5 市场洞察力	14 胸怀宽广	23 竞争意识	32 客户服务能力
6 承受挫折能力	15 法律常识	24 资金运作能力	33 想象力
7 社会交往能力	16 领导魅力	25 创新创业意愿	34 计算机知识
8 合作意识	17 自信	26 市场营销能力	35 冒险
9 成功欲望	18 个人胆识	27 计划组织能力	36 了解社会规则

（3）创新创业胜任力理论模型构建

创新创业胜任力理论模型构建需以国内外大量文献资料为基础，结合选取的创新创业胜任力要素内容，根据完备性、相关性、互斥性三个胜任力要素归类的准则，并咨询相关专家、学者的意见和建议，对其进行分析，初步形成了几个范畴多种类别的胜任力要素归类表。如（表 8-2）所示。

表 8-2 创新创业人才胜任力要素归类表

维度	创新创业胜任力因子	要素描述	
创新创业意识	C1 创新创业动机	9 成功欲望	12 兴趣 35 冒险
	C2 创新创业观念	19 创新创业精神	25 创新创业意愿 33 想象力
创新创业能力	A1 经营管理能力	4 识人用人能力 24 资金运作能力 27 计划组织能力 28 学习能力 32 客户服务能力	
	A2 市场把握能力	5 市场洞察力 23 竞争意识 26 市场营销能力 29 风险意识	
	A3 战略决策能力	2 识别商机 3 资源整合能力 22 决策能力	
	A4 人际关系能力	1 公关能力 7 社会交往能力 14 胸怀宽广	
创新创业知识	K1 社会经验	30 社会经验	31 社会实践 36 了解社会规则
	K2 专业知识	15 法律常识	20 专业技术知识 34 计算机知识
创新创业特质	T1 个人品质	16 领导魅力	18 个人胆识 21 心态积极
	T2 团队协作	8 合作意识	10 沟通协调能力
	T3 心理素质	6 承受挫折能力 11 意志坚定 13 吃苦耐劳 17 自信	

通过上述分析，本研究建立了创新创业人才胜任力理论模型，如下（图8-3）所示，创新创业人才胜任力理论模型由创业意识、创业能力、创业知识、创业特质等组成。其中创业意识包括创业动机、创业观念；创业能力包括经营管理能力、人际关系能力、战略决策能力、市场把握能力等；创业知识包括社会经验和专业知识结构等；创业特质包括创新创业者的心理素质、个人品质及团队协作等。创新创业人才胜任力理论模型的构建为下文调查问卷的设计及后续的路径选取提供了参考价值。

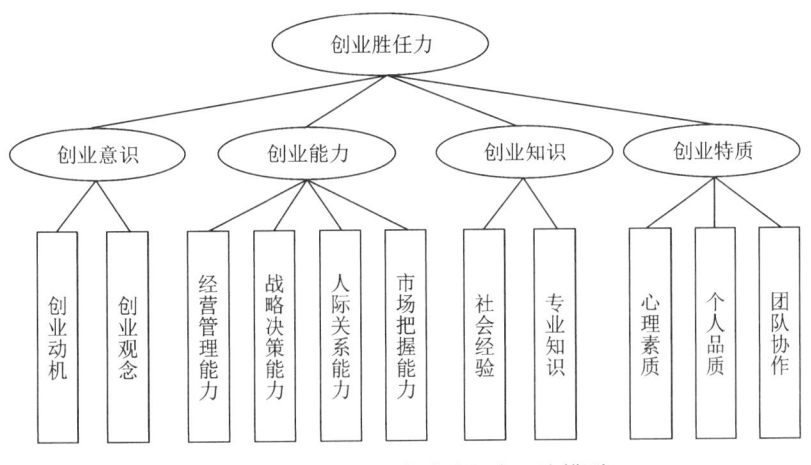

图8-3 创新创业人才胜任力理论模型

3. 创新创业胜任力理论模型的检验及修正

（1）调查问卷设计

①问卷设计方法

根据大量的文献资料和模型构建，本文将大学生创新创业胜任力要素分为四个模块，每个模块再细分二级指标，共用10多个指标来考量；再根据指标定义确定测量指标，采取量表设计问卷，指定每个创新创业胜任力要素权重，从"非常重要"直至"不重要"进行量化对比。其中"5"代表非常重要、"4"代表比较重要、"3"代表一般重要、"2"代表不太重要、"1"代表不重要。

本问卷分为两大部分：第一部分为基本信息类，主要调查创新创业个体的学历、专业、性别等相关信息；第二部分是此次问卷制作的核心内容，主要调查创新创业人才对创新创业胜任力要素重要程度的影响。

②数据收集和样本选择

A. 调查对象主要选取了在长沙工作的大学生和创新创业者。

B. 本问卷总计发出 250 份,其中 100 份是通过书面发放,150 份是通过网络渠道发放,共计回收问卷 207 份,其中有效问卷 195 份。

(2) 数据分析

①信度分析

为确保数据的可靠性和问卷的科学性,在对数据进行因子分析的过程中,本文采用 SPSS17.0 软件包对收发的问卷进行信度分析。信度是指问卷的可信度和可靠性,用来说明问卷调查结果的真实性、稳定性、一致性和再现性。目前最为常用的信度分析方法为 Cronbach's Alpha 系数评估量表法,在该方法中,可信度与测试的可靠性正相关,信度系数越大,则说明可靠性越高。一般认为,如果 Alpha 系数在 0.80~0.90 之间,则可以认为信度是属于理想层次;在 0.70~0.80 之间表明信度良好;在 0.65~0.70 之间显示信度一般;0.65 以下说明信度较差,需要完善量表。此外,为了确保问卷有效,在因子分析前,必须先检验 KMO 和巴特利球体。若 KMO 检验系数大于 0.5、巴特利球体检验的显著性概率 P 值小于 0.05 时,表明问卷结果有效,此时可以进行因子分析。

本文调查问卷的信度对比结果如下表(表 8-3、表 8-4)。

表 8-3 信度分析结果

	总体	创新创业意识	创新创业能力	创新创业知识	创新创业特质
α 信度系数	0.891	0.723	0.808	0.742	0.751

表 8-4 各维度 KMO 测度和 Bartlett 球体检验结果

	创新创业意识	创新创业能力	创新创业知识	创新创业特质
Kaiser-Meyer-Olkin 检验值	0.705	0.708	0.706	0.708
卡方值 Bartlett 自由度	48.63115	305.520	59.54215	151.33936
球体检验值显著性概率	0.000	0.000	0.000	0.000

表中数据结果表明,Cronbach's Alpha 系数都大于 0.7,说明此次调查问卷设计的信度较高;Kaiser-Meyer-Olkin 检验值均大于 0.7,且 Bartlett 球体

检验值的显著性概率值都小于 0.05，说明设计问卷的有效度较好，此时可以进行因子分析。

②因子分析

为了进一步研究创新创业胜任力维度以及检验各个变量测量区的有效性与可靠性，本研究有针对性地进行了因子分析。一般而言，对于检验变量的单维度，要将该变量的所有选项做因子分析。但在实际操作过程中，因问卷中选项太多，依照 Bentler 和 Chou（1987）的想法，我们可以将模型中的变量再分为几组进行因子分析。在本文中，选择所有的变量按照测量维度分为四组，即创新创业意识、创新创业知识、创新创业能力及创新创业特质等。

本文采用 SPSS17.0 中文版进行汇总分析，其结果如下。

A. 创新创业意识

在分析中，从表 8－5 和表 8－6 可以看出，其结果可以归成两个因子，这共解释了 55.100% 的变异，汇总整理如下（表 8－7）。

表 8－5　旋转后的因子负荷

因子	胜任力要素	要素荷重
C1	9 成功欲望	0.719
	12 兴趣	0.654
	33 想象力	0.581
	35 冒险	0.758

表 8－6　总体方差分解情况

因子	初始特征值			旋转平方和载入		
	合计	方差的%	累积%	合计	方差的%	累积%
C1	2.196	36.595	36.5957	1.87	31.276	31.276
C2	10.110	18.505	55.1009	1.42	23.824	55.100

表 8－7　创新创业意识维度因子构成

因子	胜任力要素
C1	9 成功欲望　12 兴趣　33 想象力　35 冒险
C2	19 创新创业精神　25 创新创业意愿

在因子分析中，由表 8-7 创新创业意识维度可以得到两个因子。分析表明，上述分析结果与理论模型基本一致。其中，原 C1 创新创业动机的三个要素（9 成功欲望、12 兴趣、35 冒险）和 C2 的一个要素（33 想象力）属于同一个因子，所以命名为创新创业动机。原 C2 创新创业观念的两个要素（19 创新创业精神、25 创新创业意愿）也属于同一个因子，因此命名为创新创业观念。

B. 创新创业能力

在因子分析过程中，因素 14 胸怀宽广、因素 29 风险意识、因素 32 客户服务能力在四个维度上的因子负载过小，不属于任一个维度，所以要被删除。删除此三项后，再次进行因子分析，不难发现 KMO 值为 0.712，大于 0.7，此时适合做因子分析。

由表 8-8 创新创业能力维度的因子分析中可以得到四个因子，该分析在删除要素 14、要素 29 和要素 32 后再进行分析得到的结果，其结果与理论模型基本相同。原 A1 经营管理能力有五个要素，在将要素 32 客户服务能力删除后属于同一个因子，与原构思基本一致，所以称为经营管理能力。原 A2 市场把握能力的四个要素在删除了要素 29 风险意识后，属于同一个因子，因此称为市场把握能力。原 A3 战略决策能力的三个要素同属一个因子，所以称为战略决策能力。原 A4 人际关系能力的三个要素在删除了 14 胸怀宽广后，属于同一个因子，因此称为人际关系能力。

表 8-8　创新创业能力维度因子构成

因子	胜任力要素
A1	4 识人用人能力　24 资金运作能力　27 计划组织能力　28 学习能力
A2	5 市场洞察力　23 竞争意识　26 市场营销能力
A3	2 识别商机　3 资源整合能力　22 决策能力
A4	1 公关能力　7 社会交往能力

C. 创新创业知识

从表 8-9 和表 8-10 分析得出，创新创业知识维度可以归为两个因子，共解释了 56.260% 的差异，合并归纳如下：

表8-9 旋转后的因子负荷

因子	胜任力要素	要素荷重 1	要素荷重 2
K1	30 社会经验	0.747	
	31 社会实践	0.757	
	36 了解社会规则	0.742	
K2	15 法律常识		0.812
	20 专业技术知识		0.733
	34 计算机知识		0.556

表8-10 总体方差分解情况

因子	初始特征值			旋转平方和载入		
	合计	方差的%	累积%	合计	方差的%	累积%
K1	2.325	38.754	38.754	1.767	29.452	29.452
K2	1.050	17.506	56.260	1.608	26.808	56.260

由表8-11容易得出，创新创业知识维度的因子分析可以得到两个因子，其结果与理论模型大体一致。原K1社会经验的三个要素属于同一个因子，所以称为社会经验。原K2专业知识的三个要素属于同一个因子，与原构思大体相同，故称为专业知识。

表8-11 创新创业知识维度因子构成

因子	胜任力要素
K1	30 社会经验　31 社会实践　36 了解社会规则
K2	15 法律常识　20 专业技术知识　34 计算机知识

D. 创新创业特质

从表8-12和表8-13可得出，创新创业特质维度进行因子分析后，其结果可以分为两个因子，说明了63.843%的变异，合并归纳如下：

表8-12 总体方差分解情况

因子	初始特征值			旋转平方和载入		
	合计	方差的%	累积%	合计	方差的%	累积%
T1	3.155	35.056	35.056	2.231	24.790	24.790
T2	1.388	15.423	50.479	1.704	18.932	43.722
T3	1.022	11.357	61.836	1.630	18.114	61.836

表 8-13 旋转后的因子负荷

因子	胜任力要素	要素荷重		
		1	2	3
T1	16 领导魅力	0.672		
	17 自信	0.795		
	18 个人胆识	0.725		
	21 心态积极	0.528		
T2	8 合作意识		0.855	
	10 沟通协调能力		0.806	
T3	6 承受挫折能力			0.565
	11 意志坚定			0.595
	13 吃苦耐劳			0.902

从表 8-14 创新创业特质维度的因子分析中,可得到三个因子,其结果与理论模型相比大体一致。其中,原 T1 个人品质的三个要素(16 领导魅力、18 个人胆识、21 心态积极)和 T3 心理素质的一个要素(17 自信)属于同一个因子,其结果与原构思也大体一致,所以称为个人品质。原 T2 团队协作的两个要素(8 合作意识、10 沟通协调能力)属于同一个因子,所以称为团队协作。原 T3 心理素质的四个要素(6 承受挫折能力、11 意志坚定、13 吃苦耐劳、17 自信)在更换要素 17 自信后,也属于同一个因子,并与原构思大体一致,因此称为心理素质。

表 8-14 创新创业特质维度因子构成

因子	胜任力要素
T1	16 领导魅力　17 自信　18 个人胆识　21 心态积极
T2	8 合作意识　10 沟通协调能力
T3	6 承受挫折能力　11 意志坚定　13 吃苦耐劳

③相关性分析

为更好地探讨各胜任力素质因子之间的相关联系,本研究采用 Pearson 相关分析法,对各胜任力素质因子进行了全面深刻的分析。

④创新创业人才胜任力模型修正

为更好了解相关关系,本文通过因子分析和相关分析,对原构建的创新创业人才胜任力要素进行了调整和重新归类如表8-15。

表8-15 胜任力要素归类表

维度	创新创业胜任力因子	要素描述
创新创业意识	C1 创新创业动机	9 成功欲望　12 兴趣　33 想象力　35 冒险
	C2 创新创业观念	19 创新创业精神　25 创新创业意愿
创新创业能力	A1 经营管理能力	4 识人用人能力　24 资金运作能力　27 计划组织能力　28 学习能力
	A2 市场把握能力	5 市场洞察力　23 竞争意识　26 市场营销能力
	A3 战略决策能力	2 识别商机　3 资源整合能力　22 决策能力
	A4 人际关系能力	1 公关能力　7 社会交往能力
创新创业知识	K1 社会经验	30 社会经验　31 社会实践　36 了解社会规则
	K2 专业知识	15 法律常识　20 专业技术知识　34 计算机知识
创新创业特质	T1 个人品质	16 领导魅力　17 自信　18 个人胆识　21 心态积极
	T2 团队协作	8 合作意识　10 沟通协调能力
	T3 心理素质	6 承受挫折能力　11 意志坚定　13 吃苦耐劳

通过对调查问卷进行因子分析与相关分析，创新创业人才胜任力的理论模型大体上得到验证，其中对14、17、29、32、33五项要素进行了整体删除和调整。最终得到了理论与实践相结合的创新创业人才胜任力模型。

4. 创新创业人才培养的主要目标

（1）创新创业人才培养的主要目标

从创新创业教育的内涵看，创新创业教育要培养的应该是具备创新创业精神、创新创业知识、创新创业能力和技能的人才，从而使其能够从事创新创业、自主创新创业。当落实到创新创业教育的实践当中时，目标应更细化、更具体。在创新创业教育的宏观背景下，培养创新创业人才不仅仅需要创新创业教育的理论知识，更加需要实践层面的胜任能力评估。利用创新创业胜任力模型可以帮助高校确定创新创业人才培养主要目标和内容。通过分析上述修正的创新创业人才胜任力模型，可以得出高校创新创业人才培养的目标应该包括以下几个方面：

①激发大学生创新创业意识

教育，从本质上看就是一种培养人才的社会活动，而人的培养过程不仅需要有高水平的教师、良好的教学环境，更需要学生的积极参与。创新创业能力的发展是他人不可替代完成的，发展的主动权掌握在学生自己手里。创新创业人才培养着重于引导学生树立主体意识，摆脱依赖性、被动性、模仿性和简单适应性，形成自主性、主动性、创造性、独立思考问题和敢于挑战权威的优良品质。创新创业人才培养高度重视开发学生的自我发展、开拓进取的主体意识，注重把学生培养成具有鲜活个性、充满活力、不墨守成规、敢作敢为、具有发展潜力的创新创业型人才。

②丰富相关创新创业知识

要想提高创新创业能力，必须丰富自身的知识储备。对于学生而言，第一，专业知识要扎实深厚，非专业知识也要广博，这是创新创业的基础，是学生创新创业的优势及特点。第二，相关的商业知识、企业管理知识、法律法规知识也是不可缺少的。根据北京航空航天大学学生创新创业过程中的反馈信息显示，最大的问题之一就是知识的限制。当前，学生所学知识大部分仅限于校园里、课堂上，而创新创业的相关知识较为匮乏。北京航空航天大学根据这一现实问题，设计了模块化的课程模式来提供创新创业相关知识。这一模式不仅从创新创业的流程出发，即从识别创新创业机会、撰写商业计划书到创新创业培训、团队组建与管理，最终孵化企业、发展企业，还从市场分析、市场营销、战略管理、财务法规、政策支持和风险管理这六个方面，提供了每个环节涉及的、所需要的相关创新创业知识。

③培养学生创新创业能力

具有创新创业思想的人，在思维特点上会表现出不为陈规陋习所束缚，能随机应变、充分发挥创造性，对变化着的外部条件能很快适应，能摆脱思维惯性，从而能及时改变工作趋势。更重要的是，他们能从习以为常的现象中发现那些不属于已有知识和观念范围内的东西。开展创新创业思想教育，关键一点就是要引导创新创业人才敢于打破常规，超越现实或传统的思想束缚，从而培养创新创业人才创新与超越的意识。对于大学生，既要他们进行岗位创新创业，也要支持他们敢于自主创新创业，即要推动大学生自我全面发展，培养他们创新创业的胆量、勇气和开拓精神。

④提高创新创业成功率

创新创业存在相当大的市场风险。我国有约40%的企业在创建一年之内就倒闭，生存期达五年的也仅仅只有20%左右。根据估计，我国大学生创新创业公司的失败率高于90%。创新创业的初期，学生普遍都很乐观，但是绝大多数人并没有成为那不到10%的成功者。创新创业教育就是尽量提供创新创业中所需知识、所需技能，从而尽可能地降低创新创业风险并提高创新创业的成功率。

（2）创新创业人才培养的内容

①创新创业意识的培养

创新创业意识就是在创新创业实践活动中对人有动力作用的个性倾向，主要包括动机、理想、信念、需要、兴趣及世界观等，是大学生对创新创业实践活动的具体认识、自觉决策和理性分析的心理过程。

创新创业意识教育主要是培养大学生的一种创新创业意识，激发和培养他们的创新思维。通过创新创业意识的教育，转变大学生的就业观念，让大学生认识到自主创新创业不仅是社会进步的需要，还是自身生存和发展的需要，同时也是实现自我价值的需要；让创业带动就业，是更高层面上的就业。创新创业意识的培养是以提高大学生自我就业能力为根本目的。鼓励大学生大胆创新创业，摒弃"等靠要"思想，鼓励大学生"白手起家"，舍弃去求"饭碗"或为他人提供"饭碗"思想，从而真正形成大众创业、万众创新的社会氛围。这不仅能减轻政府的就业压力，而且还会提供更多的就业机会，带来更多的财政收入。加强大学生创新创业意识和能力的培养，应该着重帮助大学生树立自主创新创业、敢闯敢拼、艰苦奋斗、风险、合作共赢等创新创业意识。

②创新创业知识的培养

Reuber、Dyke 和 Fischer（2005）认为创新创业知识是从实践经验中获得的一种知识，Kirzner（1979）认为创新创业知识是一种关于在哪里获取知识的知识，Mirmiti（2001）提出创新创业知识是不同于专业知识的一般性知识。站在企业的角度，企业自从创立开始，就会面对各种不一样的过程，学习如何应对各种复杂形势的过程就是积累和丰富创新创业知识的过程。若学习包括信息过程、行为过程和了解过程，那么知识仅仅是学习过程中的一种内心状态；若要更加清楚地掌握创新创业知识，则要区分知识与创新创业经历之间的联系。创新创业知识和创新创业经历是完全两个不同的概念。创新创业知识在广义上叫作是经验习得的知识（ReuberDyke 和

Fischer，1990）；而创新创业经历是指创新创业的履历和过程，是一种与创新创业有关的直接观察活动，或是参与活动。Kolb（1984）曾对这两个概念作了区分，他曾强调了两个基本的经验学习维度，即转换（transformation）和获取（acquisition）。一个概念就是对应着"经验"，另一个概念则相当于"经验习得的知识"。可以将创新创业学习和创新创业知识当成是一个硬币的两面。创新创业知识主要关注的是创新创业学习的内容特征，强调的是内容；创新创业学习就是在创新创业知识产生过程中的形式特征，关注的是形式。

创新创业知识包括工商企业经营管理的理论知识和创新创业实践活动中的应用知识，包含对企业作为经济组织的认识、对企业经营管理的认识、对企业外部市场的认识以及对创新创业过程知识的了解，这些都是创新创业的准备阶段。创新创业知识不光包括专业技术层面，丰富的社会经验也是创新创业知识的重要组成部分。

③创新创业技能的培养

创新创业人才是企业的发起者、初创者、推动者和经营者，是企业的中高级经营管理人才。要使企业发展壮大，必须要培养好创新创业人才，特别要让企业中的中高级经营管理人才具备敢创的精神、敢闯的势头。不仅要培养他们掌握扎实的管理知识和丰富的创新创业经验，还要培养他们具有一流的经营决策能力、管理能力和企业策划能力。一般管理人才只要了解一般的创新创业知识即可，但创新创业人才不仅要掌握创新创业企业策划能力和经营管理技能，还要参与创新创业实践，时刻掌握创新创业动态，获取创新创业经验。只有这样，才有可能达到创新创业的目标。创新创业还是一种特殊的能力，这种特殊能力包括经营管理能力、决策能力与交往协调等能力。这些能力往往直接影响创新创业活动的效率和创新创业的成功率。

④创新创业实践能力的培养

创新创业实践能力是指创新创业人才具备的工作执行能力与社会实践能力。创新创业人才的实践能力决定创新创业结果的成败。如何提高创新创业人才的实践能力呢？高校要加大力度，利用国家相应的政策，在人、财、物等方面给予大力支持，为大学生提供创新创业的实践平台，划拨专项基金，实行导师制、辅导员制，将培养创新创业人才的实践能力落到实处。凡是创新创业成功的人,都是经过艰苦创新创业磨砺出来的。创新创业不能一蹴而就,其过程是历经艰苦、不断学习、不断发展壮大的锻炼过程。

上述四个基本素质就是创新创业人才培养的基本内容,每一项素质均有其独特的性质与作用。作为创新创业人才,必须要具备以上几个基本素质,且缺一不可,否则将直接影响创新创业的成功。因此,一个未来的创新创业者要想成功,不仅要注重培养自己的创新创业基本素质,而且要重视自身的整体优化,在创新创业实践活动中不断提升自己。同时,还要充分利用现有资源,顺势而为,发挥自己的主观能动性,善于借势,扬长避短,方可成功。

(二) 优化课程体系和教学内容

1. 创新创业课程体系分析

创新创业人才培养的课程内容体系建设是创新创业人才培养规划的核心,是实施创新创业人才培养的执行方案,它关系到创新创业人才培养的最终成效。一个好的实施方案不仅有利于培养工作胜任力强的创新创业人才,而且有利于提高培训效率,节省培训资源。

(1) 创新创业课程在专业教育中的定位

①创新创业教育与专业教育的关系

当前,高校的专业教育是高校人才培养的主要组成部分,是提升人才培养质量的主要阵地,其发展面临着知识经济和信息社会的众多新挑战。在知识经济时代,经济发展方式越来越依赖知识的创新、传播与利用,创新成为人们认识自然、改造世界的最重要的活动。在信息社会背景下,信息技术的广泛应用,知识、技术在企业生产中的密集程度越来越高,知识更新加快,尤其是新技术革命的快速到来,引起产业结构的调整而造成了大量青年事业。

所以,创新创业教育既不能脱离专业教育,更不能忽视创新创业实践机会。教育的真正现实意义是走出创新创业教育脱离专业教育的误区,要让专业教育融入培养大学生创新创业意识、创新创业精神和创新创业能力中去。

②创新创业教育课程与专业课程的融合

创新创业教育就是要培养学生的创新素质，为适应社会发展的时代要求，促进创新创业教育课程与专业课程相融合，是高校进化发展专业教育的必然选择。在高校的课程设置过程中，创新创业教育与专业教育的课程内容各有侧重，不重复，也不矛盾。它们是相互补充、相互促进但不可取代的关系。一方面，创新创业教育课程中可以让大学生培养创新创业意识、创新创业技能，提升创新创业的思维。同时，创新创业教育课程涉及的知识面广，能及时弥补专业课程知识面窄的不足。另一方面，专业课程为大学生创新创业提供了必要的知识、理论基础，掌握扎实的专业知识是大学生走向创新创业的前提条件。专业课程所学的知识是大学生知识结构的重要组成部分，无论今后走上创新创业或是就业的道路，他们都需要掌握一些专业方面的知识。如果没有一定的知识储备，只具有开创精神，那也到达不了成功的彼岸。此时，若把创新创业知识、技能与专业课程有机融合起来，二者相互影响，相互促进，就会实现 $1+1>2$ 的可能。因此，大学教育要培养创新创业人才，必须重视创新创业教育课程与专业教育课程的融合。这是实施创新创业教育的一个重点和难点。首先，高校课程设置滞后，教材存在过时的现象；其次，对师资的要求较高。在教学过程中，专业课教师在授课内容、授课方法以及授课手段等方面需要有较大的创新性、开拓性和灵活性。因此，在专业课程教学中，教师要渗透创新创业教育的理念和思想，启发大学生把所学的专业知识与创新创业相融合。如北德州大学音乐学院在将创新创业教育课程与专业课程进行融合的实践中，尝试开设了"音乐创新创业与营销""音乐创新创业导引"，主要讲授音乐类企业的创新、管理和营销等内容。

③创新创业理论课程与实践课程的关系

创新创业教育课程既包括理论课程，又包括实践课程。创新创业课程的设置应该既注重加强大学生的创新创业意识、丰富所需的知识结构和培养创新创业心理品质，又重视培养大学生的创新创业技能和能力。因此，要想达到创新创业教育的真正目标，必须把创新创业教育的理论课程和创新创业实践课程有机结合。创新创业理论课程可以设置为选修课、必修课或讲座、报告等微型课程。创新创业实践课程可以设置为创新创业计划大赛、创新创业模拟大赛、创新创业基地实习等形式。这两种课程结合起来有利于大学生丰富创新创业知识、积累创新创业经验。

④创新创业教育课程与其他教育课程之间的关系

在高校教育课程体系中，既有创新创业教育课程，也会有其他教育课程。因为课程的内容和性质的不同，创新创业教育课程与其他教育课程表现出既依赖又独立的关系。

一是创新创业教育课程建立在其他教育课程之上。创新创业教育广泛涉及管理学、政治学、法学和经济学等方面，要全面学好创新创业教育课程，需要多方面的知识储备。在大学公共基础课程体系中，设有语言文化、政治经济、计算机应用、历史、艺术、自我修养等各类课程，这些课程所讲的内容就是创新创业教育课程的前提和基础，学习创新创业相关的知识、技能有赖于这些公共基础课程提供的知识。因此，创新创业课程有赖于其他公共基础课程。

二是其他教育课程也依赖于创新创业教育课程。大学生通过创新创业教育课程，可以将政治、经济、法律和文化等知识融会贯通，变成综合的知识，为日后寻找社会商机所用。通过创新创业活动，大学生可以更好地将理论应用于实践，即所谓的理论与实践相结合。

三是创新创业教育课程与其他教育课程不能相互替换。创新创业教育课程知识丰富，专业技能要求很高，而政治学、管理学、经济学和法学等学科涉及方方面面，有其自己的知识体系，其本身不构成创新创业教育，即所有这些专业课程无论怎样都不能代替创新创业教育课程。这些教育课程与创新创业教育课程最大区别就在于，它们往往只是单纯地分析政治、经济、文化的现象和原因，解决现实社会中遇到的一些相关问题，处于被动的地位。而创新创业教育则站在其他教育课程的基础之上，通过对大学生专业素质的培养，激励其创新创业热情，培养其创新创业意识，开创其创新创业潜质；在适当的时候、适合的地点，选择合适的行业，识别合适的创新创业时机，从而使创新创业实践活动一举成功。

⑤创新创业教育与职业发展教育的关系

在加强创新创业教育的同时，也要加强职业发展教育。促进职业发展教育与专业教育相统一是大学教学的重要课题。当前，我国职业教育的发展似乎面临着一种尴尬的困境：一方面，大力发展职业教育的观念不断受到肯定；另一方面，在实践过程中，高校往往忽视职业教育的发展，没有重视将职业发展教育有机融入创新创业教育中。

从人类文明发展的历史看，在经济全球化不断深入的时代背景下，职业教育就显得尤为重要。但随着经济社会的发展，职业发展教育的内容需要进一步更新。创新创业教育应成为职业发展教育的一部分，只有切实加强大学生创新精神和创新创业能力的培养，使大学生适应瞬息万变的新经济时代才是职业发展教育的根本出路。

创新创业教育课程与职业发展教育相结合是我国顺应时代要求和世界竞争、发展趋势的必然选择。根据国家对高校课程设置的要求，大学第一学期应该开设职业生涯规划、专业入门课程或专业导论课程。同时，在这类课程中融入创新创业教育，有利于大学生及早地认清本专业特点，明白自己将来就业与创新创业应该具备哪些条件。通过几年的创新创业教育学习与实践，培养大学生的创新创业素质，使大学生为将来的就业、创新创业做好充分的准备和科学的规划，从而实现更好的发展。

2. 创新创业课程设置的指导思想

随着经济社会的发展，高校创新创业教育也随之在变化。但无论怎么变化，创新创业教育必须要适应国家发展需要、适应社会发展要求，这是高校开展创新创业教育必须明确的首要问题，也是创新创业教育课程设置的重要依据。高校创新创业教育的目标要根据社会发展需要，站在学科专业培养目标的高度和大学生身心发展需要的角度制定，主要有：以提升学生的社会责任感、创新精神、创新创业意识和创新创业能力为核心，培养受教育者的创新创业基本素质和开创型个性；使受教育者具有基本的创新创业意识、创新创业心理品质、创新创业能力，形成主动性、研究性学习的意识和习惯，具备独立生活、工作的能力和较强的社会适应能力。可见，创新创业教育的出发点有两个内容：一是培养大学生的创新意识和创新创业精神，使他们有眼光、有胆识、有组织能力、有社会责任感，在毕业时为创新创业做好充分的心理准备和知识准备；二是要以专业教育为基础，从高校培养学生的专业知识结构角度出发，结合创新创业教育实践活动，切实提高大学生的专业技能水平和创新创业实践技能。

(1) 创新创业课程设置的理念

①主体性；②高层次；③以人为本；④超越性。

(2) 创新创业课程设置的原则

①信息化原则；②综合化原则；③活动化原则；④多样化原则。

3. 创新创业课程设置方式和要素

（1）创新创业课程设置方式

①KAB 课程方式

在 20 世纪末，清华大学经管学院在国内的 MBA 培养计划里设立了创新创业专业方向，并开设了研究生创新创业类课程，如"创新创业管理"；2003 年，清华科技园与清华经管学院共同开设创新创业课程，创设"科技创新创业理论与实务"，该课程面向全体在校的大学生；两年后，清华经管学院与微软中国研究院共同开设了"技术创新创业——未来企业家之路"的选修课；2006 年，清华经管学院又开设了"创新创业机会识别和商业计划"选修课；2007 年，清华经管学院开设了"创新创业领导力"选修课。清华大学相对较早地在创新创业教育领域进行了探索和研究，依托雄厚的专业知识平台，借助良好的社会企业的实际经验，大力倡导校企合作，自主开发了上述相关创新创业课程。目前，清华大学所开设的创新创业课程主要有：创新创业管理、技术创新与制度创新、创新创业投资管理、技术创新管理、新产品开发、知识产权管理、企业家与创新等，还有一些新的课程正在开发之中。

除此之外，清华大学引进了 KAB 项目，并是该项目六大试点高校之一，以选修课的形式开展。KAB 课程体系也是清华大学作为创新创业教育试点高校在课程设置方面的一大尝试。KAB（Know About Business），最早是由团中央、全国青联、国际劳工组织合作开展的创新创业教育项目。此项目借鉴国际劳工组织开发的创新创业教育教材及培训体系，主要是以在校大学生为实施对象，采用参与互动的教学方式来让大学生掌握相关专业知识和创新创业的理论知识，从而切实提高大学生创新创业实践活动所需的基本技能。

从课程体系来看，KAB 课程体系与传统的课程相比，呈现出课程结构模块化、课程内容综合化以及课程组织活动化等鲜明的特征，具有创新性。KAB 课程的这三个主要特征构成了较为完整的并且具有创新性的创新创业教育课程体系。

KAB 课程结构设计具有很大的灵活性和实践性等特点，根据课程教育发展规律，根据授课时间、授课对象的区别，必须真正做到因时施教、因地施教、因"象"施教、因材施教。该课程操作方式非常注重教学活动的设计,尽可能让大学生在教学活动的参与中感悟创新创业真谛。对于大学生来说,体验式的学习方法也是该项目课程的一大特点。体验式学习方式就是先让大学生去体验,体验之后再进行讨论,而不是先学习若干枯燥的理论知识。创新创业教育的参与式、体验式的教育教学方法,切实摆脱了以前枯燥的教学,把深奥抽象的理论易懂化、具体化,克服了深奥知识的难度;让大学生在课程中犹如亲身经历创新创业实践活动一样,不但激发了他们的学习潜能,还提升他们的学习能力,从而更好地培养了他们的创新创业能力。KAB 课程对于授课教师的授课过程及教师自身的培训有一套严格的操作标准,架构了项目课程的实施规范、质量控制体系,确立了监督评估机制。

②模块化课程方式

以北京航空航天大学(以下简称"北航")为例,该校的创新创业教育课程的设置模式是以模块化课程与创新创业教育实践的融合为基础的。阶段式发展模式决定了模块化课程设置要求。模块化课程是指一个单位内的课程内容,有自己特定的模式,为尽快更好地完成更大的任务或取得更为长期的目标,当然其中可以增加一些模块。国际劳工组织认为模块课程是指在某一特定职业领域或工作范围内,把每项工作依据实际工作的程序和规范划分为若干组成部分,划分后的每一部分就为一模块,但要有自己特定而清晰的模式。所以,创新创业教育的实践性决定了开展实践性课程的必要性,因而北航的课程设置模式是模块化课程与创新创业实践结合在一起的。

课程模块都是将传统的知识结构重新加以整合、转换,打破学科的限制,成为新的课程教学模式。这些课程将使大学生通过把学到的知识运用到真实的创新创业场景中,从而获得真实的创新创业经验或体验,同时,在课堂内外搭建平台,使大学生有机会同创新创业家、创新创业服务中介进行广泛接触和交流。

从教育教学课程内容来说,北航所罗列的模块化课程内容涵盖了从创新创业机会识别到财务、管理、经济、政策、思维及企业的持续性发展等各个环节,旨在帮助大学生获得最好的创新创业的基本知识和先进理念。

从教育教学策略上讲,模块化课程的实施不仅是理论的讲授,还融合了成功案例的教学讲座、阅读、实践作业、小组讨论等。

从师资建设来说，一方面，聘请知名企业家为"创新创业导师"，让创新创业实践一线的成功者为大学生提供现实经验；另一方面，从 2003 年开始，开展创新创业教育骨干教师培训班，培养了一批批创新创业教育工作者和施教者。

从课程类型来说，模块化课程结合了学科课程和活动课程。学科课程有助于大学生获得扎实系统的专业基础知识，掌握现有的认识成果，打好专业知识的基础；活动课程一定程度上能弥补学科课程带来的知识孤立性，利于大学生把握知识的整体联系。

从支持条件来说，北航成立了专项开展创新创业教育的组织机构，在多部门、多单位联合下保障课程的实施。北航创管学院、北航天汇孵化器和科技园是一脉相承的，为创新创业教育在人力、物资、师资上提供保障。

③ "三创"课程群方式

很多大学在设置创新创业教育课程的过程中，始终把培养大学生的综合素质作为重点，以促进大学生自主创新创业和灵活就业为目标方向，以创业、创意、创新为教育教学基础，打造"三创"课程设计。"三创"课程分为就业教育模块、创新创业教育模块、证书教育模块。在三大模块中，融合学分制，推进双学位建设。

在创新创业教育模块，为推动创新创业教育选修课程与创新创业管理实践相结合，开设了创新创业投资与金融等近 30 门课程。主要面向大学生提供创新创业中所需的必要知识及基本技能，并将其纳入学分制体系当中。学校积极开发了辅修专业，开设了创新创业管理等专业，同时设计和开发辅修专业的课程资源，课程总数多达 250 门。该机制的良好运行，为高校开设第二学位教育打下了坚固的基础。除此之外，创新创业技能培训课程采用了中国劳动和社会保障部通过国际劳工组织引入的培训课程体系"SYB"（Start Your Business）。这一培训体系通常采取小班授课制，注重教师与学生的互动、创新与创意的结合，以及理论与实践的融合。这一课程体系作为实践课程被补充到创新创业教育模块里，丰富了大学生在创新创业实践上的认识和理解。

在就业教育模块，学校开设了现代物流管理、人力资源管理和办公软件教程等 7 门课程。2020 年，《教育部办公厅关于在普通高校继续开展第二学士学位教育的通知》提出，第二学士学位作为大学本科后教育，是培养复合型人才的重要渠道。当前，学校的第二学位建设正在积极筹建当中。在辅修专业教学的基础之上，通过培养双学位体制，加强大学生成为跨学科知识的复合型人才和专门型人才，不断挖掘、研发、充分利用教育教学资源，为高校毕业生实现更多的就业机会。

在证书教育模块，学校引进社会上的资源，通过对高校大学生进行系统性、开放性、全面性的教育培训及考核，进而来促进大学生的充分就业。培养大学生在掌握知识的同时，尽量多参加各项证书考试，通过证书教育模块切实提高大学生就业技能与就业能力，为大学生今后的可持续发展及促进高等教育与人才市场的需求对接，提供扎实的基础和可靠的保证。

（2）创新创业课程设置的要素分析

①学科定位

创新创业教育课程的学科定位，是指创新创业教育课程在高等教育课程体系里所处的地位。创新创业教育课程在各高校内设置不一，一些高校视为选修课，一些高校将其作为必修课。创新创业教育虽然没有成为一级学科，甚至都不是二级学科，但依托于技术经济学科或企业管理学科。创新创业教育课程的地位还是极其重要的。在很多时候，创新创业教育课程被当作是企业家快速成长的教育课程，不仅对大学生创新创业成长有用，还对社会人员特别是对企业家有明显的促成作用。

②课程类型

课程类型，是指课程的组织方式或设计的种类。由于课程观、划分标准不一，因而课程类型也有一些差异。创新创业教育课程，可以分为第一课堂和第二课堂两大类。第二课堂是在第一课堂上无法实现的切身体验的延伸，也是第一课堂的补充。从这点上说，第二课堂具有不可替代的作用。第一课堂的创新创业教学主要讲授创新创业的基本理论和知识，第二课堂强调大学生学习的主体地位。以活动为载体，建立"大学生主体性"互动式的课程实施模式。运用第二课堂这一课程载体，进一步培养大学生的创新创业素质、激发其创新创业意识以及增强其创新创业技能，使大学生在创新创业的活动与实践中拓展创新创业知识。

在第二课堂课程实施过程中，要让所有大学生参与共同创造、研发和构建的过程，要求教师全程指导第二课堂活动的策划、实施、培训和评价，并将自己从第一课堂的传统权威教学者转变成共同探索新知的合作者，真正实现学校、教师与学生共同发展。课程实施要以"活动"为主，在活动中学会知识、培养能力。教师要引导大学生自主设计活动方案，创造性开展活动，让大学生成为活动的主人并参与其中；指导学生用科学的实验、规范的实践去推理论证第一课堂学习的理论知识，在实践过程中让大学生能感受到成功的喜悦也能尝试到失败的滋味，激发他们内在的创新意识。在实施过程中，教师既要作为策划者、指导者、实施者和合作者，又要与大学生平等真诚地交往，做学生的良师益友，并对学生求知过程负责。同时，第二课堂中要发挥大学生创新创业协会的作用。大学生创新创业协会作为大学生自发的组织，为大学生共同的兴趣爱好提供一个共同交流、相互促进的平台，是培养和塑造大学生自我教育、自我管理以及自我服务的有效途径。大学生社团对于有创新创业意识、创新创业激情的大学生来说，不仅能相互交流创新创业的知识、相关信息，还能培养人际交往沟通能力等。

第二课堂中要多组织创新创业计划与模拟大赛。创新创业计划或创新创业模拟大赛，是大学生基于创新创业兴趣或创新创业想法而做的创新创业计划书，也可以是关于某项技术的商业转化计划或某个产品投入市场的计划书。自第一届全国创新创业计划大赛顺利举办以来，取得了良好的效果。实践证明创新创业计划或创新创业模拟过程是大学生获得实践经验的良好平台。

创新创业实习基地也可称为第二课堂的重要内容。让大学生亲自去经营小企业是国外创新创业教育比较推崇的做法，也符合教育教学规律和创新创业规律。学校可以利用现有的教学实习基地和校办企业，通过产、学、研的结合，使其成为第二课堂创新创业实践园区。在创新创业教育过程中，要鼓励、引导大学生成立专门的创新创业工作室或模拟公司，让此方面有兴趣和能力的同学在不出校门的第二课堂亲身尝试创新创业实践活动，亲自创办、管理和运营公司，以此获得更多的创新创业经验。

当然，第二课堂也可通过创新创业活动专题讨论、主题班会和群星荟萃等，深化创新创业理论知识，培养创新创业意识和精神。通过对创新创业类社团的扶持和引导，凝聚一批期望创新创业、且有创新创业意识和创新创业潜质的高校学生，定期举办创新创业论坛、沙龙和交流活动等，邀请创新创业成功人士及熟悉创新创业各环节的相关人士进行广泛深入的座谈交流。

③实施方式

课程实施是指把课程计划付诸实践的过程，是达到预期课程目标的基本途径。创新创业教育课程的实施主要有以下几种方式：（1）课程渗透式；（2）专业实践式；（3）科研参与式；（4）产学研一体化。

④课程评价

课程评价是指对课程计划及其实际达到教育目的的程度的价值判断活动。评价是为了了解课程的实施效果和存在的问题，从而改进课程设计的不足，也是了解学生的实际学习情况和教师的教学，最终促进大学生和教师创新创业素养的发展。因此，要科学公正地对课程进行评价。在课程评价过程中，评价具有调控课程设计、诊断课程偏差、监控课程实施和促进课程建设等功能。

创新创业教育评价的基本思路就是根据创新创业教育的目标来制定评价内容体系，依据评价内容体系来制定评价指标体系。在评价的过程中，始终要遵循合目的性、合规律性以及可操作性等原则。

评价的对象是教师、大学生或学校，有的甚至是狭义的课程评价等，评价主体要实现多元化。在课程的评价体系上，一是要评价课程本身。同时，要评价课程所要达到的目标和要求。评价课程最终的目标要与事先预期的目标一致，对高校、教师和大学生产生了什么样的结果，并以此来加强和推进课程更为科学地设置。

创新创业教育的课程评价也是针对创新创业教育目标的完成程度、水平及状况做出判断，通常采用目标评价模式。目标评价模式是在泰勒的评价原理和课程原理的基础上形成的。评价原理可分为确定教育与计划的目标、根据行为和内容来界定每一个目标、确定使用目标的情境、设计呈现情境的方式、确定评定时使用的计分单位、设计获取代表性样本的手段等。

⑤时间安排

在创新创业课程设置过程中，创新创业教育应贯穿于大学生课程教育的整个教学计划中，写进人才培养方案体系。创新创业教育基础平台课程应该在大学一、二年级开设，这个阶段，大学生的创新意识和观念都比较缺乏，对未来的职业发展没有清晰的设计和规划。因此，必须要加强对大学生创新创业意识的培养，和创新创业精神的塑造，树立适合时代发展的创新创业观念，帮助他们有针对性地规划大学期间的学习、生活以及将来的职业发展方向。

创新创业能力课程和创新创业实践课程适合在大三、大四年级开设。因为要顺利地学习创新创业能力课程和创新创业实践课程，必须要有一定的专业知识做支撑。否则，创新创业能力课程和创新创业实践课程学习就会是空中楼阁，学生既学不懂，老师也教不会。首先，大学生只有经过专业知识的学习，才能明确创新创业方向，才能有的放矢地进行创新创业实践活动；其次，厚实的综合人文素质是培养创新精神和创新创业能力的前提。大三、大四的学生在经过大一、大二的基础课程学习以后，具备了一定的社会、人文和自然科学知识，加强了人文修养和科学精神的训练，完善了知识储备体系；再次，大学生通过两年的大学生活，生理和心理发展日渐成熟，对自己的职业选择、人生规划有了更加清晰的认识，对探讨、分析较为复杂的创新创业问题也会有更加深层次的思考。

⑥课程的教学手段

教学手段可以采用案例教学、讨论教学、情境教学、问题教学、实训教学、实践教学等方法。

3. 创新创业课程设置

科学的课程体系和教学内容是人才培养的重要载体。创新创业教育课程体系和教学内容设置应遵循教育的客观规律，循序渐进，由浅入深，从而能提高大学各类专业人才创新创业的能力。坚持以培养基本认知能力为基础，以专业运作能力为阶梯，以综合运用能力和创新创业能力为核心，以知识、能力、素质协调发展为主线，以多形式教学、多样化训练、多渠道实践为手段，以学习、实训、实践、创新、创新创业、科研相互促进的思路，来强化学生创新精神、创新创业意识和个性化发展，从而实现应用型、复合交叉型、创新创业型人才培养的实验教学理念。

（1）创新创业课程类型

创新创业教育就是要培养学生运用知识和理论完成创新过程、产生创新成果的综合能力，包括科技创新和管理创新。创新能力的表现形式是发明和发现，是人类创造性的外化。创新能力包含着创造性思维能力和创造性实践能力，主要包括四个方面的内容：创新意识、创新思维、创新技能和创新人格。

①创新创业意识培养课程类

创新创业意识即创新创业实践中对人起动力作用的个性倾向，包括创新创业动机、创新创业观念等，是大学生对创新创业这一实践的正确认识、理性分析和自觉决策的心理过程。创新创业意识的形成，不是一时的冲动或凭空想象出来的，它源自于人的一种强烈的内在创新创业需要。创新创业动机是创新创业活动的最初诱因和最初动力，是创新创业活动形成的心理动力。创新创业动机对创新创业行为产生促进、推动作用，有了创新创业动机，就标志着创新创业实践活动即将开始。创新创业动机包括成功的欲望、兴趣、想象力、冒险等。成功的欲望属于创新创业动机的范畴，是对未来奋斗目标的向往和追求，是人生理想的组成部分。有了成功的欲望，就意味着创新创业意识已基本形成；而创新创业兴趣是人的个性特征，是长期形成的性格，可以激发创新创业者的深厚情感和坚强意志，使创新创业意识得到进一步升华。一般在创新创业实践活动取得一定的成效时，会引起兴趣的进一步提高；创新创业者为了实现创新创业理想，在创新创业活动中经过艰苦磨炼，又逐渐建立起创新创业的信念，即想象力。想象力是创新创业者从事创新创业活动的精神支柱和基础，是创新创业者的思维方式；冒险也是人的个性特征，是创新创业者必须具备的工作品质。

创新创业观念是创新创业意识的最高层次，是随着创新创业者的创新创业活动的发展与成功，而使创新创业者思想和心理境界不断升华而形成的观念。它使创新创业者的个性发展方向、社会义务感、社会责任感、社会使命感有机地融合在一起，把创新创业目标视为奋斗目标。创新创业观念包括了创新创业精神和创新创业意愿。创新创业精神是创新创业动机长期累积的一种思想境界，它的进一步发展形成了创新创业意愿，它是一种思想的外在反映。

②创新创业能力培养课程类

创新创业能力培养是指对掌握创新创业实践中的工商企业经营管理知识、基础管理理论知识和创新创业专业技能的培养。基础管理理论知识包括对企业作为经济组织的认识、对企业经营管理的认识、对企业外部市场的认识以及创新创业过程知识的了解，这是创新创业的准备阶段。创新创业专业技能是创新创业实践的工作技能，影响创新创业活动的实现。

创新创业经营管理知识的目的是培养学生具备创新创业的经营管理能力、市场把握能力、战略决策能力和人际关系能力。其中，需要通过课程重点培养的创新创业知识包括：A. 战略管理的知识；B. 企业的经营管理知识；C. 信息管理的知识；D. 绩效管理的知识；E. 创新创业知识。

③创新创业技能培养课程类

创新创业人才是企业中高级经营管理人才的来源，要培养中高级经营管理人才就必须培养创新创业人才的企业策划能力和经营决策能力。一般管理人才只需要掌握创新创业的知识，而中高级经营管理人才则必须掌握企业策划技能和经营决策技能，创新创业的实践才有可能取得成功。企业策划能力和经营决策能力是一项实践性强的高级技能，是创新创业人才培养中大学教育必须提供的培养内容。主要包括：A. 投资项目可行性分析与决策能力；B. 创新创业策划的能力；C. 经营分析、诊断和决策能力。

④创新创业实践能力培养课程类

创新创业的实践能力是指人才潜在的工作执行能力。一个好的创新创业方案要靠优秀的人才来实施，人才的实践能力决定计划实施的成败。但凡有一定成就的人，无不经历过艰苦的创新创业。创新创业的过程也是锻炼的过程，是不断学习提高、不断发展的过程。通过创新创业，可以使自己的事业得到发展，实现自身价值的最大化；可以激活人才资源和科技资源，使得更多新创意、新科技、新发明、新专利迅速转化为现实的产品和产业，实现对社会贡献的最大化。创新创业人才的实践能力主要包括：A. 商务谈判能力；B. 研究与学习能力；C. 社会交往能力；D. 职业道德；D. 企业危机处理。

（2）创新创业课程体系

①创新创业意识课程

创新创业意识的培养，首先，要发展个人的兴趣。健康的个性与兴趣可以激发创新创业者的创新创业热情，升华创新创业意识，是创新创业意识形成的重要因素。所以，进行创新创业教育要有意识地开设课程培养学生的兴趣、发展学生的兴趣。要求学生要了解自我、完善素质、提高能力。其次，要激发学生的创新创业动机。摒弃安逸思想，培植个人求发展的心理。创新创业活动过程会遇到很多困难，如果没有坚定的创新创业信念，仍抱着随遇而安的安逸思想，是不可能成就一番事业的。最后，要树立创新创业理想，激发创新创业需要，坚定创新创业信念。让学生积极投身社会实践，了解社会，养成善于观察、勤于思考的良好习惯。

②创新创业知识课程

创新创业人才要求具备职业经理人的基本知识体系，创新创业容易守业难，创新创业不是目的，企业的生存与发展才是伴随创新创业过程的永恒主题。所以，创新创业人才应该具备工商管理的基础知识体系，包括开设经济学理论、管理学理论、公司战略管理、人财物的企业资源管理、产供销的商务管理等课程。同时，还要具备创新创业管理的专业知识，主要课程包括 KAB 创新创业基础、创新与创新创业管理等课程。其中，KAB 创新创业基础是国际劳工组织编写的教材，其教学方式新颖。该课程注重培养学生的创新创业素质，具体包括自我测试、课堂演示、小组活动、案例分析、头脑风暴、嘉宾访谈、商业游戏等，授课形式多样，生动活泼，具有很强的教学效果。课程结构模块化是指 KAB 课程设置了八个教学模块，每个教学模块都有其特定的主题，但各个主题之间又相互联系。授课内容的八个模块，依次为：模块一，什么是企业？模块二，为什么要发扬创新创业精神？模块三，什么样的人能成为创新创业者？模块四，如何成为创新创业者？模块五，如何找到一个好的企业想法？模块六，如何组建一家企业？模块七，如何经营一家企业？模块八，创新创业准备——商业计划书。

③创新创业技能课程

创新创业人才的知识培养体系只能培养学生具备某些经营管理岗位的流程操作能力和具体方案的执行能力。而创新创业人才还需要具备经营策划能力和战略决策能力，需要各项经营管理知识的综合运用能力。这反映了创新创业人才与一般管理人才相比较得出的两大特点：一是管理层次的提高，要能够从事经营管理的方案策划和设计；二是知识综合运用能力，要能够规划和制定企业的战略管理方案。要实现上述目标，就不能依靠单一的理论课程来培养，必须开设综合性、设计性和研究性的实验实训课程。也就是说，课程设置要改变传统的按学术体系设课的模式，需要按职业能力要求来设课。按照创新创业人才的职业能力要求，开设的课程要有以下几个基本要求：一是课程内容的研究性，要有利于方案设计能力和决策能力的培养；二是课程内容要与真实环境密切结合；三是课程内容的综合性，课程内容要综合运用经济学、管理学、法学、科技、运筹学、社会学等学科的知识；四是课程内容的创新性和时效性，课程内容随着时间和地点的不同，分析的结果应该是有差别的。

依据上述要求，创新创业人才的专业技能培养课程体系主要包括：创新创业分析与实训、投资项目分析实训、商业计划实训和经营分析、诊断与决策实训等课程。

A. 创新创业实训课程

主要采用了 PEST 分析法和 SWOT 分析法作为学生创新创业实训的理论核心，从企业外部环境因素政治（Politics）、经济（Economy）、技术（Technology）和社会（Society）这四个方面行分析。采用 SWOT 分析法对企业的总战略、财务战略、研发战略、人力资源战略、生产运作战略和营销战略分别进行分析，满足各类学生创新创业能力培养的需要。

创新创业实训教程是配合本校研发的经济管理大型案例资源库教学平台实训的一门课程。学生在经济管理大型案例资源库教学平台上，可以学习到我国各类主要产业和典型企业的案例和分析报告。学生可以结合各自的专业和兴趣选择自己的学习内容，学习结束后可以完成一份有一定市场价值的创新创业投资项目基础分析报告或企业发展战略规划报告。

B. 投资项目分析实训

投资项目可行性分析课程，是学生创新创业技能性培养的核心课程，采用实验教学的教育方式，这样不仅可以使学生更加系统地掌握项目投资的理论知识，而且还可以培养学生的创新创业分析决策管理能力。这些能力广泛应用于大中型企业、投资咨询公司和政府相关部门的投资项目决策中。运用投资项目分析中的方法，比如投资项目成本费用估算和投资项目现金流量表编制的方法，对投资项目的经济效益指标和不确定性（风险）指标进行科学的分析评估。并且，投资项目分析的结果和指标可应用于项目可行性分析报告的设计中。通过"模拟"和"全真"两方面的投资项目分析，审核投资项目的可行性。通过对本课程的学习，可使学生能够运用经济管理专业理论知识，掌握项目可行性分析的实际操作方法，能较熟练地对一个投资项目进行全面的分析及评价，撰写出符合基本要求的投资项目可行性分析报告。

C. 商业计划实训

商业计划实训课程内容主要是通过对企业创立策划、商务策划、营销策划和管理策划四个方面实践能力的培养，促使大学生能够综合运用经济管理学知识，针对经济发展的现实问题开展调查研究，撰写一份有商业价值的创新创业计划书。这不仅仅培养了大学生的创新创业意识和创新创业精神，更重要的是培养了学生的创新创业技能。一份有商业价值的创新创业计划书，是学生的学习成果，更是学生的创新创业资本，还能为企业和社会带来商业机会。

D. 经营分析、诊断与决策实训

经营决策分析课程是创新创业运行管理的综合实验性课程。通过对企业经营运行过程中的状况诊断分析，进行企业经营研究，设计企业经营计划，是培养学生创新创业管理能力的核心课程。企业经营决策分析广泛应用于大中型企业、会计事务所和企业管理咨询机构当中。运用企业财务报告分析规范的方法，分析与评估企业经营的赢利能力、偿债能力、营运能力、竞争能力和成长能力等方面，撰写企业的财务分析报告。通过财务分析，诊断经营发展中的管理问题，进一步规划和制定企业发展的经营战略，改善企业经营，提升企业的市场竞争力。本课程以企业的会计报表为分析的起点，以企业经营战略决策报告为终点，来提高学生创新创业运行管理能力。课程设计以实验教学为主要教学方法，使创新创业思维训练与创新创业管理能力培养融为一体。

④创新创业实践能力课程

创新创业实践能力课程就是培养学生的创新创业工作的执行力的过程，是一个综合素质培养的过程，也是创新创业经验培养的过程。因此，在这一过程中，主要是为了给学生搭建实践训练平台，营造创新创业氛围，开展创新创业活动。主要课程项目有：课外活动、社会调研、企业实习、创新创业项目规划和自创企业等形式。

（三）改革教学方法

合理的教学方法可以帮助教与学统一，改善教学效果。由于高校大都还是采用理论教学以及教师讲授的方法，导致学生的积极性不高。因此，制定能激发学生积极性的教育方法是亟待解决的问题。首先，创新创业教育要采用"课堂+实践"的教学模式。一方面，调整教学方案，加大有关创新创业方面选修课程的比例，拓宽学生自主选择与促进个性发展的空间。他们开设了"企业家精神""风险投资""创新创业管理"等创新创业教育系列课程，以此来鼓励学生以创新思维为导向，倡导参与式教学，改革考试方法等。另一方面，通过开展创新创业教育讲座，以各种创新创业竞赛、活动等方式，鼓励学生创造性地投身于各种社会实践活动和社会公益活动中，形成以专业为依托、以项目和社团为组织形式的"创新创业教育"实践群体。另外，受全球疫情的冲击，可以充分利用现代信息技术，利用网络进行远程教学等学习途径。由于网络便利快捷，高校在进行创新创业教育时可以大力推行网络课程。网络课程更加灵活，高校可以建设创新创业网络学习平台，帮助学生根据自身需求从丰富的课程资源中选择适合自己的课程内容。创新创业网络学习平台不仅便于学生学习，还可以通过在线课程学分认证制度，激发学生的学习积极性。同时，还可以利用大数据对教学质量进行监控，从而提升创新创业人才培养质量。

（四）构建创新创业实践平台

要建设好创新创业课程体系，必须搭建创新创业实习实训平台。当前，大学生的知识结构和专业技能主要通过学校的专业教育获得，而学校的专业教育理论性的东西太多，实践、操作性不强。要想提升创新创业学习的实效性，就必须加强实践教育，搭建实习实训平台；要把创新创业的实习实训教育融入专业教育中，使专业理论知识的学习、运用与创新创业活动相结合，创建特色鲜明的课程体系；构建专业学习与实践能力相结合的桥梁，有的放矢地培养具备创新意识、创新创业精神和创新创业能力的专业人才。

高校设置的创新创业教育课程应由创新创业教育课程基础平台、创新创业教育课程技能平台、创新创业教育课程社会实践平台组成。而创新创业教育课程技能平台和创新创业教育课程实践平台的设置，可根据专业课程情况逐步实现与专业教育课程的融合。高校创新创业教育应以培养大学生创新创业意识，提高大学生创新创业能力，增加大学生创新创业教育实践为主线。各个学校应在构建创新创业教育课程基础平台的基础上，根据学校的不同特点，适当加入符合社会、学校、人员、专业特点的创新创业能力类课程和创新创业实践类课程；开发适合本校大学生的创新创业教育课程，实现专业教育与创新创业教育的融合。该课程平台面向全体大学生开设。创新创业技能类课程和创新创业实践类课程是专业教育的深化和延伸。高校的创新创业教育强调以专业教育为基点，发挥专业优势，尤其是专业前沿的优势，从而满足大学生创新创业的需要。大学生在完成专业教育的基础上，根据自己的兴趣爱好、发展需要和实际能力，切实提高自身的创新创业能力。

1. 课程基础平台

创新创业教育课程基础平台主要是为了培养大学生的创新意识和精神，让大学生能全面、系统、专业地学习创新创业知识。对与创新创业相关的学术理论知识有更深的领悟，树立正确的就业观，为以后进一步从事创新创业实践和研究工作打下扎实而坚固的基础。这一课程平台是全校性的、跨专业的课程，可以以公共必修课、公共选修课或者素质拓展课的形式开展。创新创业教育课程基础平台包括创新创业知识类课程和意识类课程。创新创业知识类课程主要是指创新创业的基础知识和基本技能，重在培养大学生的创新创业知识，使其对创新创业活动有基本的认识。创新创业意识类课程主要是从意识和精神层面上说的，主要培养大学生的创新创业意识和创新创业精神，从而形成良好的创新创业心理品质。

2. 课程能力平台

创新创业课程能力类平台是以创新创业基础平台为基础，结合专业教育的课程，将创新创业知识渗透到各专业的课程教学中。通过在专业课程教学内容中适当地增加创新创业元素，优化课程结构和内容，培养大学生基于专业知识的创新创业能力。这类课程在现有专业中开设可能有很大难度，甚至是一种挑战。但是，如果没有与专业教育相融合，创新创业教育就很难深入进行，甚至只是纸上谈兵。目前，很多高校的专业教育中还缺乏平台教育资源（教师、教材等），甚至有的学校情况还比较严重。但是融合的意识要有，融合的行为要逐渐发生。作为一种理想化的设想，我们希望在专业课程体系中增加专业市场调研、基于专业特点的创新创业能力训练、专业典型创新创业案例分析、专业领域前沿问题的创新性研讨等课程。

3. 课程实践平台

创新创业操作类课程实践平台是建立在创新创业课程基础平台和创新创业能力平台基础之上的，主要是指在专业实践环节融入创新创业活动的实践课程。创新创业实践活动与专业实践教学的有效衔接，为创新创业型人才的深入培养提供了路径。它强调以大学生的专业知识、国家和社会之需为核心，以有效地培养大学生的社会实践能力为目的，重在超越教材、书本知识和课堂的局限，大力施展社会实践能力。

其一，改革教育教学方法，建立以实践教学为核心的育人模式。为了提高大学生的动手能力和创新能力，就要改变学校传统的授课方式，选用模拟式、案例式、实训式和互动式的教学方法；使用翻转课堂为主，将科学研究思维训练和科学研究方法训练融入实践教学中；引导大学生主动学习，激发大学生的主动性和创造性。教师要面向企业和社会积极承担行业课题，激发大学生参加科研项目和技术开发工作的积极性。

其二，大力开展创新创业学科专业竞赛，加强专业教育与创新创业教育相结合，突出竞赛活动的目的性、实用性和创新性。

其三，极力开展创新创业实践活动。依据大学生的创新创业基本知识和基本技能，凭借学校原有的创新创业孵化基地、教育教学实习实训基地，依托创新创业科技园等服务体系，设立产学研合作专项资金，专门用来支持高校、企业和科研院所共建创新研发中心，开展技术合作。

最后，高校应结合本校的专业教育资源尽可能地开设模拟创新创业项目，鼓励大学生积极参与，体验创新创业过程，提交合格的创新创业策划方案，从而提高大学生的实践能力、科研创新能力。

4. 建立健全激励机制

设立创新创业课程建设研究专项基金和大学生创新创业专项基金，建立健全激励机制。创新创业课程建设是一项开拓性的工作，需要广大教师投入大量的时间和精力，既要加强课程教学内容的更新，又要加强教学方法的改革，还要加大创新创业实验教学应用软件的开发，以提高教学效率和教学效果。

目前，有的高校为激励和鼓励大学生创新创业，专门设立了"大学生创新创业专项奖学金"奖励在创新创业方面有突出贡献的大学生和老师。有的学校对创新创业能力较强或参加全国创新创业大赛并取得优异成绩的大学生和指导教师，给予一定的精神和物质奖励。这些举措，都是在不断地完善大学生创新创业的激励机制。只有建立健全的激励机制，才能吸引更多的高校教师和学生积极参与到创新创业实践中来；才会激发更多人的创新创业热情，让更多的创新创业人才脱颖而出，获得成功。

（五）完善人才考核评价体系

完善人才考核评价体系是人才培养的基石。首先，将创新创业教育纳入人才质量考核体系，并将创新创业意识、创新创业精神和创新创业能力作为评价高校人才培养质量的重要指标。其次，将创新创业素质纳入对学生的考核评价体系中，敦促学生树立创新创业意识，挖掘学生创业潜能。最后，构建多元化的考核评价体系。考核评价主体应包含授课教师、学生自评及同学间互评；考核方式应包括理论学习过程及平台实践评价。

合理的人才培养评价体系应该从社会、学校、学生、用人单位四个方面设计考核指标。

1. 社会

社会很难直接对高校学生的创新创业进行考核，其了解主要来自高校对外的宣传。因此，社会相关组织机构会对学生跟踪调查，或者邀请第三方组织机构或政府制定问题进行问卷调查或者访谈。另外，由于家人是学生成长的直接受益者，家庭评价也属于一种考核学生的社会行为的方式。

2. 学校

学校可以将创新创业教育纳入人才质量考核体系，并将创新创业意识、创新创业精神和创新创业能力作为评价继续教育学院及机构人才培养质量的重要指标。还可以将创新创业素质纳入对学生的考核评价体系中，敦促学生树立创新创业意识，挖掘学生创业潜能。另外，考核评价还要包括授课教师对学生理论学习过程及平台实践的评价。

3. 学生

学生之间的了解一般多于学校和社会，因此高校学生可以进行自评和互评。可以从学生学习方法和思维方式、工作开展与困难克服、自我管理与提升、活动构思与反思等方面是否有创新精神进行评价。

4. 用人单位

用人单位可以在学生进行实习时考核其是否具备创办企业的能力、了解和掌握企业经营相关的技术能力和知识基础，是否具有法律法规运用的实际能力、捕捉市场能力、专业技术应用能力等。

四、保障创新创业人才培养质量的措施

（一）加强创新创业教育师资队伍建设

加强创新创业教育师资队伍建设，可以有效提高创新创业人才培养质量。在日常教学中，教师与学生接触最多，教师对学生的影响可谓是最直接、最深远的，好的教师对学生的成长起着非常重要的作用。然而，随着创新创业教育不断发展，师资成为了高校创新创业教育面临的大难题，为了使高校的学生在创新创业教育方面"学有所引""学有所教"，从而助力学生成长为真正的创新创业人才，高校必须建设一支高素质、高水平的创新创业师资队伍。美国高校的创新创业教育起步较早，在师资方面，美国许多高校通过构建创新创业学科体系来培养专门的创新创业教师，此外，还不断丰富引进创新创业师资的渠道，比如，加强与企业的联系，引进一些既有丰富理论基础又有扎实实践经验的人才来校授课，同时，采取聘请外部优秀的创新创业成功人士来担任学校的名誉教授等方式，从而壮大高校创新创业师资队伍。这些措施解决了美国高校在创新创业师资方面上师资数量少且专业化水平不高的问题，极大地促进了美国高校创新创业教育的发展。

在美国经验的基础上，国内创新创业教育师资队伍建设可以从以下几个方面入手，一是从校内选拔，通过在校内选拔一些经常与企业打交道的教师，利用其丰富的经验，为学生创新创业争取相应的社会资源。同时，可以选拔一些优秀的中青年教师去企业挂职锻炼，通过校企合作，使其能在真实的商业环境中提高自身的创新创业水平，从而提高创新创业教学能力。二是积极从校外应聘优秀的创新创业成功人士作为校外导师，辅佐学生开展创新创业实践活动，同时也为高校提供了实战型教师资源。三是加强校与校之间的交流与学习，通过定期或者不定期地开展分享会，加强交流与合作，及时更新教学方法。四是加强培训力度，高校的教师不仅要具备一定的创新创业知识，更要提升自身创新创业教学能力。

（二）加大创新创业人才培养的支持力度

任何教育活动的开展都离不开相应的支持服务，创新创业教育在我国

高校中起步较晚，其在高校的基础设置还比较薄弱，但由于创新创业教育的实践性非常强，所以无论是基础设施，还是资金需求都需要较大的投入，才能保证创新创业教育能顺利开展。创新创业人才培养，不仅需要专门的创新创业孵化基地，更需要参加创新创业项目，以此来锻炼自己的实践能力，从而提高创新创业的成功率。因此，想要保障创新创业人才培养质量，加强对创新创业教育基础环境的建设势在必行。建设创新创业软硬件环境时，一定要深入调研，要确保能真正帮助学生，而不是搞一些面子过程。这些活动的开展离不开资金，因此，必须保证经费合理，高校除了提高创新创业教育经费外，还可以寻求社会与政府的支持，拓宽经费来源渠道，不至于让创新创业教育陷入"巧妇难为无米之炊"的局面。此外，在软环境上，高校可以寻求共享模式，与各大高校联合，建立共享平台，学生可以在该平台上获得自己需要的信息与创新创业课程资源。这不仅可以提高资源的使用效率，还可以帮助高校将空闲的资金投入到硬环境的建设中，为学生的创新创业教育提供更好的设备与基地，从而为学生创造更好的条件，帮助学生更好地投入到创新创业实践中去。

（三）完善创新创业教育制度建设

完善创新创业教育制度建设，有利于建立多元协同的创新创业教育长效机制。要想完善制度，必须要求政府与高校共同合作，协同保障创新创业人才培养。从政府角度来说，深化创新创业教育是推动高等教育综合改革的关键内容。相关部门要与高校、企业积极合作，满足创新创业的需求，制定可以协助高校开展创新创业教育、企业参与创新创业教育的相关法律法规。从高校角度来说，首先可以建立评价制度，保障创新创业教育质量。创新创业教育评价需要的是适应其发展的新体系，不再是传统的旧评价体系，可以将现有评价指标内容与创新创业教育的实践性及创新性相结合，建立新的创新创业教育评价指标；其次可以设立奖励基金与相关奖项，按照规定奖励在创新创业教育中表现突出的教师与学生，增强他们参与创新创业教育的主动性；最后，学校还要从自身特点出发，整合企业、社会与政府的资源，设置创新创业教育相关规定，利用协同效应确保创新创业教育顺利推行，从而为提高创新创业人才培养质量提供制度保障。

（四）提升创新创业服务保障水平

一般而言，高校具有三种职能，发展科学知识、为社会服务、培养专门人才，在大众创新、万众创业的大环境下，创新创业人才成为国家、社会与企业都急需的人才，而高校要想为国家、社会及企业输送出高质量的创新创业人才，就必须强化服务育人担当，提升服务保障水平。提升创新创业服务保障水平可以帮助高校创新创业教育有效地开展。高校可以通过建立中介服务机构、信息服务平台与后续服务部门来提升创新创业服务保障水平。首先，建立创新创业中介服务机构，这有助于高校整合校内外有效资源，从而在学生创新创业遇到资金困难、场地不足或者缺少人力时给予帮助，可见，通过引进第三方力量，高校的创新创业教育将会有更为安全的人力、物力及财力后盾。其次，建立创新创业信息服务平台，该平台可以帮助学生迅速了解最新、最全面、最权威的创新创业讲座、政策以及合作企业等消息，利用互联网增加信息发布与交流渠道，丰富学生信息面的同时也增强了学校创新创业的氛围，在此环境下，学生更加容易产生创新创业的热情，该热情能激发学生无限的潜力与干劲，从而助力学生更好更快地成长成才。再次，增强专家与专业教师的服务意识，在新的历史条件下，树立教育服务意识是适应时代发展潮流的教育理念，其体现了人本主义思想，是新时代教育发展的趋势，因此，在创新创业教育中也要强调教师的服务意识，教师要及时转变观念，在创新创业教育中，教师的角色为学生的引路人与服务者，在学生创新创业的过程中，专家或专业教师要时刻关注创新创业的学生及其创新创业项目，在学生遇到困难时给予他们必要的帮助，对他们遇到的问题提供相应的指导，帮助学生更好地创新创业。最后，各部门要增强协调能力，提升办事效率，从而为学生的创新创业教育提供更加便捷的服务。

第九章
高校创新创业教育教学质量监控体系研究

第一节 高校创新创业教育教学质量监控体系存在的问题

就高校组织而言，教学质量监控包括两个层面：外部监控和内部监控。国家、地方政府和社会对大学教学质量的监控即为外部监控，大学教学质量自我监控即为内部监控。内部监控是大学组织按照自己的标准自觉地对教学质量进行监控。一般而言，高校情况基本一致，内部监控是教育教学监控的主体。在内部监控方面，学校领导对于教学工作中的重大问题要认真研究和解决，并对教学质量的监控工作全面负责。质量监控规章制度由教务处、相关职能部门制定并实施；教学检查，信息收集、分析和结果处理也都由其组织开展并集中进行。随机听课与教学检查评估的定期组织工作主要由教学督导专家负责；各项规章制度和质量标准的落实、本单位教学检查、信息收集与反馈的开展由二级学院（系）负责，并根据学校反馈信息组织整改；学生信息组主要负责教学信息的采集、整理与反馈。目前，国家层面正在积极推进高校内部质量保障体系建设，内部监控备受重视的程度也越来越高。由于固有观念和路径依赖的制约，质量监控仍未打破原有的质量管理框架，且利于高校健康发展的内部教学质量监控体系还未成熟，亟待在理念更新、模式建设、策略实施等方面取得新的突破。

外部教学质量监控主要是由国家、各级政府部门主导的，比如针对高校筹建时开展的合格评估。合格评估引导学校发展方向，保障"教学和人才培养"的核心地位，评估过程结果和专家考察意见，能有力地促进学校改善提升。如 2006 年，由教育部组织的人才培养工作优秀评估；2008 年，国家示范性高等职业院校建设及 2010 年国家骨干高等职业院校建设的启动与实施等。又如，由各省级教育主管部门组织的省级示范院校建设、优质学校建设及各类型的重点专业、特色专业、优势专业评估等单项评估。还有，由行业组织主导的外部教学质量监控，例如，由中国教育国际交流协会组织的中外合作办学质量认证，也是中外合作办学领域由高等职业教育第三方质量认证的重要突破。在创新创业教育领域，鉴于该项工作实施得比较晚，一般都是先有专业建设，后进行课程改革。待到学校发展到一定阶段，方开始谋划推进创新创业教育。比如浙江商业职业技术学院于 1999 年筹建，直到 2002 年才通过由省教育厅组织的合格评估，2006 年通过教育部组织的人才培养工作优秀评估。该校创新创业教育起步于 2005 年，真正发展到有一定规模和特点，也是在 2008 年以后。应该说高校教育教学质量监控正处于完善阶段，而在创新创业教育质量监控这一块还处于起步阶段。到目前为止，建立专门管理高校创新创业的部门非常少，其大部分被高校的学生管理部门、就业指导部门、教务处及团委等共同管理。目前存在的主要问题如下：

一、创新创业教育的教学质量监控以外控为主

高校对高质量教育的追求是提高教学质量的真正动力。这种追求的形成，主要在于强化高校质量建设的主体意识。因此，对于质量监控的观念更新，首要任务是将"外控为主"转变至"内控为主"。长期以来，由于体制机制的原因，我国高校教学质量的监测一直以政府主导的外部监控为主。外部监控由于难以顾及诸多组织之间的差异，导致质量标准统一、监控模式单一，其片面性严重遏制了高校个性的发展，难以从根本上提高办学质量。目前，高等职业院校创新创业教育的质量监控，基本上都是依附对院校总体办学质量情况的评价。比如，浙江省的普通本科教学工作及业绩考核指标体系（千分考核），将创新创业教育作为一部分考核指标列入；部分省市开展的学校办学水平综合评估和专业建设、思政工作等专项评估中，将创新创业教育列为考核指标之一。

二、创新创业教育的教学质量的内控体系不够规范

内部监控是以"本土化"的质量标准为依据。高校组织及其组织内部成员基于高度的质量建设意识,给予专业的特殊性和多样性充分的尊重,能有效促进学生个性和特色的发展。大部分高校在创新创业教育教学质量监控上,基本沿用常规的教学质量监控方法,分解教学过程;在教学准备、课堂组织、教学内容、教学方法、教学手段、课外辅导、教学效果,以及教学评价等层面上,提出明确的质量要求和检查评价标准,并对学业考核提出质量标准;规定学生创新创业的考核种类、考核方式、考试命题、试卷制作、试卷审查、阅卷以及成绩评定等方面的标准与要求;明确毕业设计、等级评定的要求和标准。尽管大多数高校有针对性地在各层面开展了信息交流与反馈,多方面收集了教学信息;针对教学信息的收集与反馈,高校应倡导教学有关部门、各二级学院领导以及督导专家,坚持期中、期末的常规性检查;实行专业互检、随机听课等政策,提高自我决策的针对性与科学性,做到有问题及时发现与解决。部分学校通过各种方式完善常规检查制度,如:学期初,召开学期教学会议,检查教学安排和教学准备情况;学期中,检查教学计划和学期授课计划的执行情况;学期末,召开教学会议,总结学期教学工作,布置考试工作,加强考试过程中的巡视检查等。但综合来看,常规性的教育教学质量监控并不能适应创新创业教育的需要。创新创业教育有其自身发展的需要,有其自身发展的规律和特点。学生的创新创业教育过程与其接受专业课程的理论教学、实训实习均有很大的不同,在时间、空间、活动的对象、方式方法等多方面均有自身的特点和个性。因此,必须规范高校创新创业教育教学质量的内部监控。

三、创新创业教育教学质量监控的信息化程度较低

自2012年教育部发布了《教育信息化十年发展规划(2011—2020年)》以来,高校对信息化建设进行了积极的探索与研究。例如,黑龙江大学是最早进行信息化探索的高校之一,2012年就被批准为本科院校教育信息化试点单位,2013年就与企业合作开启了学工信息化工作平台建设并取得了良好的反馈。尽管高校的信息化建设取得了一定的发展,但部分高校对教学质量监控体系信息化建设的理念仍较落后,对教学质量监控的信息化建

设不够重视，甚至认为教学质量监控体系信息化建设就是建设几个网站，购置一些设备。很多教学信息的收集、反馈、整理还是依靠人工来进行，造成管理监控体系运行效率过低。数据的利用程度不高，只是简单地对其进行统计，没有深度挖掘，因而无法透过现象看到本质，无法为学校管理层提供决策支撑的信息。此外，一些高校虽然在信息化建设中投入了大量的人力、物力、财力，但在管理、使用与后期的维护上并不重视，且缺乏专业的技术人员及信息技术落后，无法让前期投入发挥作用，并且投入主要集中在常规性教育。而创新创业教育作为后起之秀，在基础设施、体系构建上都没有常规性教育发展得好，且其信息化主要依附于常规性教育。如今，在"大众创业，万众创新"的背景下，信息化能为大学生带来大量的创业创业知识，信息化的及时性、广泛性、便捷性与共享性能帮助大学生及时发现机遇，从而成功实现创新创业。同时，创新创业教育教学质量更加注重应用性与实践性的监控，其信息化建设需要渗透到教学的各个环节，需要贯穿学生发展的全过程，因此，必须加快建设创新创业教育教学质量监控的信息化，促进信息技术与教育深度融合。

四、强化高校创新创业教育教学质量监控体系势在必行

（一）开展创新创业教育是缓解高校严峻就业压力的必然选择

近年来，我国高等教育发展迅速，毕业生数量显著提升，就业压力随之日益突出。例如，2021年，中国有909万毕业生，其中90万都是重点院校毕业生。毕业生人数之大，无疑增大了社会就业的压力，但换一个角度想，这也是我国素质教育普及的成果。教育与创新创业是相辅相成的，而创新与创业又是社会经济的活力源泉。因此，将创新创业教育置于高校的教育当中，是推进我国经济发展的潜在动力，也是解决就业压力的必然选择。

（二）高标准的创新创业人才培养目标与相对落后的创新创业教育现状之间的矛盾日益突出

联合国教科文总部于1998年在巴黎举行了第一届世界高等教育大会，会议提出的《高等教育改革和发展的优先行动框架》指出："高等教育必须将创业技能和创业性精神作为基本目标"，高校毕业生不仅是求职者，他们

也应成为日后工作岗位的创立者。教育部在 1999 年颁布的《关于深化教育改革全面推进素质教育的决定》明确指出，"高等学校应重视创新创业精神在学生培养中的作用，培养学生创新创业实践能力，普遍提高大学生人文与科学素养"。20 世纪 90 年代中期，我国高校开始引入创新创业教育，发展至今已有 20 多年，在这期间，高校对其进行了许多的探索与研究，但由于创新创业教育观念未能与时俱进、创新创业教育未能与高校的人才培养体系相结合、缺乏相应师资力量与高质量教材，以及大多创新创业活动流于形式等，使得创新创业教育的发展以及高标准的创新创业人才培养目标的推进受到了许多阻力。高校创新创业教育普及度不高；相关的教学、模拟和实践环节缺乏连续性和系统性；创新创业意识和技能的培养缺少土壤；创新创业文化氛围尚未形成等，这些都在一定程度上加剧了高标准的创新创业人才培养目标与相对落后的创新创业教育现状之间的矛盾。因此，必须强化创新创业教育教学质量监控体系，使其能为培养高标准的创新创业人才保驾护航。

（三）高校创新创业教育教学质量有待提高

近年来，随着我国高校对创新创业教育的积极探索与研究，创新创业教育取得了一定的发展，但是大部分高校对创新创业的教育浮于表面，创新创业教育的教学质量并不高。比如，大部分高校的创新创业教育还没有形成专业学科，也没有融入到专业教育中，在课程设置方面不够重视与规范，大部分的教学仅仅通过参加大学生创新创业大赛来实现，学生缺乏赛前的基本学习，因此，参加比赛也很难真正地学到东西，实用性并不强。此外，学校过于重视课堂上的理论教学，大部分老师的授课模式主要以讲述理论为主，缺乏实践操作，学生很难融入课堂。同时，学校创新创业教育的基础设施不完善，创新创业教育的支持服务过少，导致创新创业缺乏活动空间，没有施展与实践的平台，即使学校建立了创新创业孵化基地，但由于基地与外界的联系并不紧密，学生还是没能真正获得创新创业能力。教学质量的高低关系到学校的可持续发展，在"大众创新，万众创业"与就业压力日趋严峻的背景下，提高创新创业教育教学质量迫在眉睫。而教育监控作为高校教学质量管理的重要手段，要想提高创新创业教育的教学质量，就必须加强创新创业教育教学质量的监控。

第二节　科学建立高校创新创业教育教学质量监控体系

高校的创新创业教育是高校培养科学技术人才的重要方式，大力推进高校创新创业教育，对深化高校技术人才培养模式、课程体系、专业质量建设以及师资团队建设等方面都起着重要作用。但目前还没有明确的标准来衡量高校开设的创新创业课程的教学效果是否明显，以及创新创业教师的教学能力是否突出，这对提高高校创新创业教育质量是极为不利的。因此，本研究在广泛阅读相关文献的基础上，引入全面质量管理理论来分析高校创新创业教学质量监测体系的构成要素，旨在帮助高校培养更多高质量人才。

一、高校创新创业教育教学质量监控体系的理论依据

林艳（2009）认为树立创新创业教育观念、强化创新创业教育课程的实践性、有效控制授课质量、开展团队协作式教学是确保创新创业教育教学质量的重要手段。

刘帆（2009）提出高校创新创业教育总体目标是培养"企业家型"高素质人才。他将创新创业教育质量评价指标分成五大体系：1. 创新创业教育组织支持指标体系；2. 创新创业教育学科课程指标体系；3. 创新创业教育课程教学指标体系；4. 创新创业教育质量控制指标体系；5. 创新创业教育延展活动指标体系及解释。

刘颖（2010）认为，系统论和控制论对高等学校创新创业教学工作的建设有着导向意义，其价值重点表现在，高等学校可围绕人才培养体系、管理机制、创新创业素质体系、服务体系和支持体系等五个体系，建立一种联系更紧密、秩序更佳的创新创业教学保障体系，为新时代高校培养高技术人才的社会历史使命服务。

李征（2011）对影响高等学校创新创业教育质量的基本原因进行了系统分析。在此基础上，根据科学性、指向性、激励作用、动态特征与操作

性等原则，利用现代科学的评估观与方法，设计高等学校创新创业教育评估指标体系。

王友明（2011）设计了高校创新创业教育评价指标体系的总体框架，将之分成创新创业教育管理、创新创业教育教学、创新创业教育师资、创新创业教育环境和创新创业教育成效等5大子系统。准则层是将各子系统分类，指标层是各准则层最具代表性的创新创业教育管理组织机构等42个指标。

杨丽荣，周克良（2012）提出从创新创业型师资队伍建设、学生管理、教学质量监控、评估和考核、教师及学生评价体系、教学基础设施建设、教学资源综合利用，以及创新创业实践活动的组织管理、资金管理、基地管理和日常管理上，建立创新创业教育的根本的保障和激励机制。

冯艳飞等人（2013）认为大学创新创业教育质量综合评价指标体系设计时，主要涉及的影响因素源于政府层面、高校层面、学生层面、社会层面，并构建了大学创新创业教育质量评价指标体系。

罗晓媛（2014）建立以培养学生创新创业能力为核心的教学质量评价指标体系。黄彬（2014）以福建省地方高校为例，就开展创新创业教育情况进行分析，结果表明当时地方院校创新创业教育质量管理体系中存在职责管理较弱、软硬件不健全等问题。根据过程方法，提出了增设管理主体、科学规划课程与培养方案、建立教育评价和改进的科学方法等优化措施，利用BP神经网络模型进行综合评价。

时全丽（2015）以常州信息职业技术学院为例，构建以学生视角为基点的创新创业教育质量评价体系。周曼等人（2015）运用Logistic定量分析方法，从两个不同的角度分析了创新创业教育与学生升学率以及就业率之间的关系，进一步验证了创新创业教育在二者中的影响。朱凯琳和谢妮（2017）认为高校创新创业教育在认知层面、普及程度以及本体性缺陷等方面存在深层次的问题，提出将创新创业教育深耕于高等教育日常生活层面。宋明顺（2017）认为地方工科高校创新创业教育存在系统不协调、资源瓶颈和体制机制障碍，探索实施了"135"创新创业教育模式改革。黄兆信（2021）提出进行创新创业教育时要以问题为导向，以事实为基础，以学生为根本。张永杰，吴铃，罗忠莲（2022）提出着重从"通—专—辅"三位一体的课程体系、专兼结合与跨学科师资融入的师资体系、"学—赛—训"

深度融合的实践体系和"政策＋平台＋质量"支持的保障体系四个层面构建高校创新创业教育体系。

分析结果表明，高质量创新创业教育对学生升学以及就业影响最大，且创新创业教育正向促进作用最为明显。

二、全面质量管理理论及其发展

全面质量管理理论由美国学者费根堡姆于1961年首次提出。全面质量管理（TQM）——为了能够在最经济的水平上，并考虑到充分满足顾客要求的条件下，进行市场研究、设计、制造和售后服务，把企业内各部门的研制质量、维持质量和提高质量的活动构成一体的有效体系。全面质量管理理论相对于传统的品质管理理论有了很大的进步，它充分考虑了到产品在设计、生产、销售等环节一体化和链式发展的特点。这个定义强调了三方面内容：首先，"全面"是对于宾主双方要充分认清创新创业教育开展的"统计"而言。"全面"对于市场而言，就是要取得客户的信任和依赖，符合客户的期望值。要达到这样的目的，组织必须动员所有成员，群策群力去解决问题；其次，"全面"对于生产而言，商品的出厂需要经历原料采购、流水线作业制造、品检、包装、物流等一系列步骤。这些步骤相互制衡、缺一不可，且每个步骤都决定着商品质量的好坏；最后，质量应当是"最经济的水平"与"充分满足顾客要求"的完整统一。

这个定义的内涵强调了全面质量管理是全员通过有效的质量体系对质量形成的全过程和全方位进行管理。这同样适用于建立创新创业教育的全面质量管理体系。

全过程是指高校培养高质量创新创业人才的全过程。全过程又可分为学生入学前、实践或实习阶段以及毕业离校后用人单位信息反馈等整个过程。人才培养过程中的任何环节都是整个过程质量管理的一个要素，这些质量要素将直接影响创新创业教育教学整体质量的提高。

全方位是指从创新创业教学体系中的教学内容、课程体系在教学方法及手段中的体现。从基本教学建设到管理团队建设、管理组织建设、最终的管理制度建设，以及校园文化、学术风气等方面的管理都是创新创业教育的内在要求。

目前，全面质量管理观点在世界范围内已得到广泛的认同，但各国都结合了自身实际情况在实践中进行了创新。自20世纪90年代，全面质量管理就已成为企业管理中一种更为综合与全面的经营方式，其在教育管理中的作用也得到了广泛的认可。在我国，刘福银（1999）根据高校的大学生全面素质教育以及人才培养等方面的成果，结合全面质量管理理论，提出了运用TQM理论评价高校人才培养质量与全面素质教育的方法；李均宏（2005）将全面质量管理理论成功运用到图书馆的管理当中，并对该理论在图书馆中的应用提出具有指导性意义的建议；雷丽虹（2008）对全面质量管理理论的内在涵义进行了详细阐述，并对其在高等学校中的运用提出了建议；刘萍（2009）将全面质量管理体系运用到高校教学的管理当中，并建立了一种全方位的教育质量管理体系；孙琰（2009）认为该理论能够顺应时代发展的要求，助力高校培养更多技术人才满足多元化的社会环境；孙晓川（2010）运用全面质量管理理论提出了一种新的，基于高等院校教育教学管理中应遵循的原则和实施的策略；成华（2010）将全面质量管理理论成功运用到大学生党建中去，整合"专兼结合"的学生党建工作队伍，建立完善的分层培养教育制度，健全全方位、全过程的质量监控指标与信息反馈体系。王建云（2017）提出构建基于PDCA循环的"8字螺旋"模型实现高校全面质量管理体系目标，"8字螺旋"由静态和动态两个螺旋叠加而成。卢泰恒，张彪（2022）提出在疫情防控过程中的"人盯人""网格化""社区管理""互联网医疗""大数据监管"等一系列积极措施来优化云南省高校的疫情防控全面质量管理。

三、高校创新创业教育教学质量监控体系的基本元素

质量监控的主要元素在国内相关研究中基本形成了比较一致的方向，他们认为应对学校定位、人才培养目标、人才培养方案、教学设施设备、教学团队状态、学生素质、校园文化、教学管理等元素进行系统监测。一些学者认为信息收集对于创新创业教育质量的提升具有一定的促进作用，比如促进高校督导专家队伍建设（如建立校院二级督导体系，组织安排资深教师定期检查课程授课计划、人才培养方案、教学大纲、随堂听课，指导青年教师参加教学比赛等，并对课程教学进行专家会诊，研究提升教学

质量的方案和路径);与师生面对面交流,听取师生对于创新创业教育的意见和建议,尤其是学生反映的意见和建议。这些意见和建议都是来自第一线的最真实的反映,是从不同角度阐释创新创业教育过程中出现的问题,高校必须要高度重视,尽力解决这些问题,使得信息收集、整理、反馈机制通畅,有利于形成高质量的建设闭路机制;问卷调查也是了解创新创业教育质量的关键手段之一,问卷调查不仅可以避免师生群体不愿意表达真实想法的现状和问题,而且可以收集更为深入的问题,使得问题产生的根源、解决的办法都更加科学、直接、真实、有效。鉴于上述的分析和研究,本研究根据创新创业教育的现实状态和发展规律,将质量监控的要素分为四个基本要素:指挥控制、教学管理、监控运行和信息管理。指挥决策主要指通过分析、比较、判断,选出最优方案,然后指挥校内各项建设工作,对在建设过程中遇到的问题,及时上报与处理,把控工作进度,保证学校的建设工作顺利进行。教学管理主要指运用科学的方法,制定合理的人才培养计划,充分发挥组织、协调、监督、诊断等管理活动,使教学计划能顺利开展、教学过程有序进行、教学质量稳步提高。监控运行主要指对教学质量进行监控与保证监控活动的有序运行。信息管理主要指收集国家、社会、用人单位及学生等的需求及反馈意见,然后采用先进的信息技术,对所收集的数据进行分析、处理,从而挖掘其背后的真实信息,最后形成报告传达给指挥控制系统。以上四个基本要素就是高校创新创业教育教学质量监测的重点。这四个基本要素奠定了全面、全过程、全方位监测创新创业教育教学质量的基础。此外,在创新创业教育教学质量监控的整个过程中,软件配置和硬件设施设备是教学质量最基础的保障,所以必须配备足够的软件与硬件设施,加大人才、物力、财力投入。

四、高校创新创业教育教学质量监控体系的模式分析

基于以上阐述的观点及分析,将高等学校创新创业教育教学质量的把控,立足于整个学校创新创业教育的全过程是非常必要的。依据全面质量管理理论中的"全方位、全员性、全过程"三要素,从高校教育指挥控制系统、教学管理系统、监控运行系统、信息管理系统等四方面构建高校创新创业教育教学质量监控体系(如图9-1所示),最终以达到建立适用于

自身未来发展的创新创业教学质量监控体系。

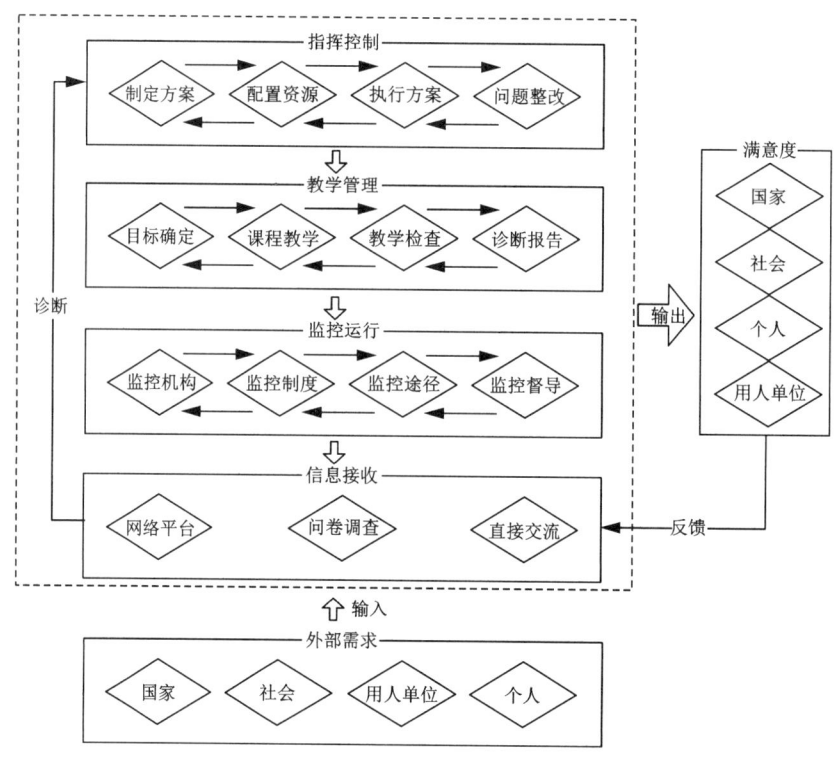

图9-1 创新创业教育教学质量监控体系

（一）指挥控制系统

指挥控制系统是高校创新创业教育教学质量监控体系的核心，一般由校领导、专家组、学生处、各教学单位和后勤处等主要部门组成。

指挥控制系统根据信息管理系统诊断的信息进行汇总并加以分析与挖掘，找出有效的信息，从而制定合理的方案。在确保方案可行性的基础上，进行资源配置，确保创新创业教育的辅助服务落到实处。最后，在系统运行中不断发现问题并及时整改，以确保整个系统处于良好的运行状态。合理的资源配置，主要为以下项目：人力资源配置，包括师资团队与教学管理团队建设，要求师生比符合国家要求，师德师风优良，定期进行师资培养与培训；教学经费配置，按照教育部要求的生均经费投入，保证经费使用合理、有效；教学设施资源配置，包括教学楼与体育馆建设、宿舍建设，保证课堂教学与体育教学的需要和正常运转，符合教育部的要求；教学基本建设资源配置，包括专业建设与管理、课程建设与管理、教材建设与管理、实验室建设与管理、实践教学基地建设与管理；学术资源配置，将学术资源配置的决策权与执行权分离，将其分配给最可能创新创业成功的人员，将学术资源最大化利用，提高项目评审、鉴定和申请过程的透明度，构建公平、公正、科学的管理机制。

（二）教学管理系统

教学管理是运用管理科学和教学论的原理与方法，充分发挥计划、组织、协调、控制等管理职能，对教学过程各要素加以统筹，使之有序运行，提高效能的过程。建立教学管理系统要先确定管理目标，进行理论与实践结合的课程教学，再对教学效果进行检验，对教学质量、学生个人发展、教师个人发展做出诊断报告。

通过创新创业人才培养目标定位和社会需求分析、内外环境分析，从全方位的角度，确定监控所实施的目标。其目标主要分为以下几个方面：（1）学生创新创业能力；（2）学生创新创业资格证书；（3）学生创新创业的参与率；（4）学生创新创业成功率；（5）毕业生社会满意度和声誉等。

在进行课程教学时，首先，要能够依靠既存资源，建立线上理论课程体系。从宏观的角度来看，混合教学的落实需要多种资源融合作为支撑，如采用慕课、精品课程等，能够做到跨越不同的学科、攻克不同领域之间的差异问题，做到低成本的线上教学，完善线上教学资源配置，突破大学生在此课程学习中的时空束缚问题，让学生可以更为快速地接受更为专业的教育，提升学习主动性以及创业积极性；其次，变革体系机制，提升教学的有效性。面对创新创业课程被边缘化的局面，需要高校教师运用混合式教学模式革新相应的教育教学体系机制，将专业教学与创新创业课程教育进行巧妙地融合，以提升创新创业课程教学的有效性。

在进行教学检查时，各部门需要积极配合，合理分工。学生处要带领学生积极参与教学效果检验，主要考查学生及格率或作业成果；校领导积极组织教师授课试听，对教师讲授提出意见，同时对学生评教与教师自评进行随机抽样。

诊断与报告是促进教师、学生发展及提高教学质量的重要途径，在教学过程中，教师与学生都要进行自我诊断，找出问题并进行分析与相应的整改，从而形成个人发展报告，最终在总结与改进中实现自我提升。（如图9-2）。

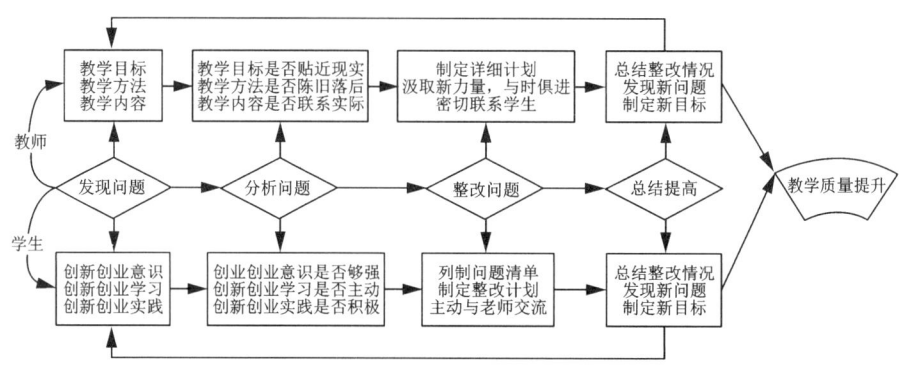

图9-2 创新创业教育教学质量诊断改进流程图

（三）监控运行系统

教学质量监控运行系统是指通过完善的教学质量监控制度与途径对教学过程和教学管理实行全面系统监控的运行机制。监控运行系统主要包括：监控机构、监控制度、监控途径、监控督导。

1. 监控机构

创新创业监控机构主要由校领导、教学质量监控与评价中心、学生发展中心、教师发展中心与各二级学院组成，是教学质量监控体系中的重要组成部分，对实施高质量的创新创业教学起着重要作用。（如图9-3）。

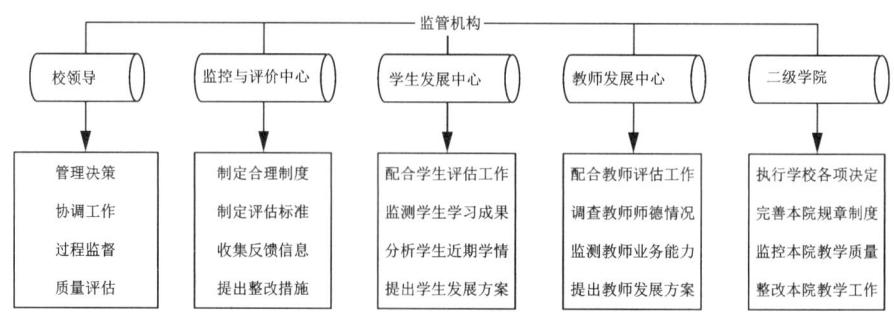

图9-3 创新创业监控机构体系模式图

教学质量监控机构中的校领导小组是保障创新创业教育教学质量的核心，对全校范围内整体的创新创业教育进行管理。其主要负责管理决策、协调工作、过程监督、质量评估，即领导全校评估工作；协调各部门在监控运行体系中的工作；及时发现创新创业教育教学过程中的重大问题并提出整改意见。

教学质量监控与评价中心是保障创新创业教育教学质量的中坚力量，主要负责检查、督导、指导和服务等工作，即制定创新创业教育教学质量管理制度，整体把控教学质量管理；制定评估标准，监控教学质量；收集教学质量问题反馈，缩小教学活动与教学目标的偏差；提出整改措施，发现教学中存在的问题后及时整改，确保教学活动顺利进行。

学生发展中心主要对接学生，是保障创新创业教育教学质量的主力军，主要负责配合各部门参与与学生相关的评估事项，即经常召开学生座谈会，关注学生的学习状态与评估结果，以便听取学生的建议，并积极反馈；监测学生的学习成果，即定期收集学生的获奖情况与参与学术会议、投发论文的情况等；分析学生近期学习情况，及时与学习情况变化大的学生进行沟通；提出促进学生进一步发展的方案，即提出改善学生学习思想、学习态度、学习纪律等方面的具体措施，加强学生素质与创新创业能力的培养。

教师发展中心是保障创新创业教育教学质量的中流砥柱，主要负责教师评估相关事宜，即评估教师的课堂教学能力等；调查教师的师德师风，即随时检查教师最基本的道德素养，是否爱岗就业、有教无类等；监测教师的业务能力，即教学技能、教学质量以及其自身的科研能力、创新成果等；提出提升教师个人发展能力的方案，比如加强学习，掌握先进的教育观点、多读一些关于教师修养与教学经验等方面的书籍、主动学习数据处理与分析技术，及时挖掘数据后面的有用信息，开发学生的潜能。

二级学院在保障创新创业教育教学质量中占有重要地位，是学校各项决定执行的主体，对学校各项工作的开展都有着非常重要的影响。二级学院除了负责执行学校的各项决定外，还负责完善本院的规章制度，比如学生管理制度、奖学金评定制度等；监控本院的教学质量，在进行教学质量监控时，根据学习的评价标准完成对教师的教学工作进行自评，评估结果进行分析研究，对发现的问题进行整改；整改本院的教学工作，即根据教学过程中存在的问题，提出具体的措施并进行整改。

2. 监控制度

创新创业教育教学质量的监控主要由以下两个部分组成：首先应建立高质量的教学管理规章制度，二是要保证该规章制度在相关组织机构的有效实施。两部分相互配合，相互影响，以达到使教学管理活动以及教学实施环节更加规范、高效地运转。建立高质量教学管理规章制度主要包括以下几个部分：（1）建立教学检查制度；（2）完善评教系统，特别是学生评教、同行评教以及行业专家评教；（3）推行随堂听课制度；（4）改善教师评学制度；（5）优化学生教员信息制度管理；（6）加强教师教学质量考核，严惩师风不正等行为；（7）实行岗前培训制度，对新教员的培训应当加强；（8）修订学生课程考核管理规定，考核部分应加入课堂表现等；（9）加强管理试卷分析制度，做到按步给分，按点给分；（10）巩固创新创业设计评估制度；（11）健全毕业生创新创业情况调查制度。毕业生信息反馈是建立高质量教学的重要组成部分；（12）建立实践教学评估制度。实践是检验教学成果的主要组成部分；（13）推崇课程建设评估制度；（14）实行教学状态评估制度；（15）加强教学事故处理制度的管理，杜绝发生教学事故；（16）实施教学督导制度。以上所涉及的制度与相关规定都是建立和实施高质量创新创业教学的要求。

3. 监控途径

高校创新创业教育质量监控需要多样的途径，单一的方法会导致监控的结果过于片面。要想对高校创新创业教育质量的情况进行全方位的监控，必须通过不同的途径获得教育质量信息。开展教育质量监控的途径包括教学工作检查，教学研讨会，领导、专家听课，教学观摩课，教学质量评估，学生、教师座谈会，教师授课比赛，学生成绩考核，学生毕业论文审核，等等。

4. 监控督导

监控督导也是提高教学质量重要手段，其内容主要分为以下三个部分：一是建立教学质量督导与评价机构，其作用是收集教学信息，对该教学反馈信息进行处理、判断，找出教学问题所在，并找出原因；二是进行校内经常性教学质量督导评价；三是对学校的办学水平及质量作出准确的评价，为后续改革、发展提出指导性建议。

（四）信息管理系统

信息管理系统在创新创业教育质量监控体系有着举足轻重的地位。负责该系统的部门可以通过网络平台、问卷调查、直接交流等途径收集国家、社会、用人单位和个人的需求与满意度，同时还可以利用大数据提前研判教育质量数据采集的类型以及有效的呈现方式，保证数据收集流畅，数据分析事半功倍。将汇集的数据结果反馈给指挥控制系统，从而完成整个创新创业教育质量监控体系的运行。

五、衡量高校创新创业教育教学质量的评价体系

质量评价体系是创新创业教育管理的核心环节，它与创新创业教育的效果和目标息息相关。质量评价是否具有完善的评价指标体系和科学的评价方法，直接决定了能否取得客观、全面的质量评价结果。要根据区域经济社会发展的需要和创新创业人才培养的要求，架构质量评价体系；高度重视通过实践教学来培养学生创新创业能力的重要性和价值所在，并积极为促进学生参与实践教学活动创造条件；科学评价学校创新创业教育的发展状态，定期出版创新创业教育白皮书，使得大力推进高校创新创业教育能够在社会和学校中取得广泛共识。

评价指标体系的建立，是教学质量评价的核心，而科学的创新创业评价体系又是教学质量评价的基础。评价指标体系与教学质量评价二者是相辅相成的，建立以能力为中心，以学生的全面发展为辅的评价理念，并在此基础上设置多级的创新创业教育评价指标。

（一）师资队伍

高校学生创新创业教育的成败，就是其师资队伍能力的体现。"没有教不好的学生，只有不会教的老师""严师出高徒"都无一不体现了师资队伍建设在学生创新创业教育中的重要性。以上所指的师资队伍能力，主要由师资结构来体现，而师资结构又由教师年龄、教师学历以及从业年龄等来体现。培养具有创新创业精神、能够创新、勇于创新的高技术人才是创新创业教育的目标。而这部分人才的培养无论是在人才培养方案的设计，还是在教学方式的改革中，必然是高于一般学生的培养，需要从业者进行创新，甚至是重构。这就要求师资队伍具有较强的理论教学能力和实践经验，能够用人格魅力去影响受教育者，使得创新创业活动得以顺利进行并取得预期成效。这一影响因素可用以下指标衡量：论文被引用次数；带领学生创新创业成功率。

（二）学生素质

在创新创业过程中取得成功的创新创业者都有其独到之处。学生的一些素质是天生就有的，如身体的健康和从父母之处承袭的优良品质。有些素质则是通过后天养成的，而这些素质必须通过教学环节、社会实践和改革创新来获得。高校创新创业人才的培养所需要关注的核心品质，就是通过各种手段强化后形成的品质。因此，我们将影响学生创新创业能力培养的因素作以下分类：(1) 学生创新创业课程出勤率与参与率；(2) 未来从事创新创业行业学生在总学生所占的比例；(3) 学生创新创业成功率；(4) 学生就业率等。

（三）核心课程

核心课程指与创新创业联系较为密切、范围较窄、简练实用务实的课程。在对国外多所高校的调研和总结的基础上，国内有学者将创新创业课程归纳为四类：创新创业意识课程、创新创业知识课程、创新创业能力素质课程和创新创业实务操作课程。也有学者认为要分为以下九个方面：(1) 创新创业财务面课程；(2) 创新创业操作面课程；(3) 创新创业策略面课程；(4) 创新创业法律面课程；(5) 特定产业研究课程；(6) 环节面课程；(7) 个人面课程；(8) 整合性创新创业实践课程；(9) 特定议题之创新创业实践课程。对于核心部分的课程，应按以下指标评判：(1) 核心课程开设率；(2) 一体化课程数量以及学时数；(3) 创新创业知识在现有课程中的涉及量；(4) 学生出勤率等等。

（四）教学方法

创新创业教育教学方法指创新创业教育应具有针对性的设置课程和考核体系，增加创新创业课程在商业实战中所涉及的内容，增添创新创业者和师生之间的互动机会等。对于教学方法，可以按以下指标评判：创新创业课程种类，师生互动率等。

（五）创新创业环境

1. 创新创业教育的软环境

创新创业教育的软环境，是指学校通过政策措施营造的创新创业氛围和创新创业校园文化。一个提倡创新创业、容忍失败、鼓励创新的环境，会让学生更愿意参与创新活动,有创新创业的意愿,并为之而付出努力。具体包括:创新创业社团数量、创新创业竞赛数量以及学生创新创业的社会意识等。

2. 创新创业教育的硬环境

创新创业教育的硬环境,是指学生在执行创新创业这一理念的过程中,学校所提供的资金、创新创业平台以及创新创业政策和保障措施。这些都是组成高校创新创业文化的基础,也有助于高校创新创业精神的传播。创新创业硬环境可通过以下指标来衡量:高校创新创业园师资水平、硬件配备水平、经费水平、学生创新创业量以及课程实施前后学生创新创业成果占比等。

第十章
继续教育学院大学生创新创业教育研究

第一节 继续教育学院创新创业教育存在的主要问题

"大众创业、万众创新"的潮流给高校带来了新的发展机遇,同时也提出了新的发展要求。为了适应时代发展新趋势,高校必须培育与时代相适应的创新创业人才。因此,发展创新创业教育是高等教育的必然趋势。而高等学历继续教育作为高等教育的重要组成部分,其推行创新创业教育,不仅能贯彻"活到老,学到老"的理念、执行学习型社会的战略要求,更是在后疫情时代经济下行压力加大的情况下,缓解就业压力,甚至创造新的就业岗位,推动就业形势新发展(提高生产力)的有效途径。

目前,继续教育学院已经开始实行创新创业教育并取得了一定的成效。但由于创新创业教育在继续教育领域中起步较晚、学院生源结构复杂,加上高校更加重视普通高等教育,所以继续教育学院大学生的创新创业教育仍存在一些问题。

一、高校对继续教育学院大学生的创新创业教育认识存在偏差

高校的主要精力都集中在普通大学生身上,认为继续教育是学校的副业,对继续教育的管理比较松散,认为只要保证继续教育学院的大学生拿到相应的证书就行,忽略了其作为教育主体育人育才的使命,长此以往,继续教育一直被边缘化。近几年,国家对继续教育越来越重视加上创新创

业的潮流，继续教育学院才开始设置一些与创新创业教育相关的课程、开展一些类似的活动，但都流于形式。高校认为继续教育学院大部分学生都是有工作岗位的，所以不需要担心其就业问题，因此在创新创业的教育上，高校选择了避重就轻。与此同时，继续教育学院大部分学生也认为无业人员才需要创业，而自己是有工作岗位的人，不需要创业。这说明他们并没有真正了解创新创业教育，没有领会到它的内涵。创新创业教育就是要培养学生运用知识和理论完成创新过程、产生创新成果的综合能力，包括科技创新和管理创新。因此，创新创业教育面向的不仅仅是需要创业的人，而是广泛的人群。由于高校与学生都对继续教育中的创新创业教育认识存在偏差，使得继续教育中开展创业教育的难度极大。

二、高校对继续教育学院大学生的创新创业教育资源配置不均

任何教育活动的开展都需要投入人力、物力、财力。部分高校认为继续教育学院可以通过扩大招生创造收入，将继续教育学院当成了创收部门而不是育人单位。因此，高校不仅不给继续教育学院投入资金，还要收缴一部分学费，导致继续教育学院经费严重不足，难以顺利开展创新创业教育。继续教育学院的学生来源比较复杂，管理上的难度大，但高校为了减轻成本，减少了继续教育学院的编制名额，招聘一些临时人员，这些人员大部分没有接受过专业教育，根本不懂学生管理工作，加上福利没有编制人员的好，久而久之，工作积极性下降，得过且过，对学生的管理工作越发懒散，这极不利于继续教育的发展。与此同时，学校还会把一些年纪较大，快要退休的人员或者职工亲属调到继续教育学院来，这些人员一般精力有限且创新意识不强，在这种情况下，整个继续教育学院的管理层没有创新动力，从而导致创新创业教育的发展停滞不前。此外，在物资上，大部分高校将最差的硬件设施与设备分给了继续教育学院，并且也没有及时维护与更新，导致创新创业教育所需的支持服务严重不足。

三、创新创业教育的师资力量薄弱

我国高校继续教育学院的创新创业教育发展需要结构合理、师德师风良好、数量充足的师资队伍，只有这种高质量师资队伍可以帮助创新创业教育可持续发展。目前我国继续教育学院创新创业教育师资队伍力量较为

薄弱，主要是因为：创新创业教育教师虽然不断增加，但其规模还远远不能满足学生规模；部分高校继续教育学院不重视创新创业教育，教学内容将营销管理、人力资源管理、财务管理等合并，任课教师也从经济学、管理学等相关学科抽调；部分教师对创新创业教育重视不足，且课堂教学多为照本宣科，导致各高校继续教育学院创新创业教育水平参差不齐，影响创新创业教育的质量；继续教育学院学生大多具有工作经验，更加需要教师能够提供创新创业教育的实践操作技能，而继续教育学院教师大多为理论型教师，实践操作能力不足；继续教育学院教师大多为中年教师、退休返聘教师等，青年教师占比相对较少，自身知识体系、教学理念、管理水平无法及时更新，对社会及市场经济发展形势把握不足，这种教师结构不利于创新创业教育的发展。

四、创新创业教育的人才培养模式较为落后

1. 培养目标片面单一

继续教育学院虽然培养出了大量人才，为社会经济发展做出贡献，但是部分继续教育功利心也越来越明显。为了减少成本提高收益，部分继续教育学院存在缺乏规划、监管不力、流于形式等现象，创新创业教育人才培养目标模糊且单一，育人效果低。因此，这些学院所培养出的人才与社会发展所需要的创新创业教育人才大相径庭，这与人才培养目标定位不够科学合理息息相关。

2. 教学模式差异不足

我国继续教育学院对创新创业教学过于普遍化，不能满足成年人的智能与需求。一是创新创业教育多采用传统教学模式，不够新颖、前沿，没有根据成人学生特点、区域实际情况建设特色化教学体系，教师只专注对学生进行理论知识灌输，缺乏交流，加之实践型师资匮乏，实践教学更是少之又少。二是部分继续教育学院虽因疫情影响开展网络教学，但并未充分利用现代信息的优势，其创新创业教育人才培养很难达到预期。三是继续教育学院缺乏创新创业教育相关的实践课程，没有根据学生的需求建立创新创业教育实践平台，导致学生与社会和用人单位联系不紧密，对社会需求的了解不能与时俱进，造成培养质量不高、育人成效不佳。

3. 评价体系不够科学

人才培养评价结果体现了创新创业教育教学效果，并且可以为继续教育学院后续培养人才提供参考。但是我国高校继续教育学院创新创业教育人才培养评价体系并不科学。其评价标准主要是考试分数等可量化的标准，忽视了对学生学习能力、创新能力等评价，导致评价结果出现偏差。评价主体上以教师评价为主，忽视了师生互评以及社会和用人单位的评价，无法体现评价的公平性。评价方法上以考试为主，评价方法过于单一，无法体现评价的全面性。评价效果上未能体现考核评价的发展性功能，对继续教育学院学生可持续发展的指导性意义不大。

第二节　加强继续教育学院大学生创新创业教育发展的措施

在后疫情时代下，高校发展创新创业教育是缓解就业压力以及维持社会稳定的重要途径。继续教育作为高等教育的重要组成部分，推进创新创业教育，不仅能提高学生自身竞争力，从而更好地胜任岗位并发挥创新能力实现自我价值，还能帮助学生增强自身的创新创业意识、提升创新创业的综合素质，进而促使学生积极投身于创业当中并为社会提供大量的就业岗位。将创新创业教育融入继续教育中是时代的新要求，为培养符合时代新发展的创新创业人才，必须采取相应的措施加强继续教育学院大学生创新创业教育的发展。

一、提高将创新创业教育融入继续教育体系的重要性认识

提高将创新创业教育融入继续教育体系的重要性认识，可以从两个主体出发。一是高校，终身学习是当今社会提出的新要求，高校作为育人育才的主体应当重视继续教育。与此同时，创新创业教育作为当前高校继续教育改革的突破口，高校必须提高创新创业教育重要性的认识。二是继续教育学院的学生，在学习型社会中，要想减少就业危机，就必须加强学习，提高自身的竞争力，而创新创业教育作为提高竞争力的重要手段，其与继

续教育密不可分，一脉相承。因此，学生必须提高对在继续教育过程中培养创新创业能力重要性的认识。在此过程中，强化创新创业意识一马当先，创新创业意识教育旨在向学生灌输一种创新创业意识，使他们的创新思维在创新创业过程中得以激发和发展。继续教育学院在创新创业教育实施的过程中，首要的任务便是积极培养教育者与受教育者的创新创业意识。创新创业意识及其所支配和产生的创新创业活动对于个人乃至民族的发展有着重大的意义。要创新创业就得从培养创新创业意识入手，意识是行动的指南，创新创业意识集中体现了创新创业素质的社会性质，支配着创新创业者对创新创业活动的态度和行为，规定着其态度和行为的方向和强度，具有较强的能动性。

二、加强对继续教育的支持力度

高校应当加大对继续教育的资金投入，同时，充分发挥市场作用机制，拓宽继续教育经费筹措渠道；严格管控资金，实行全面预算管理，防止资金被变相转移，对资金的使用要落到实处，提高资金的使用效率。

高校在继续教育学院管理人员的待遇上应当一视同仁，通过提高继续教育管理人员的待遇以及建立相应的激励约束机制，让管理人员充分发挥创造性与调动工作积极性。继续教育学院工作人员的流入一定要实行"严进"制度，必须通过岗位专业能力以及管理能力的考核才能参与工作；在日常中，必须加强培训力度，不断提高管理人员的专业素养，使其在能力上与思想上都能与时俱进。此外，还应当加强监督与考评，防止滥竽充数；设置优秀评比制度，使其直接与绩效以及职称评定挂钩，从而形成相互竞争但又团结协作的工作氛围。

资源共享趋势势不可挡。因此，高校应当积极促进资源共享，在硬件设施、软件设施和人力资源上都加大对继续教育学院的共享力度，这不仅能提高继续教育的教学水平，还能让资源的利用率最大化，避免重复建设，节约成本，从而使学校有更多的资源与余力去发展创新创业教育。

三、打造创新创业高素质师资队伍

继续教育学院要想培养高素质创新创业人才，必须建设一支高质量师资队伍去承担创新创业教育重任。打造高素质师资队伍，一是在师资队伍的招聘机制上要大胆改革,勇于突破传统的人才引进机制,不再强调唯学历,而是要高度重视其是否具有强大的创新力和创新创业经验,不拘一格选拔人才;二是要高度重视兼职师资队伍建设。目前,不少高校将兼职师资队伍建设作为有益的补充,但基本上还是面子工程,实质上的动作还不多见。因此,高校要花大气力引进优秀的兼职师资,都从政府部门、行业企业、社会机构聘任一批具有丰富实战经验的人才,增强师资队伍的稳定性,要想做到这一点,不仅仅要在物质方面给予一定的补助,更重要的是要在精神层面使得兼职教师愿意来校参加创新创业教育活动,愿意领衔培养学生开展创新创业教育活动;三是高校要注重教师业务水平的提升,要经常邀请行业专家学者来校开设专题讲座,譬如设立创新创业讲堂等,还可以鼓励他们在校内外实训基地参加实践或到社会企业挂职锻炼;四是要积极利用中外合作的一些著名大学,选派优秀的中青年骨干教师到合作院校深造,以此来开阔视野,提高业务水平。目前国内高校师资队伍赴海外研修的比例还比较低,其中一个原因是经费和出境手续报批等方面的制约,更重要的是高校的领导层是否下定决心要推进创新创业教育活动,这是创新创业教育师资队伍水平提升的关键。

四、完善创新创业教育的人才培养模式

继续教育学院可以依据高校的人才培养模式制定出符合自己学院的创新创业人才培养模式,从更新创新创业人才培养理念、加大创新创业资金投入度、建立创新创业教育质量评价体系、设置科学的创新创业课程体系以及搭建合理的创新创业实践体系等方面着手(如图10-1)。

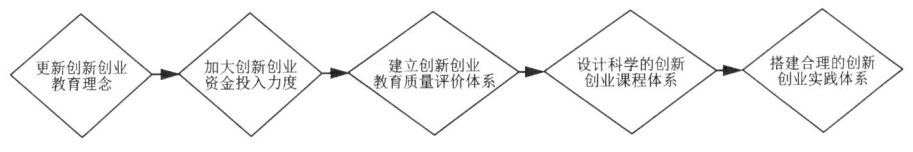

图10-1 创新创业教育的人才培养模式

(一)更新创新创业教育理念

创新创业教育理念是人才培养模式的不可或缺的角色之一。在更新创新创业教育理念时,教师是主导力量,学生是主体。继续教育学院要结合学生的发展情况,督促教师加强对学生价值观的引导,在更新理念时做到

与时俱进。

首先，学院应该根据创新创业人才培养的目标，增加资金支持力度，激励教师主导开展创新创业教育，扩大创新创业教育发展新格局，将各专业、学科资源整合，促进专创融合，实现跨学科融合。同时，还可以邀请专家开设创新创业教育相关的讲座，帮助师生解读创新创业教育新理念、新发展和具体落实方案。

其次，教师在进行课堂讲授时，不能只关注理论知识，要加强对学生创新创业意识的培养，还要通过实践提高学生创新创业能力，提升教学质量。同时，教授学生如何结合已学知识发现问题、解决问题。

最后，学生应该正确认识和理解创新创业教育，转变思维模式，对课堂知识与课外知识双管齐下，在进行创新创业实践时，善用专业知识辅助解决问题，促进知识融合，提高自己的创新能力，成为符合社会需求的高素质创新创业人才。

（二）加大创新创业资金投入力度

资金决定着创新创业教育是否可以顺利开展。引入优质创新创业课程、建立实践平台、协助学生开展创业等都需要大量的资金投入，资金不足，创新创业则举步维艰。因此，加大创新创业资金投入度极其重要，这为继续教育学院创新创业教育开展和高质量人才培养奠定了坚实的基础。扩大资金来源仅仅依靠继续教育学院是不够的，还需要政府、高校、企业等共同努力，拓展创新创业融资渠道，依靠各方力量，提升对继续教育学院创新创业教育经费的投入比例。只有加大资金支持力度，对资金进行合理分配，才能帮助继续教育学院引进优质课程与师资，建立实践平台等，从而提升创新创业人才培养质量。

（三）建立创新创业教育质量评价体系

创新创业教育质量评价体系可以保障高质量人才的培养。继续教育学院可以从学院评价、社会评价和用人单位三方面来构建创新创业教育质量评价体系。

学院评价主要从创新创业课程质量、师资力量和基础设施三方面进行评价，其中创新创业课程质量包括课程开设数量、课程呈现形式、教材数量、教学方式；师资力量包括专兼职教师数量、专职教师占比、创业导师数量、创新创业教师的科研状况;基础设施包括实训基地建设数量、实践平台数量。

社会评价主要从校企合作情况、毕业学生的创业情况两方面进行评价。其中校企合作情况包括校企合作的种类、校企合作数、企业投入资金数;毕业学生的创业情况包括创业人数、注册企业数量、企业存活率、创业带动就业人数。

用人单位主要从对创新创业人才的需求度、对工作中创新创业人才的满意度进行评价。

(四)设置科学的创新创业课程体系

1. 优化创新创业课程设置

课程体系是人才培养模式的核心。继续教育学院应该根据不同类型的学生分层设置课程(如图10-2),全体学生都应该学习创新创业基础性教育,有创业兴趣和意向的学生创新创业高级研修实训教育,真正创业的学生学习创新创业孵化实训教育。

全体学生	有创业兴趣和意向的学生	真正创业的学生
·创新创业基础性教育 ·通识类、专业+创新类、实践类课程	·创新创业高级研修实训教育 ·项目实训、前沿类课程	·创新创业孵化实训教育

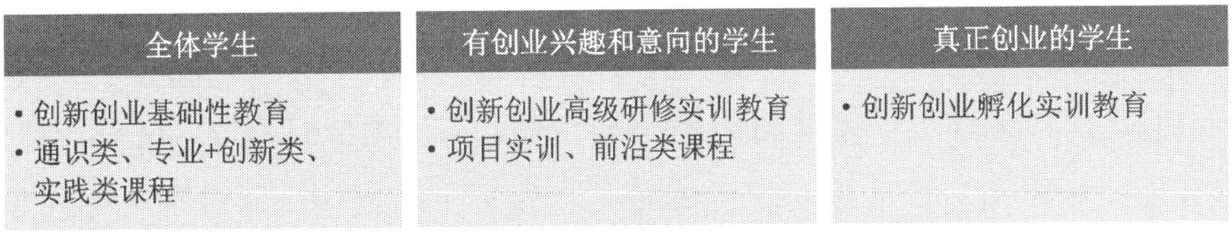

图10-2 创新创业课程不同学生开设课程的层次体系

2. 加强创新创业教育与专业课程的融合

创新创业教育和专业教育互相渗透,继续教育学院应该从专业内融合和跨专业融合两方面入手,发挥创新创业教育与专业教育的最大价值。

(1)专业内融合

继续教育学院应该利用专业特色与优势,设置相关创新创业课程,并且将创新创业教育理念和方法融入专业课程教育教学中,引导学生用创新方法解决专业课程方面的问题。同时,在专业相关的实践中,引导学生结合创新创业实践,提高学生创新创业能力,帮助学生在创新创业中将专业知识效果最大化。

（2）跨专业融合

根据协同理论，不同专业的知识也可以结合，跨专业融合有利于教育资源整合。继续教育学院创新创业课程不能受制于单一学科教育模式的禁锢，融合多种专业，发挥各学科的优势，将有用的知识融合，在学院内进行跨专业创新创业联合教育，培养高素质创新创业人才。

（五）搭建合理的创新创业实践体系

1. 促进院政企协同培养一体化

继续教育学院创新创业人才培养过程中，需要促进院政企协同培养一体化，实现资源共享。三者资源优势不同，学院可以提供场地、组织优秀的人才；政府可以出台相应政策引导创新创业活动的开展，为高校和企业提供政策、财政资金、实践平台支持；企业具备真实的创业实践氛围和环境，为高校搭建创新创业实训平台，同时成功的企业家作为创业导师能够提供丰富的实践经验。三者协同培养推动继续教育学院人才培养模式的形成。

2. 依托多层次的实践平台

继续教育学院可以通过竞赛、校内外实践等多层次的实践平台培养创新创业人才。创新创业竞赛可以锻炼学生创新创业能力，增加对创新创业的了解；校内外实践基地、虚拟仿真实验教学中心、创业园等平台可以帮助学生消化创新创业理论知识，将理论转化为实践，为创业的开展提供保障。

3. 完善实践基地建设

实践基地是学生开展创新创业实践训练的重要场所，继续教育学院可以针对不同层次的学生在不同实践基地进行不同的实践训练。大一大二的学生可以在实训基地、社会实践育人基地进行理论与实践的快速融合；大二大三的学生可以在虚拟仿真实验教学中心提前感知创业问题与风险，提高学生创新创业能力；有项目和创业意愿的学生可以在创业园实践，学院对项目进行指导，并形成创业案例，进行下一阶段教学。

第三节 提高继续教育学院大学生创新创业教育教学质量

创新创业教育是否真的能发挥作用,其教学质量的高低也很重要。教学质量不高,学校没办法通过教学将知识灌输给学生,不仅不能培养真正的创新创业人才,还会让为发展创新创业教育所耗费的资源得不到利用,造成资源浪费。而学生在这个过程中,不仅没有学到相关知识,还会浪费时间与精力。因此,必须提高继续教育中创新创业教育的教学质量,这不仅关系到学校的可持续发展,学生的综合素质,还关系到国家人才培养计划的实现。以下内容将从教学质量监控与教学质量保障两个方面讲述如何提高教学质量。

一、结合大数据完善继续教育学院大学生创新创业教育 质量监控体制

受疫情影响,教育部提出"停课不停学"并要求各个高校在疫情防控期间做好在线教学的组织与管理工作,以保证教学工作顺利进行。如何在后疫情时代,对继续教育学院大学生创新创业教育质量监控成为提升教学质量的关键和保障。因此,设计基于大数据的教学质量监控体制非常必要。

教学质量监控系统主要分为四个层面,分别为数据收集、数据存储、数据分析和数据反馈,如图10-3所示。

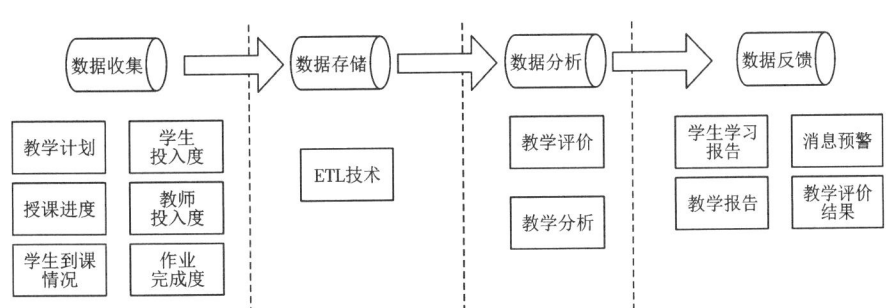

图 10-3 基于大数据的创新创业教育质量监控体制

第一是数据收集，主要包括对教学计划、授课进度、学生到课情况、学生投入度、教师投入度以及作业完成度等数据的收集。在大数据背景下进行高职院校教学质量监控的首要问题是数据采集工作。与传统教学模式不同的是，大数据技术支撑下，数据获取变得更加精准与连续，院校可以采集到更为准确的教学数据，为创新创业教育质量监控提供可靠依据。例如，大数据技术不仅可以准确把控学生到课情况、教师授课进度以及作业完成度等基础性数据，还可以结合图像识别技术采集学生投入度数据，通过分析学生上课时的表情与动作，能够获取该课堂教师授课投入度、学生听课积极度以及师生互动频次等内在数据。

第二是数据存储，从数据源中采集数据进行清洗、转换、加载，存储在数据仓库和分布式数据库中。可以使数据分析更加便利。

第三是数据分析，在完成教学数据采集工作后，继续教育学院根据数据进行分析，从中发现教学规律，为教学质量监控提供参考。首先要基于大数据进行教学评价，教学评价一般是指对教师的"教"和学生的"学"进行评价，即对教师的教学态度、教学过程、教学效果等以及对学生的学习态度、学习过程、学习效果等进行评价。因此，教学评价主要是评教和评学两部分。评教主要是对教师线上教学计划、教学进度、教学互动等环节进行评价。评学主要是对学生出勤率、学习互动情况、作业完成度和线上考核等环节进行评价。另外，还要基于大数据进行教学分析。数据分析是发现问题的关键，继续教育学院要在评价结果的基础上进行分析，例如通过判断学生课堂积极程度变化情况，分析出学生学习规律以及最适宜学习时间，并以此为基础获得学生成绩分布特征、分数变化规律、作业完成质量等信息。还可以通过对学生日常生活数据的分析，判断影响其成绩变化的关键因素，有针对性地进行干预。

第四是数据反馈，及时的数据反馈是提升教学质量管理的重要途径。随着线上教学的推进，一方面，可以通过云计算、大数据、人工智能等新技术分析教学数据，为每一位学生生成一份学习报告，帮助教师了解学生的学习情况，及时将信息反馈给教师，起到对学生的督学和预警作用。另一方面，利用大数据技术对教学过程性数据及时汇总分析，为每一课堂生成一份教学报告，帮助教学管理部门及时发现教学问题，将教学评价结果反馈给教师，帮助他们解决教学问题。另外，还可以从教学计划数据、教学平台数据、授课群数据中抽取学生的班级课表、教师的教学日历、课程的学习资料、学生的学习进度等信息，经过统计分析为每一位学生生成一份学习任务书，按时对学生以及教师进行消息预警，通过预警督促学生学习以及激励教师改进教学方式方法，不断提高线上教学效果。

二、建立继续教育学院大学生创新创业教育质量保障机制

一是在制度设计上要有所创新。没有规矩，无以成方圆。制度是高校的法律规章，是高校集体智慧的结晶，反映了学校的利益诉求和治理方向，确保了创新创业人才培养的质量。建设符合继续教育学院大学生人才培养目标的教学常规管理制度、质量监控制度和质量保障制度，是继续教育学院大学生教育教学制度建设的必由之路。高校要根据学校办学的需要，按照人才培养的特点，对创新创业教育制度进行废改立，尤其是创新创业人才培养的目标、方案和质量监控制度。因为区域经济社会发展是始终在变化的，不存在一成不变的制度。

二是要在人才培养保障机制上大胆创新。任何创新创业教育活动的开展，都需要一定的资源进行保障和支持，这些资源可能是资金，也可能是政策，或者是师资队伍等，保障措施是教学质量的重要组成部分。高校要加强对创新创业教育经费投入的规划，每年在年度经费预算中，要确保有足够的经费可以促进继续教育学院大学生教育质量监控行为的开展。要在设施设备等方面给予足够的供应，要建立经费、仪器设备等资源投入的标准，并确保每年以适当的额度增长，使教育教学质量监控行为能够进行到底。同时，也要高度重视高校的创新创业教育质量监控工作的软件保障建设，要建立科学有效的质量软件保障机制。譬如高校的决策层对于创新创业教育质量监控工作的重视程度，各项质量监控制度的设计是否科学并得到落实，各项工作机制的开展是否通畅有序，各有关部门的责任意识和职责范围的界定是否清晰明确等等。高校针对保障措施上的各项指标必须要做到一一对应，寻找工作短板，制定有效措施补足短板，强化继续教育学院大学生教育质量监控工作的作用功效，提高创新创业教育教学活动的效果。

三是要在激励机制建设上进一步创新。高校要高度重视激励机制的建设，要运用好激励的杠杆作用，通过激励机制的运转，激发全校教职员工

投身于创新创业教育质量监控工作，共同提高创新创业人才培养质量。因此，建立有效的创新创业教育激励机制是继续教育学院大学生教育质量监控工作的必经之路。对于创新创业教育质量监控的激励机制，本研究认为，主要还是激发高校师生员工，尤其是从事创新创业教育的师生员工的内生动力。以制度为基石，以机制为引导，通过利益驱动机制、荣誉评价机制、末位淘汰机制等相互作用，这样既体现出了创新创业团队的价值指标，也为教职员工大力推进创新创业教育、提高人才培养质量做出了贡献。对在创新创业教育中做出突出贡献的教职员工，除了既定的物质奖励之外，还可在精神层面给予一定的奖励。

参考文献

[1] 岩磊．高等教育课程改革视阈下就业指导课程建设的现实困境与路径优化［J］．现代教育管理，2010．

[2] 陈贻中，易弟兰．大学生职业发展与就业指导课程建设研究［J］．当代教育理论与实践，2014．

[3] 张珍荣．PBL教学法在《大学生职业生涯规划与就业指导》课程教学的实践探析［J］．中小企业管理与科技（下旬刊），2017．

[4] 赵顺平．当代大学生创业的现状及其遇到的问题和解决方案［J］．科技创新导报，2016．

[5] 许瑜铭．"互联网＋"视阈下大学生就业指导路径改革探索研究［D］．郑州：郑州大学，2017．

[6] 朱平．"双创背景"下高校大学生创新创业现状及对策［J］．科技创新导报，2019．

[7] 凌富亚，王振红．大数据时代高校就业指导课程改革与创新研究［J］．渤海大学学报：哲学社会科学版，2020．

[8] 周帅，董丽娜．创新创业能力培养视角下的大学生就业指导［M］．北京：人力资源出版社，2020．

[9] 罗公利，肖焰恒，边伟军．中国科技企业孵化器的创新与发展［M］．北京：科学出版社，2009．

[10] 黄俊杰．全球化时代的大学通识教育［M］．北京：北京大学出版社，2006．

[11] 何建坤．研究型大学技术转移——模式研究与实证分析［M］．北京：清华大学出版社，2007．

［12］石国亮．大学生创新创业教育［M］．北京：研究出版社，2010．

［13］黄兆信．地方高校创新创业教育转型发展研究［M］．杭州：浙江大学出版社，2013．

［14］金爱国，孙启香．专业创新创业教育创新育人新模式［M］．北京：中国文史出版社，2015．

［15］刘丽君．知识创新创业教育导论——理工科研究生创新创业型人才的有效培养模式研究［M］．北京：北京理工大学出版社，2010．

［16］孙德林．创新创业多样化人才培养模式研究［M］．北京：科学出版社，2014．

［17］黄光扬．学生创新精神与实践能力的培养［M］．北京：国家行政学院出版社，2013．

［18］高志宏，刘艳．创新创业教育的理论与实践［M］．南京：东南大学出版社，2012．

［19］方琳，袁璐．跨界：开互联网与传统行业融合新趋势［M］．北京：机械工业出版社，2015．

［20］范国睿．教育生态学［M］．北京：人民教育出版社，2000．

［21］贺祖斌．高等教育生态论［M］．桂林：广西师范大学出版社，2005．

［22］张慧洁．中外大学组织变革［M］．上海：复旦大学出版社，2005．

［23］张红云．21世纪初我国高等职业教育政策发展研究［D］．天津：天津大学，2013．

［24］石磊．高校大学生创新创业教育研究［D］．杭州：浙江师范大学，2013．

［25］安戈锋．我国高校创新创业教育课程体系建设的理论与实践研究［D］．北京：北京工业大学，2010．

［26］张莉莉．高等职业院校教学质量监控体系研究［D］．石家庄：河北师范大学，2009．

［27］杨晓南．北京市某高校大学生创新创业能力研究［D］．北京：北京交通大学，2011．

［28］胡昊．我国研究型大学创新创业教育模式研究［D］．杭州：浙江大学，2011．

[29] 刘宗南. "跨学科人才培养"课程建构方法论［D］. 武汉：武汉大学，2004.

[30] 彭文博，尹新明，李冠峰，等. 创新创业教育课程体系建设的探索与实践［J］. 创新与创业教育，2010，1（4）.

[31] 黄波. 大学生就业指导［M］. 长沙：湖南人民出版社，2019.

[32] 李家华. 创业基础［M］. 北京：北京师范大学出版社，2013.

[33] 王艳茹. 创业资源［M］. 北京：清华大学大学出版社，2014.

[34] 蒋建军. 创新创业创青春［M］. 杭州：浙江大学出版社，2015.

[35] 齐文勃. 我国高校创业教育现状分析及对策研究［D］. 大连：大连理工大学，2008.

[36] 商应美，孙崇. 大学生"GSL"创业实践教育体系运行研究［J］. 中国青年政治学院学报，2013.

[37] 李静. 吉林省高校创新创业教育课程设置特征［D］. 长春：吉林体育学院，2017.

[38] 袁国伟. 高职院校创新创业教育教学质量监控体系构建的研究［J］. 山东商业职业技术学院学报，2017.

[39] 李倩西. 高校创业教育课程设置研究［D］. 咸阳：西北农林科技大学，2012.

[40] 袁国伟. 高职院校创新创业教育教学质量监控体系构建的研究［D］. 丹东：辽宁机电职业技术学院，2017.

[41] 潘嵩. 我国高校大学生创业教育对策研究［D］. 南京：河海大学，2007.

[42] 孙汉中. 中美高校创业教育比较研究［D］. 苏州：苏州大学，2009.

[43] 石峰. 创新创业视域下高校实践教学体系改革探究——评《大学生创新创业教育发展与保障研究》［J］. 中国教育学刊，2019.

[44] 徐挺. 高职院校实施创业教育研究［D］. 咸阳：西北农林科技大学，2008.

[45] 王叶丁. 中外高校创新创业教育发展比较及启示［D］. 南京：南京旅游职业学院，2016.

[46] 阚婧. 我国高校创新创业教育的实践探索［D］. 大连：大连理工大学，2011.

[47] 周志春. 全面质量管理理论在创新创业教育教学质量监控中的应用[J]. 黑河学刊, 2012.

[48] 程靖. 创业胜任力与创业绩效关系研究[D]. 广州：广东商学院, 2012.

[49] 丛建伟. 大学生择业心理分析及促进择业成功的举措[D]. 哈尔滨：哈尔滨工程大学, 2004.

[50] 张鸽. 高校创新创业教育及课程研究[D]. 西安：西安电子科技大学, 2012.

[51] 佟擘. 我国高校大学生创业教育现状分析及对策研究[D]. 北京：中国地质大学（北京）, 2009.

[52] 刘利萍. 提升大学生创业胜任力的路径研究[D]. 南京：南京财经大学, 2013.

[53] 周文华. 国外高校创新创业教育发展特点及启示[J]. 新余学院学报, 2015.